殷墟甲骨輯佚

——安陽民間藏甲骨

段振美　焦智勤
党相魁　党寧

文物出版社

題　　簽　靳綏東
封面設計　張希廣
責任印製　張道奇
責任編輯　李克能
　　　　　于炳文

圖書在版編目（CIP）數據

殷墟甲骨輯佚：安陽民間藏甲骨／段振美等編著．—北
京：文物出版社，2008.9
ISBN 978 – 7 – 5010 – 2413 – 1

Ⅰ．殷…　Ⅱ．段…　Ⅲ．甲骨文 – 研究　Ⅳ．K877.14

中國版本圖書館 CIP 數據核字（2008）第 133959 號

殷墟甲骨輯佚
——安陽民間藏甲骨
段振美　焦智勤　党相魁　党寧 編
文物出版社出版發行
北京東直門內北小街 2 號楼
http://www.wenwu.com
E-mail：web@ wenwu.com
北京達利天成印刷裝訂有限責任公司印刷
新華書店經銷
889×1194　1/16　印張：33.25
2008 年 9 月第 1 版　2008 年 9 月第 1 次印刷
ISBN 978-7-5010-2413-1　定价：380.00 圓

目　　録

序

　　安陽市文物局段振美、安陽市博物館焦智勤等先生編著的《殷墟甲骨輯佚》一書即將付梓，這是新世紀初對甲骨學研究的非常有價值的貢獻。

　　我在近年小文中説過，20世紀後期的甲骨學進展很大，重點集中在兩个方面，一爲甲骨材料的輯集，一爲甲骨分期的探討，兩者吸引了有關學者的大部分精力。材料輯集是研究的前提和基礎，由於殷墟發掘各批出土甲骨的公佈，《甲骨文合集》、《甲骨文合集補編》及多種專門著録的出版，可稱燦然具備，爲甲骨學的繼續發展確立了良好條件。

　　這樣説，並不意味甲骨材料的蒐集工作已經結束了。事實上，海内外公私藏品還有少數没有得到發表，已刊佈的在發表方式上也有不如人意之處。如何利用新的技術手段，將發掘品與非發掘品系統整理，使之更便於學者觀察檢索，未來仍有許多課題要做。至少就目前言之，盡可能蒐求未經著録的甲骨，仍然是當務之急。

　　不出乎大家想像的是，殷墟範圍内不斷有甲骨零星出現，大多在民間流散收存。這些材料雖然數量有限且常殘碎，但有些内容的重要性並不因此減少。小片隻字，有時也有勝義可尋。

　　焦智勤先生多年重視此種流散材料的訪求輯録，不憚瑣細勞苦，集腋成裘，做出了令人驚詫的成績。從1997年起，他曾四次撰文刊佈成果，即：

　　《殷墟甲骨拾遺》，《華夏考古》1997年第2期。

　　《殷墟甲骨拾遺（續）》，《殷都學刊·安陽甲骨學會紀念甲骨文發現100週年論文專集》，1999年；又《紀念殷墟甲骨文發現一百週年國際學術研討會論文集》，社會科學文獻出版社，2003年。

　　《殷墟甲骨拾遺（續二）》，《殷都學刊·安陽甲骨學會論文專輯》，2004年。

　　《殷墟甲骨拾遺（續三）》，《2004年安陽殷商文明國際學術研討會論文集》，社會科學文獻出版社，2004年。

　　文中不僅公佈材料，所作考釋説明亦有新見，受到學界同仁的歡迎。現在他們編著的這部《殷墟甲骨輯佚》，是長期工作的綜合總結，片數逾千，並有大版，其意義的重要是明顯的。這裏限於篇幅，不能多作討論，只隨意選取幾例，以見一斑。

本書第 573 片是無名組卜骨，辭云："多子其蕚伐"，很值得注意。"多子"一詞卜辭屢見，我寫過《釋多君、多子》小文（《甲骨文與殷商史》，上海古籍出版社，1983 年），說明"多子"不是親屬稱謂，並引《尚書·洛誥》、《逸周書·商誓》，指出"是對大臣或諸侯一類人的稱呼"。"蕚伐"可參看西周禹鼎銘文，武公遣禹"蕚西六師、殷八師伐鄂侯馭方"。"蕚"即"蕙"字，從"惠"聲，古音在匣母質部，應讀爲匣母脂部的"偕"。多子偕伐，是諸侯或衆臣的部隊（所謂"多子族"）一起征伐，是一次規模較大的戰事。

本書第 685 片是黃組卜骨，所占爲婦女生育之事。這種卜辭習語，賓組用"免（娩）妼"，"免"字近年經趙平安博士釋出，"妼"舊釋"娶（嘉）"，不確，疑即"男"字；黃組則用"毓妼"，但很罕見，"毓"即"毓（育）"字繁寫。685 片卜辭依行款文例可寫定如下：

□酉王卜在書［貞］，

［婦］安毓（育）妼。王四

［曰］："大吉。"在九月，王來

征二邦方。

"二邦方"不知指哪兩個方國，但從有關卜辭看，該次征伐與異（箕）侯缶（小臣缶）有關，而箕當在山西榆社，所以二邦方可能在山西北部一帶，我在《小臣缶方鼎與箕子》（《殷都學刊》1985 年第 2 期）文中討論過。

《甲骨文合集》38243 卜辭云："辛酉王卜貞，……毓妼。王凹曰：'大吉。'……九月，遘祖辛鼎（鼒）"，參看《合集》36243"……于二邦方，……賓祖乙奭妣己……"，也可能是同一時期所卜，因爲依照周祭規律，祖乙配妣己的祀典正在祖辛前二天。這樣，本書 685 片或許和《合集》38243 爲同日占卜，都在九月辛酉。這一點是否對，自然有待更多材料證明。

本書第 689 片黃組卜骨缺刻筆劃，我在小文《論新出現的一片征夷方卜辭》（《殷都學刊》2005 年第 1 期）按文例試加復原爲：

　　己未王卜貞，畬 ［巫九备，尸（夷）方伐東］ 或（國），敆東侯，晋 ［尸（夷）方，余其比多侯］ 甾戋尸（夷）方，亡 ［禹（害）在臥］……

本書第 690 片則可和《合集》36182 綴合，拼聯後全辭是：

　　丁巳王卜貞，畬巫九备，禺（遇）尸（夷）方率伐東或（國），東敆東侯，晋人（夷）方，妥（綏）余一 ［人，余］ 其比多侯，亡ナ自上下于敊示，［余］ 受又（祐）。王囚曰：“大吉。”……彡（肜），王彝才（在）□□宗。

如上述小文所論，此片屬於帝辛九祀三月，丁巳爲康丁肜日，第 689 片的己未又在其後兩天。

第 690 片辭末 “王彝在□□宗”，我在《周原卜辭選釋》（《古文字研究》第四輯）已列舉類似文例，解釋 “彝” 爲居處之義，黃組卜辭有 “［王］ 彝在仲丁宗”、“［王］ 彝在祖辛 ［宗］”。周原鳳雛卜甲有 “彝文武帝乙宗”，年代也是相近的。本書第 1005 黃組卜骨占征伐崔方之事，辭末也有 “王彝……” 云云，彌足珍貴。

《殷墟甲骨輯佚》內涵豐富，是介紹不盡的。我們希望作者繼續蒐集和研究，使甲骨的著録没有遺珠之憾。

李學勤
2006 年春節於北京清華園

凡 例

一 《殷墟甲骨輯佚》共分相關研究文章、甲骨釋文、拓片和圖版四部分。

二 本書正編收錄甲骨一千餘片，附錄另收錄近百片，總計一千百餘片甲骨。書中根據拓片統一編號，少數只有照片而無拓片者，亦隨拓片編入。正反兩面均有刻字者，正反共用同一編號，以正、反区分。個別拓片字迹不清者，附摹本。

三 本書所收甲骨係民間收藏，不是科學發掘品，且多為殘辭碎片，既無貞人，亦無世系、稱謂等，很難進行分期斷代。今便宜從事，將拓本分為五卷，另附錄一卷。圖片雖然不全，也按拓本順序分卷。

四 本書主要是向學界刊佈資料，故將釋文集中，以便供研究參考。

五 釋文中符號…表示缺字；囗中有字者，表示該字筆畫殘缺（不包括缺刻橫劃者）或漫漶不清；【 】中之字乃據卜辭文例擬補者；無法隸定之字，不再摹寫，以" ～ "表示之。

六 釋文用字原則如下：

① 凡異體字，均隸釋為統一之形體；

② 凡通假字，逕用借字，不書本字；

③ 凡為合文，釋文則分書之；

④ 凡確知後世已混同為一，而在卜辭中區別甚嚴者，則分別隸定之。例如"牢"與"宰"、"牡"與"牝"等字。

七 為了方便檢索查阅，本书的拓本（含摹本）按流水号排序，图版中甲骨编号隨拓本；為了綴合方便，圖版、拓本的尺寸絕大多數为原大，個別過大者適當縮小，凡縮小者註明比例，原大者文中不再一一註明。

作 者
二〇〇七年秋日

私家收藏甲骨的幾個問題

段振美

甲骨的收藏有公私之分。公家是指政府機構代表國家收藏，私家是指民間個人收藏。與其他古董一樣，起初的收藏屬個人行爲。隨着近代考古學的誕生與“文物”概念的形成，文物的全民屬性逐漸得到認同，文物歸國家所有成爲一種新理念，私家收藏因此受到嚴格限制，甚至屬非法行爲。但由於國家收藏始終沒有、也不可能絕對排斥、完全禁止個人收藏，個人收藏就成了國家收藏的有益補充，因此，也就有了一定的合法性。新修訂的《中華人民共和國文物保護法》給予民間收藏應有的法律地位，使民間收藏之風盛於以往。安陽人收藏甲骨具有得天獨厚的優勢，甲骨收藏蔚然成風，初步估計近幾年安陽私人手中的甲骨在 3000 片以上。收集、整理、公佈這些甲骨不僅對學術界具有重要意義，而且也是文物保護的一項重要舉措。

一　私家收藏甲骨的目的與緣起

（一）古董商人的收藏

文化與學術意義上的收藏，是指認識了甲骨的真正價值的收藏。從這個意義上講，甲骨的收藏應該從 1899 年學者們認識了甲骨文時算起。在此之前，甲骨文被誤認爲“龍骨”，收藏在中藥鋪中可能要有一段時間，但這不是我們這裏所説的收藏。

甲骨文被學者們發現之後，首先在學術界引起轟動，一時間，搜求甲骨蔚然成風。發現甲骨文物的初期階段，學者並不知道甲骨出自何處，就只能從古董商人手中購買。這裏需要説明的是，雖然古董商人要從當地百姓手中購買甲骨，但這些私掘甲骨的百姓只能是古董商人的雇工，還稱不上甲骨收藏者，因此應該認定古董商人是最先瞭解甲骨的學術價值與經濟價值的收藏者。

甲骨一經古董商人之手便價格飛漲，過去以斤論價的“龍骨”到 1899 年之後就以字論價，在當時一個字的價格相當於白銀二兩五錢。由於甲骨昂貴，轉手倒買即可賺大錢，引誘北京、上海、天津、開封等地的古董商人紛紛穿梭於安陽。這些商人不惜重金從當地百姓手中收購甲骨，目的就是爲了再轉賣給學者，從中謀利。當時山東濰縣有范維卿和趙執齋兩個古董商人就經常到小屯村找到村民李成收買甲骨。據《甲骨年表》載“村人李成者，終身即以售龍骨爲業，……零售粉骨爲細面，名曰刀尖藥，可以醫治創傷，每年趕春會出售。整批則售於藥材店，每斤制錢六文，有字者多被刮去。"（董作賓、胡厚宣《甲骨年表》第1頁，商務印書館1937年）這個李成在結識古董商之前，大批的甲骨都是制成中藥出售，但自從結識古董商之後，有字的甲骨便都賣給了古董商人。當地村民把他們認爲能出甲骨的土地當作聚寶盆，嚴禁他人在自己的領地裏隨意挖掘，因此古董商人不可能直接從地下挖掘甲骨，就唆使當地村民肆意盜掘，無字者棄之，有字者轉賣給學者。有些研究者認爲1899年秋天王懿榮就從古董商人范維卿手中購得一批甲骨，後來王氏又通過趙執齋重價收購大宗甲骨（陳夢家《殷墟卜辭綜述》第3頁，中華書局1988年1月）。1928年8月12日，董作賓到安陽調查時，還專門訪問了尊古齋的主人王嘉瑞，這個王嘉瑞就是一名本地的古董商人，期間還向董作賓出示自己收藏的甲骨（王宇信、楊昇南：《甲骨學一百年》第43頁，社會科學文獻出版社1999年9月）。這些本地商人不可能直接與北京、天津、上海等大城市的學者接觸，就把自己收藏的甲骨賣給外地商人，很多情況下，本地商人成爲私掘者與外地商人的橋樑。

（二）專家學者的收藏

甲骨文發現初期，古董商人的收藏都是爲了專家學者研究的需要。從1899年甲骨文被認識到1928年政府組織科學發掘的這段時間裏，殷墟出土的甲骨文悉數被學者所收藏。王懿榮、劉鶚、王襄、羅振玉等都是當時的收藏大家，多數學者還在官府任職，有些學者如王懿榮、羅振玉還任要職。他們雖然可以利用職務之便收集甲骨，但這些甲骨都爲個人所有，沒有成爲官方或公家藏品。王懿榮是甲骨文的發現者，但還沒有來得及深入研究，即於1900年八國聯軍入犯北京時以身殉國。1901年，劉鶚開始搜集甲骨，羅振玉見到這些甲骨後非常驚嘆，就慫恿劉鶚精選1000多片，於1903年出版《鐵雲藏龜》，甲骨文才首次公之於世。

這時正值外國傳教士紛紛來華宣傳西方文化的時候。這些傳教士具有較高的文化素養，對中國古老的文化有着濃厚的興趣，進而開始研究中國文化。甲骨文的發現與公佈，引起了西文傳教士的好奇與關切，有些傳教士很快就加入到搜集甲骨的行列之中。英國浸禮會駐青州傳教士庫壽齡與美國長老會駐山東濰縣傳教士方法斂合伙從山東古董商人手中購買數百片甲骨。1904年冬，小屯村地主朱坤私掘數車甲骨賣給了濰縣古董商，其中一部分又被濰縣古董商轉手賣給庫壽齡與方法斂。1906年，方法斂利用自己所藏甲骨著《中國原始文字考》在《卡內基博物院報告》上發表（王宇信、楊昇南：《甲骨學一百年》，社會科學文獻出版社1999年9月）。還有英國的金璋，法國的威爾茨、衛禮賢，加拿大人明義士都是熱衷於搜集甲骨的外國傳教士。後來，美、英、法、加拿大以及其他一些國家所藏的甲骨文，都直接或間接得益於這些傳教士。

有些學者，不甘於商賈的轉手倒賣，更不相信商賈的花言巧語，有心想弄清甲骨的出處，就委派他人或親自到安陽殷墟查訪，搜集甲骨。羅振玉先是從商賈手中購買甲骨，從1909年~1911年間，他委派弟羅振常、妻弟范恒軒到安陽查訪並收購文物。辛亥革命後，他將自己收藏的一部分甲骨帶到了日本。1915年，羅振玉還親自到安陽收集文物，可以想見他對殷墟是非常向往的。這一時期親自到殷墟收集甲骨數量最多的當推加拿大人明義士。此人是英國駐安陽長老會牧師，據《甲骨年表》記載，明義士常騎一匹老白馬徘徊於洹水兩岸，頻繁蒐集，所獲頗多。據明義士自己所述，從 1914 年～1917 年三年之間，共收集有字甲骨約 5 萬片。這裏還必須提到日本的學者，其中有一個叫林泰輔，也是較早在中國蒐集甲骨的外國人。1918 年林泰輔親自到殷墟采訪並收集甲骨，歸國後著《殷墟遺物研究》。據有關可靠資料統計，從 1899 年甲骨文發現到 1928 年殷墟科學考古開始，國內外學者收穫的甲骨約有 10 萬片。

（三）文物愛好者的收藏

甲骨文的大量出土與廣泛傳佈，尤其是上層人士與高級知識分子的收藏，引起了官方高度重視，搶救保護甲骨文逐漸被列入政府的職責範圍。隨着西方考古學介紹到中國，科學發掘殷墟就成爲政府搶救、保護甲骨文的最好辦法。1928 年，中央研究院歷史語言研究所組織了官方的科學發掘，從此之後，殷墟開始得到政府保護，私人挖掘與收藏均被禁止，政府指定的文物機構成爲合法的收藏單位。尤其是 1950 年以後，新中國剛剛成立，中央政府就派人對殷墟進行了科學發掘，不久，又在殷墟設立了考古工作站，專門從事殷墟的保護與發掘。從此之後，私人挖掘與盜掘受到國家的明令禁止與嚴厲打擊，私人收藏也受到嚴格限制。1980 年以後，隨着文物市場的逐步開放，尤其是 2002 年新修訂的《中華人民共和國文物保護法》第五章對民間收藏有了新的規定，有關民間收藏文物的範圍、途徑以及買賣轉讓渠道都有了具體界定，一方面，承認民間收藏的合法性，另一方面，又對民間收藏進行了限制。與以往不同的是，全國範圍內的文物收藏開始熱了起來。大批平民百姓加入到收藏隊伍之中，收藏愛好者的身份變得複雜多樣，幾乎遍及了社會各界，收藏的目的也不盡一致，但大多數收藏者的目的是欣賞與珍玩，真正謀利的只是少數。

就甲骨文而言，以往掌握在私人手中的甲骨，經過長期展轉，一部分被公家收藏，一部分則流散於民間。流散於民間的甲骨曾一度隱匿秘不示人，新修訂的《文物保護法》頒佈之後，這些私藏甲骨才有機會公開亮相，甚至走上了拍賣行的舞臺。2004 年 7 月 4 日下午，上海花園飯店舉辦一次專場拍賣會，20 片甲骨拍出 4800 萬元天價。據中國國家博物館研究員李先登先生介紹，1968 年他在天津清理"文革"中被查抄的文物時，曾對其中的部分甲骨進行了研究，包括這次拍賣的 20 片甲骨，這些甲骨是殷墟第一批出土的文物，保存比較完好。第一個收藏這批甲骨的是天津書法家孟廣慧，他當時收藏了 431 片，後來將 430 片轉給楊富村，再轉到李鶴年手中。1952 年，李鶴年將所藏的 400 片甲骨賣給國家有關部門（現藏中國國家博物館），自己保留了 30 片較大的甲骨，文化大革命中被查抄，文化大革命結束後歸還時只剩下了這 20 片。據報導，參加這次 20 片拍賣的多是甲骨文愛好者，也有以民間收藏協會名義參加的，這也從一個角度反映了新時期甲骨收藏的新現象。

安陽殷墟是甲骨的故鄉，據統計殷墟已經出土的甲骨約有 15 萬片。殷墟約 20 余平方公里，在這 20 余平方公里內大部分區域還未經勘探與發掘，地下的埋藏還沒有完全弄清楚。這裏的農民在動土中常翻出一些甲骨，近幾年民間愛好者收藏的甲骨多數是從農民手中購得，以字論價，字越多價格越高，稀有或僅見的字價格更高。收藏愛好者隊伍在擴大，出土甲骨的數量在減少，因此甲骨的價格就越來越高，前幾年每字 50 元人民幣，後來漲到每字 100 元人民幣。自上海甲骨拍賣成交後，甲骨的價格又引起飛漲。新出土甲骨越來越少，價格越漲越高，愛好者的欲望越來越大，收藏的人員越來越多，越來越廣，這就是目前收藏界的景象。

二　私家收藏甲骨的作用與意義

（一）私家收藏是對甲骨的一種有效的保護形式

在甲骨文被學者們認識之前，甲骨被作爲中藥"龍骨"使用。羅振常在1911年的《洹洛訪古游記》（上11）中有這樣的記載"此地埋藏甲骨前三十餘年已發現，不自今日始也。謂某年某姓犁田忽有數骨片隨土翻起，視之上有刻劃，……土人因目之爲龍骨……故藥鋪購之，一斤得數錢，……購者或不取刻文，則削之而售，其小塊及字多不易去者，悉以填枯井"。甲骨用作藥材，有字者反而不值錢，故出售時盡可能把刻劃的文字去掉。這與甲骨文被認識之後的情形正好相反。《甲骨年表》（第1頁）也有類似的記載："村人李成者，終身即以售龍骨爲業……零售粉骨爲細面，名曰刀尖藥，可以醫治創傷，每年趕春會出售。整批則售於藥材店，每斤制錢六文，有字者多被刮去"。村民有意將字符刮掉，藥鋪買到這些"龍骨"後再粉碎成細面出售。由此可以想見，在甲骨文被認識之前，人們毀掉了多少甲骨文字是無法計數的，愚昧是對文化的最大摧殘。

1899年甲骨文被認識繼而被收藏，甲骨文被搗毀和遺棄的命運才有所改變。這時期收藏甲骨的有兩種人：古董商與學者。古董商人爲了賺錢盡可能使甲骨保存完好、保存完整、保存原狀，而且盡其所能使文字痕迹更加清晰。由於當時是以字論價，字多價高，字少價低，因此古董商特別注重字多的甲骨，也就是說價值越高的甲骨文就越受到重視與保護；相反，字少的甲骨受到冷落，無字的甲骨則被遺棄。所以古董商人對甲骨的保護程度是以金錢爲衡量標準，而不是以學術價值爲標準的。儘管如此，古董商人的收藏本身仍是一種有效的保護形式。

甲骨文由古董商人轉到學者手中，才算是真正的歸宿。學者們重視的是甲骨文的文化價值及學術價值。作爲一種文化的載體，甲骨的形態、整治、占卜、字形、辭例、内容等等，都值得重視與研究，字多固然是衡量甲骨價值的重要因素，但不是唯一和決定因素。甲骨文的價值取決於我們通過對它的研究，是否能够達到對歷史的認識程度。因此，學者們的收藏重在甲骨文的文化價值與學術價值，這種收藏則是對一種文化載體的有益保護。在1928年殷墟科學發掘之前，發現的甲骨約有10萬多片，這10萬多片能够較好地保存得力於學者的收藏。

文物愛好者比較廣泛，其收藏具有多樣性、自發性和群衆性，因此也是一種自覺、普遍的文物保護活動。在政府組織對殷墟進行科學發掘之後，甲骨的收藏主要是政府行爲。尤其是中華人民共和國成立以來，殷墟成爲國家重點文物保護單位，受到嚴格的保護。中央和地方政府開始了經常性的文物保護、科學發掘與學術研究活動，考古發掘的文物由文物行政管理部門指定的政府機構收藏。但不是所有的出土文物都是考古發掘品，農業生産建設以及其他動土工程都有可能翻出地下文物。近年來，殷墟一帶的農民在犁地、種植活動中就時常翻揀出甲骨。但這些甲骨碎片較多，就學術價值而言無法與考古發掘品相提並論，很少能引起學術界及國家收藏單位的重視，因此也就給文物愛好者的收藏提供了便利的機會。一些文物愛好者經常到殷墟的土地上尋覓甲骨，多有所獲。這些散落在田野上的非科學的發掘品就是由衆多文物愛好者的收藏才得到了保護。

（二）私家收藏爲開展學術研究與普及文化教育奠定了基礎

早期私人收藏甲骨文，其主要目的是爲了進行學術研究，諸如國内的王懿榮、王襄、孟定生、劉鶚、羅振玉、王國維，國外的方法斂、庫壽齡、明義士等等，他們既是收藏大家，又是研究大家。其在學術上的卓越成就，得力於他們豐富的收藏，没有收藏就没有研究。

王懿榮對古文字學具有很深的造詣，他對被稱爲"龍骨"的甲骨文進行了一番認真的研究，才認定這是一種已經遺失的古代文字。1903 年，劉鶚在羅振玉的慫惠下，從自己收藏的甲骨中選出 1000 多片，石印《鐵雲藏龜》發行，甲骨文才開始被社會上所瞭解，並引起了社會上的廣泛關注。但這部書還只能説是一部資料性著作，雖然書中考釋了 40 多個字，但這並不是這部書的主要目的。1904 年，孫詒讓就是依據《鐵雲藏龜》著《契文舉例》，開甲骨文研究之先河。書分上下二卷，上卷爲日月、貞卜、卜事、鬼神、卜人、官氏、方國、典禮，下卷爲文字、雜例兩篇。唐蘭先生是這樣評價孫詒讓關於甲骨文研究的："古文字的研究，到了孫詒讓才納入正軌，他的精於分析偏旁，和科學方法已很接近了。"（《古文字學導論》第 183 頁，齊魯書社 1981 年）。嗣後，羅振玉把甲骨文研究推向了一個新高峰，他在甲骨學方面的卓越貢獻與他豐富的收藏有着必然的聯繫。從 1910 年至 1919 年間，他携帶甲骨及其他文物到日本，潛心研究甲骨文。這一時期他的主要甲骨著作有《殷墟書契考釋》、《殷墟書契待問編》，這些著作的問世使甲骨文成爲一門新學問——甲骨學。甲骨文在國外傳播與研究，也是由外國傳教士在收藏的基礎上逐步開拓的，如明義士在 1917 年出版《殷墟卜辭》一書時已藏 5 萬片甲骨，其中一部分被他帶回了加拿大；日本學者林泰輔集日本所藏甲骨編成《龜甲獸骨文字》，對日本學術界早期甲骨學研究産生了重要影響。

甲骨文被賦予現代文化形式，最早也是甲骨學家的創舉。羅振玉、董作賓等都用甲骨文書寫楹聯，是把甲骨文作爲一種書法藝術。隨着甲骨文的普及，尤其是近幾年許多文物愛好者加入到收藏甲骨文的行列，甲骨文又成爲高品位的群衆文化。甲骨文繪畫、甲骨文名片等新文化形式相繼出現，甚至商業廣告、企業命名也引入了甲骨文。民間收藏助長了這種群衆文化現象。

（三）私家收藏應加以規範與引導

由於個人職業、身份、興趣等方面的差異，私人收藏的目的、用意也有所不同，尤其是近些年，收藏熱的興起，不分年齡、性别、職業、身份都可以加入收藏隊伍。就甲骨文收藏而言，大多數愛好者不是爲了研究，只是爲了滿足自己的雅興，憑着自己的情趣收藏甲骨，也有一些人是把甲骨作爲一種資産或商品。甲骨收藏者越來越多，能够流通的甲骨越來越少，這種情況導致了制假與盗掘現象的發生。

發現甲骨文的初期階段，古董商人爲了謀取利益，一方面，唆使村民肆意盗掘；另一方面，乘收藏者還没意識到甲骨有真偽，就制假販假，以假充真，欺騙甲骨收藏者。1928 年董作賓先生到安陽進行調查時，瞭解到一個造假能手叫藍葆光，他仿製的水平很高，可以達到亂真的程度。早期的甲骨著錄中不乏像藍葆光那樣的制假能手仿製的僞品。

中華人民共和國成立以後，私人盜掘現象受到打擊，官方考古發掘所獲文物一律由國家文物收藏單位收藏。而民間收藏甲骨的渠道一是傳世品，二是從殷墟土地上揀取的。近年來文物愛好者成分比較複雜，多數甲骨收藏者缺乏一定的文化素養和必要的文物知識，因而也就成爲文物商人欺騙的主要對象。這些文物商人制假的水平參差不齊，有些仿製甲骨粗制濫造，不堪入目，稍有一點文物知識的人一眼即可辨僞。有些利用舊甲骨，甚至還有鑽鑿但無文字，制假者在上面模仿卜辭字體、辭例規則刻字，再經技術處理，這樣的僞品沒有豐富的甲骨學知識與辨僞能力的人是不易識別的。

旅遊事業與旅遊産品的發展助長了造假之風，仿製甲骨經過包裝就成爲獨具特色的旅遊産品。一般情況下這些旅遊産品與真甲骨在選材、刻制等方面存在着明顯的差異，但製作高超的旅遊産品仍可亂真，不過稍有一點常識的人都不會相信旅遊商店會公然出售真文物。

針對目前收藏界這種複雜現象，需要有關方面依法規範民間的收藏行爲，加强文物市場的監管，嚴厲打擊不法分子的盜掘制假活動，對收藏者進行甲骨學的宣傳與教育，正確引導甲骨收藏者開展健康有益的收藏活動。

三　本書收録甲骨的價值

本書收録甲骨的價值是編者與讀者都非常關心的問題。談到這批甲骨的價值，首先要考慮的是真僞問題，僞品無任何學術價值。鑒於這批甲骨來自於民間收藏愛好者，而且相當分散，不是考古發掘所得，具體的出土地點不清楚，所以辨僞就特別重要。目前文物市場魚目混珠的現象比比皆是，假貨充斥市場，許多收藏愛好者鑒別水平低，以假當真收購是常有的事。鑒於這種情況，我們在創意編著這部書的時候，首先考慮的就是安陽民間收藏甲骨的真僞問題，需要做的第一件事情是要組織專家對民間收藏的甲骨進行認真細緻的摸底排查。究竟有多少人收藏甲骨？有多少甲骨藏於民間？這些甲骨的真僞如何？是否具有著録發表的價值等等，都是我們編這部書必須認真對待的問題，但最終決定編這部書的主要因素是真品的數量以及學術價值。經過近一年的摸查，我們驚奇地發現，民間收藏的甲骨數量之多、價值之高出乎我們的想象，這就堅定了我們編寫這部書的信心。

初步的摸查還不能最終確定該書收録的範圍與内容，進入圖録的甲骨必須保证是絶對的真品，其次要具有一定的參考價值和學術價值。現代人非常精明，仿製文物幾乎達到以假亂真的程度，有些假造者利用商代的舊骨仿刻甲骨文字，沒有豐富的專業知識與辨僞能力就很難辨認出真假。因此，進一步的辨僞與篩選就非常必要，我們邀請國內外知名的甲骨文專家對擬收録的甲骨逐一進行鑒別，對可疑的甲骨堅決不予收録，寧缺毋濫。真僞問題解決之後，就要考慮擬録甲骨的參考價值與學術價值，專家們又對每一片甲骨進行深入細緻的研究探討，大致上把握以下幾個方面：一是稀有或僅見的文字；二是特殊的辭例；三是少見的人物、地名；四是反映史實或占卜事項；五是記録王室貴族的活動；六是清楚地顯示甲骨整治與占卜遺痕。我們力求爲研究者提供一批新鮮的材料，至少是具有參考價值的資料。

應該説，這部書收録的只是安陽民間所藏甲骨的一部分，許多收藏者不願意將收藏甲骨公開發表，甚至秘不示人，雖然我們費盡心機蒐求民間收藏甲骨，但還是不可能摸查清楚民間所有的甲骨。通過這部書的編著，我們認識到，采取積極有效的措施，挖掘、整理、出版民間收藏的文物，對於文物保護與學術研究都是一項非常有意義的工作。

概　述

焦智勤

　　殷墟甲骨文，自1899年被學者鑒定並購藏，迄今經歷了一百餘年。甲骨的著錄，始於1903年劉鶚的《鐵雲藏龜》。此書的出版，把原來收藏家所藏的甲骨公佈於世，擴大了甲骨文的流傳範圍，引起了世人的關注。"殷墟甲骨驚天下"，很多中外學者加入了購藏、整理著錄和研究的行列。甲骨的出現導致了一門學科——甲骨學的產生。從羅振玉、王國維、郭沫若、董作賓到胡厚宣等學者，甲骨文經歷了釋辭，斷代分期，證補文獻，以至結合不同學科交錯綜合的古史研究。

　　甲骨文資料的整理著錄，是甲骨學研究的基礎，一個多世紀以來，幾代學者都傾力於甲骨資料的搜集和著錄工作。到1983年，郭沫若先生主編、胡厚宣先生總編輯的《甲骨文合集》圖版13冊出齊，為一部甲骨文集大成式的著錄。《甲骨文合集》匯總諸家，共收錄甲骨41956片，當時已出土材料的主要內容皆已搜羅在內，標誌著中國甲骨學者全面集中、整理和公佈材料方面取得的成就。

　　《甲骨文合集》以後，科學發掘的《小屯南地甲骨》和《殷墟花園莊東地甲骨》也已出版，又有胡厚宣先生的《甲骨續存補編》、中國社會科學院歷史研究所學者們的《甲骨文合集補編》等著錄的出版，為甲骨學和商史研究的深入打下良好的基礎。

　　流散在國外的甲骨資料的著錄工作也基本完備，如許進雄《懷特氏等收藏甲骨文集》，日本松丸道雄《東京大學東洋文化研究所藏甲骨文字》，貝塚茂樹、伊藤道治《京都大學人文科學研究所藏甲骨文字》，周鴻翔《美國所藏甲骨集》，李學勤、齊文心、艾蘭《英國所藏甲骨集》，雷煥章《法國所藏甲骨錄》與《德瑞荷比所藏一些甲骨錄》，胡厚宣《蘇德美日所見甲骨集》等國外的大宗甲骨材料已基本著錄完備。以上所述的甲骨著錄，是幾代學者努力的結果。甲骨學的發展經歷了"草創時期"、"發展時期"和"深入研究時期"三個時期，每個時期取得的驕人成果，都是以甲骨資料的彙集、整理和刊佈為基礎的，新材料的公佈，往往伴隨著新的研究成果的出現。一個多世紀以來，一代代學者，蓽路藍縷，鉤沉索隱，薪火相傳。特別是有的學者，如胡厚宣先生把一生的精力都傾注於甲骨資料的搜集和整理刊佈上，為後人樹立了榜樣。今日的甲骨學形成了嚴密的規律及有自己研究對象和課題的一門成熟學科，和語言學、漢語史、歷史學、古代科學技術史研究有著密切關係的學科和一門國際性的學問。甲骨學的深入研究，還有待於新資料的發現和刊佈。

　　甲骨文出土於殷墟，甲骨文也從安陽流散到世界各地。時至今日，在安陽民間還時有甲骨的發現。

早在 1993 年，曾有友人拿甲骨碎片找筆者鑒定真偽，據稱是在殷墟農田中採集的。筆者曾多次赴殷墟進行調查，終於在安陽殷墟博物苑的北牆外，洹水南岸一小塊農田中，撿得帶字甲骨碎片十餘片，這些殘片多存有二三字。經查有關資料，這塊地就是小屯東北地朱姓十四畝地的東北角，建國前這塊地曾被盜掘過。1928 年～1937 年，前中央研究院在小屯村一帶共進行過 15 次科學發掘。董作賓在《殷墟卜辭斷代研究例》中，把第一至五次發掘定為 E 區（包括小屯村北朱坤十四畝地和何姓七畝地北半部），建國後此處沒有科學發掘的記錄。

　　從那時起，筆者開始注意調查和選拓民間散存甲骨。1994 年 9 月，紀念甲骨文發現 95 周年國際學術研討會在安陽召開期間，當時我拿出所選拓的三十餘片甲骨拓本請教胡厚宣先生。胡先生看到這些甲骨拓片時，給我講到了資料收集的重要性，鼓勵我把這項工作堅持下去，並及時公佈資料。隨後，胡先生高興地回憶了往事，向我講述了他早年在安陽參加殷墟發掘於空閒時在殷墟農田中採集甲骨片的往事。至今十年過去了，我一直堅持了民間散見甲骨的調查和選拓工作。至今已獲千餘片，集結在一起，成為一冊。謹以此書紀念胡厚宣先生逝世十周年。

　　對民間散見甲骨的調查中，首先遇到的問題是甲骨材料的辨偽。關於甲骨文的辨偽，前輩學者多有論述：他們指出甲骨文的文例、文法是辨偽的重要依據。在調查選拓時，始終注意了所見材料的真偽問題。去偽存真，真實的材料才是有用的材料。在實踐中通過請教專家學者，也掌握了一套鑒別真偽的方法。甲骨文是殷商王朝的占卜記錄，從甲骨的整治到占卜契刻結果，都有其自身的規律。現在人所見到的甲骨文，是在地下埋藏了三千餘年後出土的面貌，它本身承載了歷史的滄桑，加之先民們嫻熟的契刻技藝和卜辭的文例、文法等自身的規律，見之愈多，這種氣息越看越讓人感動不已。在地下埋藏了三千餘年之物，其土色浸入刻痕，融為一體，洗刷也不易去掉字口中的土鏽色，是後代仿刻者所不能企及的。現在的仿刻者很多（筆者也作過甲骨的整治，鑽鑿和摹刻試驗），特別是用殷商時期的無字卜骨進行仿製，較易冒充真品。但因仿製者並不去研究甲骨本身的規律，又不懂卜辭的文例和文法，所刻往往錯誤百出，即使是按原物臨刻，新的工具，新刻的字口，契刻的位置及其與鑽鑿和兆坼的關係（儘管有的也作了仿舊處理），都透露出作偽的痕跡，所以偽刻沒有甲骨原片的神韻，是容易辨別真偽的。在長達十年的調查選拓中，經手零碎甲骨萬餘片，其中偽刻者也不在少數，在選拓時，曾進行了認真的甄別和挑選較有價值的甲骨材料。（安陽民間散見甲骨碎片，大量為殘片，多為一兩字，本身有資料性的價值。我們講的較有價值只是相對而言）在墨拓時，絕不輕易清除字口中的土鏽，以保存原片字口的完整性，對有些甲骨片墨拓不清時，以照片和摹本進行對照，盡可能顯示出甲骨原片的神韻。

　　十餘年來就調查選拓的千餘片甲骨，進行了初步的整理和研究，參照傳統的五期分法把輯佚甲骨分為五編並釋讀，發現其中不乏新的辭例、字例，有的還可以進行綴合，現將其重要者，列舉如下，就教于學者和讀者：

　　1. 此書所收錄的甲骨從質地上，以龜甲和牛胛骨為主，但也見到了鹿頭骨刻辭殘片和羊骨刻辭。

　　編號 736：…丁在…

　　為鹿頭骨刻辭的殘片，上存二字和一殘字，骨片的背面殘留有鹿頭上的領竇結構，經請教有關專家，認定為鹿頭骨殘片。過去已著錄的甲骨中，鹿頭刻辭計有兩例，即《甲骨文合集》36534、37743，上揭 736 片殘存"…武丁在…"，其字體風格與《合集》36534 相同，刻辭為"文武丁"之殘。這片鹿頭刻辭或是《合集》36534 之殘，或者可能在殷墟第五期甲骨中，鹿頭刻辭不止是只有上述的兩例，應還有鹿頭刻辭的存在。

　　編號 323：

　　一面刻：秋其逆皿（卫）…

　　一面刻：…戌卜…

　　此片為胛骨，骨的背面未去骨脊，骨片輕薄，可能為羊胛骨。

　　2. 新出現的地名：

　　編號 576：

　　　　　　叀（惟）麗伯取行　吉

　　"🦌"字不見於著錄。西周甲骨文中有"🦌"字，釋為麗字。此片中"🦌"字從二觛从鹿，隸定為麗，釋為麗。有學者原來把麷字釋為麗字。由於麗字的發現，麷字當另有所指。麗為國族名，是殷商時期的封國，"〇"字為白字之缺刻橫畫者，讀為伯，麗伯應是麗地的頭領。行亦為方國名。

　　3. 新出現的貞人：

　　編號 89：

　　　　　　己未…新貞…

　　龜甲，殘存四字，字體屬於第一期。據卜辭文例的結構，"新"應為貞人。由此片殘辭可知，在武丁時期的卜辭中，應有貞人"新"的卜辭。因為此片殘甚，由以後的新發現來證實。

　　4. 新出現的辭例：

　　編號 548：

　　　　　　壬辰卜，…使告…其…

　　　　　　貞，🦌之弜使人叀（惟）帝作～

　　　　　　丁丑卜，暊貞：其示丁宗門告帝甲暨帝丁

　　　　　　受祐

　　此片中有貞人暊，屬第三期卜辭。學者指出："自祖庚開始把直系父輩稱作帝，如第二期卜辭《殷契粹編》第 376 片'甲戌卜，王曰貞，勿告于帝丁不系。甲戌卜，王曰貞，…父丁…又…'。帝丁和父丁同時共稱，顯然是祖庚或祖甲時對其父武丁的稱謂。三期：'己卯卜，暊貞，帝甲𤉡，…其暨祖丁…至…'（後上四·一六）。是廩辛或康丁對其亡父祖甲的稱謂"[1]上揭 548 片亦為貞人暊的卜辭，辭中帝甲，帝丁共稱，為廩辛或康丁對其父祖甲暨祖父武丁在丁宗門進行告祭。"🦌"字首見，釋為𦱴。作𦱴，即今日所說的作廟或祠堂。

編號 646：

　　　　戊寅貞，辛巳酚晋于河

　　　　…來辛卯酚晋于河

姚孝遂先生說："晋"，在卜辭中也是最常見的用牲方法之一，晋也是殺的意思。"指出："某些用牲方法，主要施於某種特定之俘虜或牲畜"，例如：晋，多施於 "及"、"柰"、"俎…"[2]。此片是酚祭河，並施於殺牲的卜辭，在已著錄的卜辭中，似不多見。

編號 689：

　　　　己未王卜貞，舍今…

　　　　或，典東侯，晋…

　　　　畄戔人方，亡…

此片是一版胛骨左側偏上的小部分，背面保存兩個完整的鑿，下面一個有鑽灼，於正面顯兆坼，另一個沒有鑽但有灼，正面也有兆坼。卜辭已殘，除個別文字以外，文字都缺刻筆畫，多未刻橫畫，個別字未刻豎畫。缺刻筆畫的現象在第五期卜辭中出現過，如《甲骨文合集》36528。

編號 690：

　　　　…王卜貞，舍巫九备，禺人方率…

　　　　或東，毀東侯，晋人方，妥…

　　　　其比多侯，亡左自上下于叔…

　　　　受有祐，王占曰：大吉　…

　　　　王彝在…

此片為一版胛骨左側偏下的一部分，背面土鏽較厚，其右上部有鑿，未作去土鏽處理。

689 片和 690 片上的卜辭屬殷商晚期帝辛時期征人（夷）方的卜辭。689 片發表後，李學勤先生曾以《論新出現的一片征人方卜辭》進行了研究，指出："東侯應是殷東國之侯"，並對殘辭進行了詳細的討論和補綴殘辭。指出："人方被商朝征伐的理由是侵擾了商的東國，也便是東土，人方居住於商朝的東方"[3]。690 片是新近出現的又一片征人方的卜辭，雖然卜辭殘損干支和下部，但較詳細記錄了人（夷）方被商王征伐的起因和商王組織征伐實施的過程。證實了李先生的論述。後來李先生告訴我，690 片可以和《合集》36182 綴合，使這片卜辭內容更為完整。把綴合後的拓片附於 690 片之後。

商朝晚期，帝辛征伐人（夷）方的戰事是一重要的歷史事件。但在已著錄的卜辭中，對商王征伐人（夷）方起因的卜辭發現甚少。上揭兩片征伐人（夷）方的卜辭，對研究帝辛征人（夷）方這一重大歷史事件，提供了較為詳實的材料，尤為重要。

5. 新出現的字例：

編號 43：

　　　　…辰卜，…𩏼…百

"▨"字從丙從刀，隸定为剤。

編號293：

  …▨…取…三月

編號317：

  乙未卜大贞惟▨

  贞不其受年

  己酉卜…

  癸…

  "▨"字從示從殳，隸定為役。

編號340：

  …午卜出…▨…來

  "▨"字從豕從示，隸定為豨（祳）。

編號380：

  …卜旅…▨…夕三言

編號381：

  …▨…

  …寧…夕　三

"▨"字發現二例。《甲骨文合集》0369片中有"▨"，《甲骨文編》971頁收一"▨"字，與"▨"字形體相近，字的上部結構有別。

編號446：

  …未卜我束羔▨…

編號449：

  癸丑卜出貞▨…伐

  ▨字從龜從殳，隸定為毃。

編號450：

  …▨…

編號451：

   …▨…

編號624：

  癸未叀（惟）…

  叀（惟）▨先彭

"更（惟） 🔥 先酌"與"更（惟）父先酌"（《甲骨文合集》27489 片），"更（惟）嶽先酌"（《小屯南地甲骨》615 片）文例相同，" 🔥 "字可能為神名。又與《小屯南地甲骨》"更（惟）歲先酌"，"更（惟）燎先酌"文例相同。" 🔥 "字又可能是祭名，字從火從久，隸定為灸。在此可能用作祭名。

編號 857：

　　　　　…🔥…

《甲骨文字典》中收錄有" 🔥 "字，與" 🔥 "字左旁相同。

上揭各片中的"剈（刐）"、" 🔥 "、"役"、"祿"、" 🔥 "、" 🔥 "、" 🔥 "、" 🔥 "、" 🔥 "、"灸"、" 🔥 "等字都是新出現的字形，有的字可以隸定，有的字目前還找不出和《說文》中相對應的字形，未作隸定。

6. 綴合

收入此書中的甲骨材料，有的可以綴合，筆者在選拓前進行了綴合。有的情況比較特殊，如編號 74 片，原拓曾送與蔡哲茂先生一份，後蔡哲茂發現可以跟他的《甲骨綴合集》中的 306 組（即《甲骨文合集》7693＋7702）綴合加綴，並且和《甲骨文合集》13799 片也可以加綴。2002 年 11 月蔡哲茂將其綴合的摹本寄來。有意思的是《甲骨文合集》7702 片最早收錄在劉體智《善齋甲骨拓本》中。幾十年後編號 74 片的出現，將《甲骨文合集》中的 7702、7693（歷史所藏拓）和 13799（歷史所藏拓）連綴成字數較多的較完整的辭例（附一），增加了其本身的研究價值。如果沒有這一片，這一組綴合就永遠不可能完成。

編號 626 與 627，曾流散在兩地。在一次外出開會期間，在鄭州一位收藏者處見到了編號 626，後借閱，綴合後重新墨拓，並附于原片之後。（附二）。

編號 650 與編號 651 原為一片之折，流散到兩處，在整理拓片時發現，後分別借閱綴合後重新墨拓，附在原片的後面。（附三）。

綜上所述，本書所收甲骨，雖然碎片較多，但一至五期都具備，內容較豐富，對甲骨學的研究提供了新的資料。

安陽民間所藏甲骨的調查和選拓，往往要做很多的工作。甲骨收藏者秘不示人，而他們自己又缺乏研究能力。民間的收藏品流動性較大，有些材料經常重複出現。十餘年來筆者盡自己的努力，調查、選取和甄別甲骨材料，盡可能地選拓有價值的材料，對有疑問的材料，曾常和我的同仁共同討論。但是由於自己的水平有限，可能漏失了較珍貴的材料。截止目前，這本書中材料的搜集、編輯，曾蒙很多的甲骨收藏者的支持配合，是一項合作的成果，在此向這些甲骨的收藏者致以謝意。

由於我們的研究水平有限，對本書所收錄甲骨材料的釋讀、分期等方面還存在很多的錯誤，我們自己的一些看法可能不對，故請專家學者給于斧正。這批材料的公佈，對甲骨學的研究如果有所裨益的話，今後我們還將盡力地繼續這項工作。

[注釋]

[1] 高明：《甲骨文所見王與帝的實質看商代社會》，《古文字研究》第 16 輯，中華書局 1989 年。

[2] 姚孝遂：《商代的俘虜》、《古文字研究》第 1 輯，中華書局 1989 年。

[3] 李學勤：《論新出現的一片征人方卜辭》，《殷都學刊》2005 年第 1 期。

《輯佚》文字隸釋稿

党相魁

釋"刐"

《輯佚》43 辭云："…辰卜…𠚩…百…"

𠚩字從丙從刀，可隸作𠚩，疑即刐字。

《字彙補》：刐，布皿切，音丙。鄭邑名。《穆天子傳》卷五："天子北入於刐。"刐字作爲地名用字，典籍中多寫作邴。例如，《穀梁傳·隱公八年》："三月，鄭伯使宛來歸邴。"《注》："邴，鄭邑。"地在今山東費縣東。《左傳》作"祊"。邴字又用爲形容詞，《莊子·大宗師》："邴邴乎其似喜乎！"邴邴，喜悦貌，和適貌。

《輯佚》43 之刐字，由於辭殘，義不可知。但辭末有"百"字，刐字疑用爲動詞，或爲用牲之法，或爲祭名。

釋"燎"

《輯佚》127："戊…古…今日※一"

疑※乃燎字之异構。甲骨文燎字有很多種寫法。《英國所藏甲骨集》1891 辭云："戊寅卜，※白犬卯牛於妣庚。"其中※字，該書釋燎，可從。又《花東》286 卜辭中有字作※，該書釋文云："※，H3 新出之字，疑寮之初文。"據此，竊以爲※也應是燎字。

釋"既"

《輯佚》181："貞𣥺迺。"

𣥺字從皀從二旡，象二跪坐之人對着食器却扭過臉去，表示已經吃罷飯，應是既字之異構。

甲骨文"既"字一般作𠬞、�，但也寫作𣥺（《合》16052、16053），又作𣥺（《合》18023），又作𣥺（《合》16055），更有作𠬞者（《屯》917）。甲骨文"鄉"字作𣥺，像二人面對食器。甲骨文"即"字作𠬞，像人就食之形。"鄉"字是二人面對食器，"即"字是一人面對食器，但都是面對食器。"既"字是人背對食器，或是身對食器而坐，但口背食器，從一人二人同。所以，鄉即既三字的根本

區別就在於人與食器的向背關係。將☒字釋作鄉，是個普遍現象，應予糾正。

《合》1784、18012作"☒雨"，《合》18023作"☒雨"，三例均應釋爲"既雨"。

既字的本義是食盡，引申之爲盡、已。卜辭云"既雨"，義爲雨下完了，雨停了。《易·小畜》："既雨既處。"處，止也，霽也，義爲雨下完了，已停止了。古代日全食亦曰既，《春秋·桓三年》："日有食之，既。"《公羊·桓三年》："既者何？盡也。"《易·既濟》疏曰："既者，皆盡之稱。"《淮南子·原道訓》："富贍天下而不既。"注曰："贍，足也；既，盡也。"

既，又與"餼"通。《禮記·中庸》："日省月試，既廩稱是，所以勸百工也。"鄭玄注："既，讀爲餼。"孔穎達《疏》："既廩，謂飲食糧廩也。"甲骨文既字亦有用爲餼者。例如：

《合》808反："既酏妣癸……"

《合》16055："貞不其既。"

《合》27416："於父己父庚既祭妯酏。"

《萃》33："癸巳貞：既燎於河於岳？"

《甲》174："既侑王亥告？"

《輯佚》181："貞：既妯？"此既字亦應讀爲餼，祭名，蓋以生肉祭之也。

釋"祋"

《輯佚》317："乙未卜，大貞：惟祋？"

　　　　　　　"貞：不其受年？"（後略）

祋，本作☒，從示從殳，隸作祋。

《說文》："祋，殳也。從殳，示聲。或說，城郭市里，高懸羊皮，有不當人而欲入者，暫下以驚牛馬，曰祋。故從示殳。《詩》曰：'何戈與祋'。"

許氏之訓，祋字有兩個義項，一曰：祋就是殳。殳是一種長一丈二尺的兵器。二曰：祋是爲阻止牛馬車闖入市場的用以高懸羊皮的長竿，朱駿聲《通訓定聲》云："謂懸羊皮之竿爲祋。"這是對《周禮·司市》的詮釋，《司市》是當時的"市場管理法規"，市場門口用殳一樣長的竿高懸着囫圇羊皮，下邊還站着手執鞭度（殳）的胥吏，防止牛馬車隨便闖入市場。承培元《引經证例》："鞭度所以禁示人衆，羊皮所以禁止牛馬。牛馬者，所以駕車，以羊皮驚止之，恐其車闖入市中也。"《詩·曹風·候人》："何戈與祋。"毛傳："祋，殳也。"兹爲第一義項，戈與祋（殳）同爲兵器。

祋與殳雖通用，但不是一字。殳又作杸，因殳或積竹爲之，或削木爲之，故又從木。顔師古《急就篇注》云："祋，亦杖名也。……祋與殳音同，一曰祋殳古今字也。今經傳皆作殳。"祋雖也是殳，但不是兵器之殳，而應是"示"側的儀仗，在卜辭或用爲祭名、祭儀。

釋"祿"

《輯佚》340："□午卜，〔出〕…☒…來…"

🔲字上從倒豕，下從示，可隸作秴，應即秴字之初文。秴亦即《説文》之玃，經傳則寫作獮。

《説文》："玃，秋田也。從犬，璽聲。秴，玃或從豕，宗廟之田也，故從豕示。"王筠《句讀》引《穀梁傳》："四時之田，皆爲宗廟之事也。"

《周禮·夏官·大司馬》："中秋教治兵，遂以獮田。"《釋文》："秋獵爲獮。"《注》云："順殺氣也。"《國語·齊語》："秋以獮治兵。"

甲骨文有一字，上從倒隹，下從示，郭沫若隸作"集"，或又作"𥛔"、"禀"。"集"乃祭名。《甲骨文字詁林》"按"云：卜辭"集"祭多於田獵之前後進行，田獵之前進行"集"祭，乃"爲田禱多獲禽牲"；在既獲禽牲之後，則以所獲得之禽牲進獻於先祖以祈福佑。

《輯佚》340 辭殘，不知"秴"字之用法。疑甲骨文"秴"字乃"集"字之異構，然則"集"字或可讀爲秴矣。

釋"致"

《輯佚》382："🔲于河…"

🔲字右邊象一人扭頭説話形，左從至並聲，表示聽到之意，可隸作跂，殆致字之初文。

《説文》："致，送詣也。從夂，從至。"夂即倒止形，送則必行，故從止。段注："言部曰：'詣，候至也。'送詣者，送而必至其處也。"《玉篇》："至，達也，由此達彼也。"送達重要信息，不僅要有書面信件，而且使者還需口述，故字之右邊從"𡗗"。略似甲骨文"疑"字。

辭云："致于河。"致，應是祭名，義爲告于河也。

釋"𪓐"

《輯佚》449 辭云：

"癸丑卜，出貞：🔲…伐。"

🔲字從龜從殳，可隸作𪓐。像手執小棰猛擊龜首，或謂像手執匕柶往龜頭部澆灌汁液。後世字書無此字。

商代人凡遇大事，必先進行占卜以問吉凶，占用蓍草（或用筮），卜用靈龜。《史記·龜策列傳》云："王者決定諸疑，參以卜筮，斷以蓍龜，不易之道也。"殷墟出土的十幾萬片甲骨文，大都是當時占卜活動的記録。占卜用的龜甲，從整治到契刻要經過許多道工序。根據三《禮》、《左傳》、《史記》等典籍的有關記載，結合出土甲骨進行的考察研究，可窺知商周時期的占卜之制。

《周禮·春官·龜人》："凡取龜用秋時，攻龜用春時，各以其物入於龜室。上春釁龜，祭祀先卜。"所謂"攻龜"，就是殺龜。所謂"釁龜"，就是祭龜，就是殺龜的序曲。《説文》："釁，血祭也。"段注："以血涂之，因薦而祭之也。"《廣韵》："釁，牲血涂器祭也。"那麽，牲血涂於何器呢？釁龜就是將祭牲之血涂於龜身上，《禮·月令》云：孟冬之月，"命大史釁龜筴"。《疏》："謂殺牲，以血涂釁其龜及筴。"也可能是用牲血灌龜，《史記·龜策列傳》載："以血灌龜，於壇中央。以刀剥之，身全不傷。脯酒禮之，橫其腹腸。”這是說，在祭壇中央，以牲血灌龜，然後用刀將其腹腸內臟掏出來，留下完整的甲殼，以便鋸削刮磨，鑽鑿備用。故龜字所以從殳，應是手執匕柶舀牲血以灌龜。

卜辭中有祭龜的記載。

《佚》234：“辛丑卜，燎龜　三牢。”

《甲》279：“…燎龜…一牛。”

《甲》2697：“弜侑龜。”

董作賓在《商代龜卜之推測》中說：“釁龜用牛，則春秋時代猶存其說。《管子·山權數》篇有曰‘之龜爲無貲，而藏諸泰臺，一日而釁之以四牛，立寶曰無貲’。此可証商人燎龜之‘三牛’亦即所以釁之也。”《輯佚》449“龜…伐”。難道商人釁龜亦用伐祭乎？

龜字從龜從殳，像手執匕柶舀牲血以灌龜，疑即釁龜之祭的專用字。

釋“盧”

《輯佚》451只有一字作🔸，從🔸，從皿，象亞腰葫蘆，甲骨文卣字作🔸、🔸、🔸、🔸，還有作🔸形者，例如《合集》26859：“丁酉，一🔸”。卣字下從皿者隸作盧，故《輯佚》451之字亦當隸作盧。

卣字《說文》作卤，盧作卥，《玉篇》作迶。

班固《答賓戲》：“主人迶爾而笑。”《後漢書·應劭傳》：“夫睹之者掩口盧胡而笑。”《孔叢子·抗志》：“衛君乃胡盧大笑。”蒲松齡《促織》；“視成所蓄，掩口胡盧而笑。”盧胡即胡盧，亦即葫蘆，迶爾而笑，就是掩口胡盧而笑。甲骨文卣就是葫蘆的象形字，王筠《句讀》：“上象蒂形，下象實形。”卣在卜辭中用爲酒器名。

釋“粗”

《輯佚》515有一字作“🔸”，從皀從米，可隸作粗。《合集》中有此字數例，均從皀從米，未見從水者。但《類纂》却摹爲🔸，隸作泡，以爲澠字，誤矣。

甲骨文皀字作🔸，李孝定曰：“象嘉穀在簋中形。”（《集釋》）說通俗點，就像豆中盛滿了飯，還堆着尖兒哪。甲骨文即、鄉、既等字皆從皀。那麼豆中盛的什麼飯呢？粗字則表示豆中盛的是米飯。米飯就是米食，考諸文獻，‘米食曰粒’，然則粗乃粒字之初文。

《說文》“皀，穀之馨香也。象嘉穀在裹中之形；匕，所以扱之。或說，皀，一粒也。”許君未見契文，釋義不確。“或說”云云，不合《說文》行文體例，應是“皀，一曰粒也”。《書·益稷》：“烝民乃粒，萬邦作乂。”《傳》云：“米食曰粒。”《疏》云：“用米爲食之名也。”所以，粒就是米食，也就是米飯，廣而言之，就是飯，就是糧食。《魏書·陽平王傳》：“凡人絶粒，七日乃死。”絶粒就是絶食，不喫飯。《禮·王制》：“北方曰狄，衣羽毛，穴居，有不粒食者矣。”不粒食就是不吃糧食，也就是不以五穀爲食品，而靠漁獵生活。《新唐書·張巡傳》：“昨出睢陽時，將士不粒食已彌月。”是說，將士們整整一個月吃不到糧食了。

關於皂字訓粒，顔之推還有一則故事。他説："吾在益州，與數人同坐，初晴日晃，見地上小光，問左右：'此是何物?'有一蜀豎就視，答云："是豆逼耳。"相顧愕然，不知所謂。命取將來，乃小豆也。窮訪蜀士，呼粒爲逼，時莫之解。吾云：' 《三蒼》《説文》，此字白下爲匕，皆訓粒，《通俗文》音方力反。'衆皆歡悟。"（見《顏氏家訓·勉學》）文中的豆指皂字，讀逼訓粒。豆中有米食方爲皂，爲粒。上古皂逼同音，皆屬幫紐職韵，粒字甲骨文作粗，從米，從皂亦聲，會意字。

釋"嗣"

《輯佚》548："貞叙之弔史人惟帝作嗣"

嗣字從叏從司，可隸作嗣。

叏，從受，與受争爰等字同，《説文》："受，上下相付也。從爪，從又。"爪、又均爲手。幺即絲，兩手扯絲，意爲理也，治也。與金文爵字略同，爵字作爵（召伯簋），《説文》："爵，治也。幺子相亂，叏治之也。讀若亂同。一曰：理也。"爵字是於叏之幺中加一"冂"，冂即織機中的杼，或曰滕，《説文》："滕，機持經者。"王筠《句讀》曰："此器以竹爲之，其比如櫛，經貫其中，以木爲框。"加冂後理絲之意更爲顯豁。叏與爵同，則嗣當爲嗣字。朱駿聲《通訓定聲》云："從爵從司會意，司亦聲。"嗣字《説文》作辭。

《説文》："辭，訟也。從爵〔辛〕。辭猶理辜也。爵，理也。嗣，籀文辭從司。"許氏以辭爲審理訴訟，概取義於經傳。《書·吕刑》："明清於單辭，罔不中聽獄之兩辭。"《疏》曰："單辭謂一人獨言也，兩辭謂兩人競理也。"《周禮·秋官·小司寇》："以五聲聽其獄訟，一曰辭聽。"但字的本義是理絲，後假借爲修辭之辭，《易·乾卦》："修辭立其誠。"《書·畢命》："辭尚體要。"《唐韵》《集韵》釋爲"辭説也"。

卜辭曰"作嗣"，或用爲語詞字。

甲骨文嗣字首見，以前未見著録。金文嗣即由嗣演變而來。

釋"麗"

《輯佚》576："惟麗伯取行　吉"

這是靠近骨臼一端的牛胛骨，長約7厘米，寬約4厘米，骨之反面有鑿及灼痕，左上角還有一"吉"字隱約可見。

麗字新出，此前未見著録。

一

從字形演變看，上揭字形應是麗字之初文。該字下從鹿，上從二角，雙角間有兩横畫相連。至金文取盧匜、積膡盤和魏三體石經《多方》，兩横畫被分置於雙角尖上，並交叉作"大"字狀。《張遷碑》和《石門頌》等石刻之麗字，上部則訛作兩個"丙"字形，表明兩横畫還與雙角連着。小篆和熹平石經之麗字，其上部訛作"丽"，横畫已與雙角分離。今簡化字"丽"正是從殷墟甲骨文和金文麗

· 19 ·

字省略而來的，僅取其上部，即雙角和兩橫畫。陳麗戈銘之和《説文》麗字之古文乃其前身。這也説明，漢字在其使用流傳過程中早就有人進行簡化。

西周甲骨 H11：123 有麗字作，由於原片刻劃細小淺纖，字形模糊，各家摹本略有不同。此字下亦從鹿，上部所從雖不清晰，但所會意了然，像雙角被羅網繩索糾纏。至金文元年師旋簋之麗字和辛巳簋之邐，鹿之雙角各套有一個環，環形代表網眼或索套。這與殷墟甲骨文之麗字雙角間的兩橫畫所表達的意思是一樣的，兩橫畫代表羅網和繩索。

殷墟甲骨文麗字與蛛字的造字方法略同，甲骨文蛛字作，中間兩橫畫代表蜘蛛網，整個字形表示蛛在網上。麗字上部的兩橫畫也代表網。不同的是蜘蛛乃自己吐絲織網，用以捕殺獵物，而鹿是被獵人設置的羅網所冒掛。

二

我國是鹿科動物種類最多的國家，約占全球的半數以上，有梅花鹿、白唇鹿、坡鹿、水鹿、馬鹿、駝鹿、馴鹿、麋鹿，還有小型鹿類，如麂、麝、麕 、麇等。鹿之爲獸，頭上長有一對樹枝一樣的角，堪稱美麗，所以古人譽鹿爲"角仙"（《説郛》六一）。但是，"鹿有角而不能觸"（《御覽》卷九〇六引崔豹《古今注》），還往往因角而罹難，旅行而被網，先人因造"麗 "字以象之。後因字形訛變，本義不彰，於是繩增"角"旁成"觽"字。《玉篇》："觽，力兮切。角。"這個"角"字讀平聲，是動詞，正表示麗字的本義。

《詩·豳風·七月》："猗其女桑。"《毛傳》云："角而束之曰猗。"《廣雅疏証·釋言》訓曰"掎、角皆遮截束縛之名也"。《左傳·襄十四年》："譬如捕鹿，晋人角之。"這個"角"是指捕鹿的方法。《洪武正韵》曰："絓其前曰角。"絓又作里，所謂"絓其前"，就是用羅網縛住鹿的頭角。甲骨文有個字，王國維釋"罞"。《爾雅·釋器》："麋罟謂之罞。"郭璞注曰："冒其頭也。"這正是"絓其前"的含義，亦即"角"字的含義。卜辭云"其網鹿"（合集 28329）、"呼多犬網鹿於蔑"（合集 10976 正），又云"以罞擒有鹿"（合集 28332）、"其冒獻鹿擒"（合集 28342），或即罞之異構，蔑與獻乃地名，"多犬"是職官名，即管理田獵事務的官吏，"網鹿"、"罞鹿"、"冒鹿"三者義同，都是用網"冒其頭"、"絓其前"，也就是《左傳》說的"角之"，亦即甲骨文"麗"字之本誼。"麗"字所表示的意思是鹿角被羅網所冒掛。換言之，作爲名詞，鹿網謂之麗；作爲動詞，網鹿謂之麗。

三

後代字書中從麗之字約有 20 多個，多爲聲符，亦有兼爲義符者，例如纚、邐、轠、籭、醨諸字，其麗旁均與字之本義有關。

纚，《説文》："纚，冠織也。從糸，麗聲。謂以繒帛韜髮。"實際是用絲織成的專門用以纏頭的黑色髮網，廣二尺二寸，長六尺。以網纏頭不正是麗字的意象嗎？《漢書·江充傳》："冠禅纚步搖冠，飛翮之纓。"顔師古注曰："纚，織絲爲之，即今方目紗是也。"《文選》載張衡《西京賦》："然後釣魴鱧，纚鰋鮋"。薛綜注曰："纚網如箕形，狹後廣前。"作爲名詞，纚是箕形魚網，作爲動詞則是撒網捕魚。賦中用爲動詞，與釣字對舉。以網捕魚和以網捕鹿同，以網捕獲獵物乃麗字固有之義。《詩·

小雅·采菽》:"汎汎楊舟,紼纚維之。"《集傳》云:"紼、纚,皆係也。"《毛傳》:"纚,綏也"。馬瑞辰《毛詩傳箋通釋》:"訓綏者亦以綏爲索,即今係舟之纜也。"訓係訓綏均通,係爲動詞,綏爲名詞,都是麗字固有之義。

《説文》:"邐,行邐邐也。從辵,麗聲。"段注:"邐邐,縈紆貌。"像繩索一樣旋轉纏繞,形容走路繞圈子。又《説文》:"遭,…一曰:邐行。"徐《繫傳》:"遭猶匝也。若物匝相值也。"匝就是環繞一周。段《注》:"俗云周遭是也。"所以,象繩索纏繞亦麗字固有之義。

揚雄《方言》:"維車,趙魏之間謂之轣轆。"民間謂之"絡筝",就是織布梭子中的維絲管,截竹或葦爲之,上纏緯綫,用以織布。所以稱轣轆者,因爲纏有絲綫的絡筝好像纏繞着繩索的轣轆,轣轆頭上纏繞着繩索,就像鹿之頭角被羅網繩索纏繞一樣,故造轣字以象之,轣轆乃車水之器,故從車。

《説文》:"籭,竹器也。可以取粗去細。從竹麗聲。"《集韻》:"盝具。"段注曰:"漢《賈山傳》作篩。"換言之,籭就是竹篩子,篩子就是用竹篾編成的網。籭字從麗,蓋取其網義。《説文》:"釃,下酒也。"徐鍇《係傳》:"釃,猶籭取之也。"釃就是專門用於濾酒的籭,或曰筐,或曰筥,實指一物。《詩·小雅·伐木》:"伐木許許,釃酒有藇。"《毛傳》:"以筐曰釃。"《傳疏》:"以筐漉酒,是謂之釃。下,猶漉也。"《釋文》:"謂以筐盝酒。"《後漢書·馬援列傳》:"援乃擊牛釃酒,勞饗軍士。"伏波將軍馬援南擊交阯,斬賊首征側、征貳,封爲新息侯,援爲犒勞將士而殺牛漉酒。凡過濾之具,其底皆爲網狀,或竹或絲,功能相同。桂馥《義証》引趙宧光説:"下酒者,去糟取清也。陶潛葛巾釃酒是也。"葛巾經緯稀疏如網,故可濾酒。釃字《廣韻》作釃,上從網。然則釃字從麗,仍取網義。

從對上述五字的訓詁,也可證明甲骨文麗字上部雙角間的兩橫畫代表羅網或繩索,會冐掛、纏繞、束縛、結繫之意。

四

典籍中有用麗字本義者,試舉數例。

《禮記·祭義》:"祭之日,君牽牲,……既入廟門,麗於碑。"鄭注曰:"麗,猶繫也。"將牲口的繮繩纏繞結繫於廟院内的石柱上。《儀禮·士喪禮》:"設決麗於掔,自飯持之。"麗,繫也,掔即腕,飯是大拇指根,決是扳指。鄭玄注曰:"決以韋爲之籍,有彄,彄内端爲紐,外端有橫帶,設之以紐,擐大擘指本也。"這是説借用熟牛皮做成"決"套在大拇指上,外端連有橫帶繫在手腕上。《詩·小雅·魚麗》:"魚麗於罶。"罶是捕魚的筒狀須籠。麗通罹,遭遇,究其本義,"麗於罶"就是被網於罶,罶是竹製的網。

從上舉例句看,麗字之本義與羅網繩索有直接關係。

五

麗字在典籍中每與離字通用。

《易·離卦序》曰:"坎者陷也,陷必有所麗。故受之以離。離者麗也。"《彖》曰:"離,麗也。日月麗乎天,百穀草木麗乎土,重明以麗乎正,乃化成天下。柔麗乎中正,故亨。"程《傳》曰:"離爲火，火體虛，麗於物而明者也。"《釋名·釋天》："離，麗也。物皆附麗陽氣以茂也。"這些"麗"字都是附着、依附義，又曰"附麗"，也寫作"附離"，例如，《漢書·揚雄傳》："哀帝時，丁、傅、董賢用事，諸附離之者或起家至二千石。"《莊子·駢拇》："附離不以膠漆。"《文選·魏都賦》李注引離作麗。《易·離》六五象辭："離王公也。"《釋文》："離，鄭作麗。"《易·兌》："麗澤兌。"《釋文》："麗，鄭作離。"《詩·小雅·魚麗》，《禮儀·鄉飲酒禮》鄭注引作《魚離》。又《詩·小雅·漸漸之石》："月離於畢。"《淮南子·原道》、《論衡·説日》及《吕氏春秋·孟秋紀》高誘注引離作麗。

離又與羅通用。《方言》："羅謂之離，離謂之羅。"《周易》之《離卦》，漢帛書本寫作《羅卦》，卦辭六二、九三之"離"，以及《否卦》九四之"離"，漢帛書本皆作"羅"。《大戴禮·五帝德》："歷離日月。"《史記·五帝本紀》："離作羅。"《索隱》云："離即羅也。"離又與罹互通，如《書·洪範》："不罹於咎。"《史記·宋微子世家》作"不離於咎。"《詩·王風·兔爰》："雉離於罿。"《漢書·司馬相如傳》顔注引離作罹。張衡《思玄賦》："循法度而離殃。"離，同罹。例子甚多，不煩枚舉。羅亦與罹通。《書·湯誥》："罹其兇害。"《釋文》："罹亦作羅。"《詩·王風·兔爰》"逢此百罹。"釋希麟《續一切經音義》八引罹作羅。麗與羅亦通。《周禮·秋官·小司寇》："以八辟麗邦法。"鄭注："杜子春讀麗爲羅。"麗也與罹通。《書·洪範》："不罹於咎。"·《困學紀聞》引載《尚書大傳》引罹作麗。

麗字爲什麼與離羅罹三字互通呢？分析一下這四個字的形音義便可找到答案。甲骨文離字作𤔛，像手執長柄小網捕鳥。𤔛是用以捕捉飛禽的長柄小網，乃禽之初文，作爲名詞是禽獸之禽，作爲動詞是擒獲之擒，禽擒初本一字，後作動詞用者增手旁，遂分化爲二字。禽從甲骨文𤔛訛變而來，𤔛或從又（手），後至金文增聲符今字，遂成禽字。故𤔛應是離字之初文。離字之本義是以長柄網捕鳥，亦是擒的意思。《儀禮·大射》："中離維綱。"注曰離猶"獵也"。《説文》："獵，畋獵，逐禽也。"可見離之本義就是捕捉禽鳥，從字形演變看，𤔛字就是𤔛（擒）佳（鳥），隸釋爲離是正確的。甲骨文羅字作𦋺，像以網扣鳥，隸作罹，乃羅字初文。後增糸作羅。毛傳曰："鳥網爲羅"。罹字乃鳥網，作爲動詞，就是網鳥。罹字增豎心則成罹字。鳥兒落入羅網當然心憂，故《説文》新附字訓爲"心憂也"。《爾雅·釋詁》："罹，憂也。"《集韻》曰罹"與羅通"。從字音看，離羅罹三字古音均爲來紐歌部，麗字古音爲來紐支部，與上三字音亦相近。罹字後出，《詩經》中才出現。字形相同處：皆從網，離中之網有長柄，麗中之網以兩橫畫表示；義相同處：鳥被網住，鹿被網住，都是被網住，從人的狩獵行爲看，網鳥、網鹿，都是用網罟去擒獲禽獸。所以麗、離、罹、羅四字可以互相通假。

六

《説文》："麗，旅行也。鹿之性見食急則必旅行。從鹿，丽聲。《禮》：'麗皮納聘'。蓋鹿皮也。丽，古文。𠔃，篆文麗字。"段玉裁在"旅行也"下注云："此麗之本義。其字本作丽，旅行之象也，後乃加鹿耳。"許説非本誼，段注曲爲之説。"旅行"乃鹿之本性，而非麗之本義。丽乃麗之省，而非"本作丽"，"後乃加鹿"，段説顛倒先後矣。至於《玉篇》、《廣韵》等字書所訓：偶也、施也、華綺也、好也、數也、美也、小舟也、屋棟也，又爲鳥名、山名、姓氏、地名、東夷國名，等等，這些都

是麗 字的引申義和假借義，而不是本義。麗之本義是：罹也、繫也、掛也；稍引申之爲：連也、附也、著也、遭也。爲節省筆墨，除本義外，其他義項不再舉例。

舊金文書中將㑇視爲麗字之一體，非也。是字從二末，疑是耦字之初文。島邦男《綜類》釋㑇㑇爲麗，魯實先、李孝定從之，並誤。徐中舒《甲骨文字典》視麗㑇爲同字，亦不可據。㑇字卜辭中屢見，或從二末二犬，或從一末二犬，或從三末一犬，並同，疑是秝字之繁構。

《輯佚》576 片之麗字，用爲方國名，麗伯，應即 麗國之元君。

周甲 H11：123："其麗"。或釋數，或以爲祭名。吾意或用其本義，麗，罹也，憂也。

釋"楨"

《輯佚》606："…楨南災？允災"

楨字作楨，從楚從攴，應隸作楨 。《説文》："楚，叢木。一名荆也。從林疋聲。"又曰："荆，楚木也，從草刑聲。"段《注》認爲，楚與荆"異名同實"，"互爲轉注"。宋本《廣韵》："攴，楚也。普木切，小擊也。"所以，楨 乃楚字之繁構，其本義是"楚攴"，攴又增手作扻，又作扑。

《書·舜典》："扑作教刑。"《傳》曰："扑，榎楚也。不勤道業則撻之。"《禮·學記》："夏楚二物，收其威也。"《注》曰："夏，榎也。楚，荆也。二者所以撲撻犯禮者。""犯禮"應受官刑，"不勤道業"應受教刑，孔穎達説："官刑鞭扑俱用，教刑唯扑而已。"責罰學生不能打得太重。故《儀禮·鄉射禮》説："楚扑長如笴。"笴是箭杆，用以責打學生的"楚扑"像箭一樣長。楚字在典籍中用其刑杖一義者不乏其例。《漢書·路温舒傳》："棰楚之下，何求而不得。"《後漢書·史弼傳》："命左右引出，楚棰數百。"又《曹世叔妻傳》："憤怒不止，楚撻從之。"《北史·趙郡王傳》："搜掩城人，楚掠備至。"

楨在卜辭中用爲地名，應即春秋衛邑之楚丘，在今滑縣東六十里。楨是新見字形，辭曰"楨南"知其爲地名。以前發現之甲骨文楚字均不從攴，亦用爲地名。《合集》10906"亦楚東擒"，20984 曰"於楚有雨"，34220 曰"岳於楚"，當是楨字之省形。"楨南"就是楚南。楨南乃殷商的畿輔之地，故卜問其有無災禍。

釋"灸"

《輯佚》624："惟灸先彭 一"

灸字從火從久，可隸作灸。

甲骨文久字作㐄、㐄、㐄，《甲骨文編》將其同斗視作一字，並釋爲枓。久、斗、升雖屬同類器物，形亦近，但字已分化，用各有專，不宜混淆。

久與枾初本同字，只作㐄，後金文略同而有變化，漸訛作枾。久（枾）與厥古音同，故金文久假爲厥，訓其。但厥與枾只是假借關係，並非同字，所以認爲甲骨文久字乃"古厥字"，是不對的。《説文》："枾，木本，從氐，大於末。讀若厥。"訓解有誤，但云"讀若厥"則是正確的。枾與厥用爲代詞"其"，均屬假借，與字的本義無關。厥字晚出，其本義是一種疾病，本應作欮，作瘶。《説文》："瘶，屰气也。從疒，從屰，從欠。欮，瘶或省疒。"這是厥字的本義。屰字甲骨文作倒人形，《説文》："屰，不順也。"甲骨文欠字像人張口吐氣形，故欮字從屰從欠會意，即气不順也。因逆氣是疾病，故加疒作瘶，厥當是瘶之省形，後典籍中多作厥。《内經·厥論》談到寒厥、熱厥等症。許氏又訓"厥"曰："發石也。從厥，欮聲。"真不知所云矣。厥欮瘶本是一字，"屰气"如何又"發石也"？

甲骨文乁，象形，像曲柄之斗，或專用爲火斗，又加火字作灸。《説文》："灸，灼也。從火，久聲。"王筠《句讀》："引申之，以火艾灼病曰灸。"又《説文》："灼，灸也。從火，勺聲。"段注："灼謂凡物以火附著之。如以楚焞柱灼龜，其一崇也。"灼灸互訓，疑灸之本義即以火斗灼物。商代有没有艾灸，艾灸用不用火斗，有待研究。

辭云："惟灸先酌。"此灸字用爲祭名，或是一種用牲方法，若現在之燒烤。

釋"湃"

《輯佚》626："丙辰貞〔王〕其令…叟…東。"

《輯佚》700 正："在東貞：今夕師不震？"

"癸……"

與，從水從非，應隸作湃。

與沘字形似甚至有時混用的還有沘字，寫作、、，故《類纂》作爲一字處理，共收録辭例28 條。筆者共找出 34 條，認真分析了二字用法之異同，情況大致如下：

（一）"在沘"、"令沘"、"敦沘"、"狩沘"、"次於沘"等六類辭例，均作"沘"，不作"湃"；

（二）"從湃"、"從東湃"二例，均作"湃"，不作"沘"；

（三）"涉於東沘"、"在狌東沘"、"於滴南沘"、"於盂南湃"、"在河西湃"、"於河東湃"、"涉師於西湃"、"涉東湃"、"乎北湃立"、"涉河東湃"、"在東湃"……

由上述可知，（一）是地名、方國名，一律寫作"沘"，未見作"湃"者；（二）中二例"湃"字，不似方位詞，用法與（三）中的"湃"字同；（三）中辭例沘湃混用，湃（或沘）字前面係有方位詞（東南西北），還有水名及"涉"字，在此情況下，湃是正字，沘是省形或借字。

湃字不見於《説文》。《字彙補》："湃，風微切，音非。見《藏經》。"又水名，晋·羅含《湘中記》云："營水、湃水皆注湘。"湃字在卜辭中應讀作湄，義爲水邊，爲岸。《诗经·秦風·蒹葭》："所謂伊人，在水之湄。"毛傳："湄，水隒也。"《正義》："謂水草交際之處，水之岸也。…隒是山岸，湄是水岸，故云水隒。"湃與湄古音相近，故可相假。辭云"河東湃"，就是河東岸，"涉師於西湃"，就是將軍隊渡到河西岸去。

沘字作爲地名，或即邶。古地名用字，始無邑旁，後多加之。饒宗頤先生曰："故卜辭之沘，可能即邶。若然，邶乃殷北鄙之國，且有南北之分矣。…王静安以爲即燕，王亥托於有易，已履其境，其説近是。"（《通考》312 頁）

關於沘、洮二字，或釋沁，或釋兆，且多視爲一字，並誤。尤於洮字，未見確詁。近日獲讀《花東·釋文》，若遇知音。

《花東》28："辛卜：丁涉，從東洮狩？"《釋文》認爲洮與沘字形體略有差異。"洮，爲河旁之地。"是説得之矣。

釋"戝戊"

《輯佚》633 是一件牛胛骨之骨扇部，其形狀與書體風格頗似《屯南》777，在 2004 年安陽殷商文明國際學術研討會期間，曾於袁林東殿展出過此片的照片及拓本，有學者疑其爲贗品。會後我與焦智勤先生又對原物反復諦視鑒別，認爲此片不僞。

辭曰："…巳朕父戝戊其告于…"

戝字左從，像一側立之人徒手迎擊狀，右從攴，像一手執杖伸向對面徒手之人。參照甲骨文鬥字，可將此字隸作戝。甲骨文鬥字像兩人相對徒手搏鬥形，《說文》："鬥，兩士相對，兵仗在後，象鬥之形。"羅振玉《增訂殷虛書契考釋》："卜辭諸字皆象二人相搏，無兵仗也。許君殆誤人形之丮爲兵仗與？自字形觀之，徒手相搏謂之鬥矣。"《字彙》："鬥，古音戟，丮字從手，手有所執。左音掬，卪字反丮，執物則一。"其實卪丮均爲徒手，手無所執。戝字像一人徒手擋架對面掄來的兵仗，意爲捫擋，擋亦爲擊也，徒手而擊。應讀爲搏，以手擊也。《釋名·釋姿容》："搏，博也，四指廣博亦以擊之也。"《史記·項羽本紀》："夫搏牛之虻，不可以破蟣虱。"顏師古注曰："以手擊牛之背，可以殺其上之虻，而不能破其內虱。"故徒手而擊可謂之搏。戝字雖然左右兩部分離得較遠，但確是一個字。字又見《合集》32935："乙亥貞戝方…"戝即戝字，左右易位仍爲一字。

戊字從大從戈，像以戈刺入人之腰部，兩點表示血，故應隸作戊，左從大，而非"亦"。甲骨文大字像人的正立形，所以大也是人。甲骨文伐字像以戈砍人之形，只是戈所傷爲人之頸部。戊亦伐也，可以認爲是伐字的異構。

辭云"戝戊"，意爲搏伐，殆爲祭名，或是一種用牲方法。

釋"旌"

旌字以前見二例，一見於《京都》，一見於《屯南》。此又一例，且此例最爲清晰工整。金文有此字。舊隸作旌。

《詁林》按云："字從放從又，隸當作放。旌乃放之繁體。"此説不確。旌與卜非一字，旌不是一般的放，而是出使者所持之旌節。《周禮·行夫》："凡其使也，必以旌節。"《周禮·掌節》："道路用旌節。"《注》云："旌節，今使者所擁節是也。"又《後漢書·光武紀》李注云："節所以爲信也，以竹爲之，柄長八尺，以旄牛尾爲其眊三重。"商代之旌節未必如是，但可參考。《周禮·司常》："析羽爲旌。"《注》云："所謂注旄於干首也。"孫詒讓《正義》云："旌節，蓋以竹爲橦，又析羽綴橦以爲節。"《玉篇》："橦，竿也。"然則旌乃旌節之象形也。

《屯》650"受禾於㫃",用爲地名。《輯佚》645:"惟大㫃令及方",蓋用其本義。

㫃疑爲使之本字。卜辭輒以史爲使。

釋"褓"

《輯佚》685:"□酉王卜,在書…安㑑�

?王占〔曰〕大吉。在九月。王來征二封方。"

㑑字從毓從㐅,象女人産子,雙手展褸褓以接生,殆褓字之初文。㐅字音 pou,又音 bao,與褒字同,古代字書或認爲二字通。

《說文》:"緥,小兒衣也,從糸保聲。"徐鉉注曰:"今俗作褓。非是。博抱切。"徐說誤。褓乃正字。《玉篇》:"褓,小兒衣。"《漢書·宣帝紀》:"曾孫雖在襁褓,猶坐收係郡邸獄。"李奇注曰:"緥,小兒大藉也。"孟康曰:"緥,小兒被也。"顏師古曰:"襁,即今小兒繃也。緥,孟說是也。"緥又通葆。《史記·趙世家》:"乃二人謀取他人嬰兒負之,衣以文葆,匿山中。"《集解》引徐廣曰:"小兒被曰葆。"所謂"小兒衣"、"小兒被"、"小兒大藉",若從廣義上理解,意思是一樣的。甲骨文褓字右邊所從"衣"字亦是廣義的,接生不可能用小兒成衣的,只能用小兒被褥,甚至是一塊布。"藉"字的本義是草薦,但接生不會用草薦。吾疑"藉"即嬰兒尿布,至今民間猶謂小兒尿布曰"jiè 子",藉音 jiè,當其字。用大藉布接生更符合實際。張舜徽《約注》:"湖湘間稱爲抱裙。抱小兒者,必以此包裹也。"此亦"小兒被"之義。褓,究竟是什麼樣子,用什麼製作,理解不必拘泥,時有古今,地分南北,可能有多種形狀、多種材質的"褓",但其用途一也,就是用以包裹嬰兒,故釋"小兒被"是對的。小兒稍長,學爬學走,即着衣裳,或懷抱,或揹負,就不用裹覆了。

再從字形演變看,"褓"字是由㑑訛變來的。甲骨文"毓"有作㝃、㐅者,與"保"字的區別在於人與子的位置,二者並列者爲"保",子在人後下方者爲"毓"。例如:"庚子卜王上甲妣甲㐅妣癸"(《前》一·三八·三),"至於多㝃"(《佚》七六)。辭中㐅與㝃均"毓"字,讀作"后"。㑑字若女變作人,再省去雙手,則變作褒,如再省去人字而留上邊一手,則變作褒。褒字由"衣"和"保"二字組成,"保"在"衣"內,二字若並列則成"褓"。然則褓(褒、褒)乃甲骨文㑑字之省變。

關於甲骨文"褓"字,過去諸家隸釋多誤。或釋"裪",或釋"娩",或認爲是"毓"字之繁體。且將字之右上"又(手)"字摹作"止"或"㞢"。只有胡厚宣先生認爲是"右旁從兩手持衣"(見《甲骨學商史論叢初集》上之《殷代婚姻家族宗法生育制度考》),這是正確的。

"褓"像女人産子,雙手持衣("小兒被")接生形,本義爲生育,用以接生之物是"褓"。引申之則爲養育,《爾雅·釋詁》:"育,養也。"育即毓字。

釋　文

第一編

1.

　　　癸亥卜殼貞今～呼比望乘伐下危弗其受有祐　　三

2.（正）

　　　…酉卜永貞旬［亡］囚王占曰有…

2.（反）

　　　…占曰有祟其有來…

3.

　　　乙丑…貞翌□卯王…敝麓　　八月

4.

　　　…永貞旬…其有來入艱

5.

　　　貞勿比侯豹…

　　　勿于…

6.

　　　…雀亡囚　　貯

7.

　　　乙…貞…御…

　　　壬…卜豆…行…

8.

　　　婦嬈示三屯　　　宅

9.

　　　…子卜□貞…

貞… 　二

10.

丙…貞…夕…

11.

貞今夕雨　　癸…午…雨

12.

…卯卜賓貞御伐于母辛十牛

13.

戊戌…貞…往…

…卜賓…王在…

14.（正）

甲寅…易…

…貞翌…王其入

14.（反）

甲寅…

15.（正）

癸亥卜□貞婦好～

15.（反）

…執羌…

16.（正）

…婦好…子　　四月

16.（反）

…卜爭…

17.（正）

射旬獲羌

17.（反）

…高

18.

□未卜爭貞…告曰馬…

19.

貞勿受…首用…

…卜…王…　三

20.

…扶在…斤…

案：扶，本作𢪒，從手從夭，且隸作扶。夭、𠁣均爲人側頭形，本一字。"夭"非"走"字所從，走字從𠃊。𠃊即走字，小篆增止，上仍爲𠃊，並非從夭。

21.

貞戌弗其戋

貞今十月侑

22.（正）

…其受　黍年

22.（反）

…雨

23.

…午卜争貞肇元示～二

癸…貞…　三

案：～，本作𩁹，從南上有羽飾，從又，暫隸作𩁹，字不識。《合集》14823與此片同，《類纂》認爲辭殘，證之此片，知辭不殘。

24.

…賓貞惟…

25.

貞不允出

師般

26.

丁卯…己卯…其…

勿…日…在…

27.（正）

二告　二

27.（反）

貞惟…般…令

28.（正）

癸亥…永貞旬亡…

28.（反）

　　王占…

29.

　　庚…其有田

30.

　　貞婦姓…

　　貞…有…

31.

　　…亥卜王貞伯圅亡田　一

32.

　　貞…

　　貞不延…

33.

　　甲子卜設貞…西…

34.（正）

　　貞我受祐　五

34.（反）

　　用

35.

　　貞王勿往途

36.

　　辛未卜貞勿袄艮　十三月

　　案：袄，本作 ，從爻在衣，且隸作袄。姚孝遂曰："實亦衣字，像衣有文飾"。

37.

　　…衆…舌方　三

38.

　　貞今夕不雨

39.

　　貞今夕雨

　　…雨

40.

…戌卜我…侯～

貞…

41.

延雨　十二月

42.

貞於北…將河…

43.

…辰卜，剠…百…

案：剠，本作𐤟，從丙從刀，隸作剠，疑即刱字，春秋地名。辭中或用爲祭名。

44.

庚…

嬰

45.

庚子…

46.（正）

己…卜…

敦有及　雨

46.（反）

…占曰…

47.

～㞃…

48.

今日

今

49.

貞勿禦婦…于…

50.

貞呼王族…

51.

貞…取…～

52.

　　申其侑

53.

　　…登其…

54.

　　貞…弗…

　　…于河

55.

　　衛于…

56.（正）

　　王惟龠

56.（反）

　　有…

57.（正）

　　貞于…

　　若

57.（反?）

　　婦井示…

58.

　　烙延

　　～

59.

　　貞 [女] 王

60.

　　允妫　十月

61.

　　子各

62.

　　大雨

63.

　　貞醶

弗醼

案：醼，本作⿰酉⿰⿰，從酉，從二人抬酉形，二人四手，故隸作醼。

64.

…丑…殷貞缶其找…

65.

凡食　一

飢

案：飢，《集韵》云“同饐”。《説文》：“飯傷濕也。”《玉篇》作“䬓”，古文饐。《論語·鄉黨》：“食饐而餲”。

66.

…卜賓…虔…示…

67.

己巳卜～貞翌庚午…　一

68.（正）

丁亥…貞…子…逐…

69.（正）

凡

70.

庚辰卜來丁亥寑侑歲羌…卯…三

己…

71.

貞…共…

州妾循

共（収，從二手，與共、拱爲古今字）

72.

共⿰⿰

73.

今甲寅…二犬…二羊

74.

貞呼比弘湔［帛］

…光…找

74 與《合集》13799、7693、7702 綴合，綴合後釋文爲：

貞戍弗其戋　　三月

貞于沚使…

勿呼比弘湍帛

使人于眉

貞戍戋

貞呼比弘湍帛

貞光戋

貞亡其疾

貞光不其戋

……

不懸

案：帛，本作𢃇，從自從八從巾，且隸作帛，字不識。用为地名。《屯南》341、2909 作𢃇，
不從八。

75.（正）

辛亥卜貞翌癸丑其雨

75.（反）

…乞自…

76.

戊午不其擒

77.

…卜貞…～…罙…

案：罙，本作𥥍，從倒皿，從又，《詁林》釋罙。～，从石从龟，可隶作硇，方国名，《合》
6662 有此字。

78.（正）

貞翌庚戌不雨

78.（反）

…午婦…五

79.

唐日侑于祖乙

80.

　　…河一牛

81.

　　…酉卜…燎…牛一

82.

　　癸亥…古貞…亡…三

83.（正）

　　不懸蛛　二告

　　案："不🔣"，過去多釋爲"不玄冥"。應釋爲"不縣黽"，今寫作不懸蛛。吉語。

84.（正）

　　不懸蛛　二告一

85.

　　彙

86.

　　貞侑其…衆父…

87.（正）

　　…吕　三三

87.（反）

　　二月

88.

　　燎于洹于河　一

89.

　　己未…新貞…

　　案：疑"新"字爲貞人名。

90.（正）

　　…帚…嬴…　一

90.（反）

　　…雨

91.

　　有云雨史　一

　　案：屬讀不詞，自右至左隸定。

92.

　　　貞祖告　一

93.（正）

　　　癸未…盟　一

93.（反）

　　　…占…

94.

　　　…賓…黍年

95.

　　　壬子

96.（正）

　　　…亥卜爭…

97.（正）

　　　占

97.（反）

　　　占 ［曰］

98.

　　　京　五

99.

　　　貞今～王比…伐下…

100.

　　　雀止

101.

　　　…卜殼…

102.（正）

　　　殼

102.（反）

　　　隹…

103.（正）

　　　辛丑…殼［貞］…

103. （反）

　　王

104. （正）

　　貞亡其〔來〕

104. （反）

　　惟來

105.

　　…受…　五月

106. （正）

　　囚

106. （反）

　　…酉有微

107. （正）

　　…子卜争貞多…不獲　一

107. （反）

　　逐獲鹿（？）

108. （反）

　　〔兴〕見

　　案：從唐蘭説，釋兴，《説文》有此字，音 lù。

109.

　　貞…黄…它

110.

　　貞…取

　　乎

111. （正）

　　小告　二

111. （反）

　　…好于己　勿

112.

　　勿比侯…

　　侯豹

113.

其比…人（？）

114.

貞惟犬

115.

惟王往征糧

116.

貞…父

…令眔先于灻　二

案：灻，本作𡚝，甲骨文山火混作，且隸作灻。也可能是盂。

117.

今夕雨

118.

…㱿貞乎…

119.

亡其來

120.

貞惟吉

121.

貞告土方于上甲

惟…

122.

庚…羊豕…勺

案：勺，本作𠂤，《甲骨文字典》釋𠂤爲勺，且從之。

123.

丁巳…貞侑…丁　一

124.

霰獲羌

125.

日　八月

史（？）王比

126.

…寅卜貞…甲辰侑…七羌

127.

戉…古…今日…燎　一

案：燎字本作※，從木從八，《英》1891 有燎字作※，疑※亦爲燎字。

128.（正）

壬〔戉〕…貞…王…牛　一

129.

壬午　立

130.（正）

王　二

130.（反）

衞

131.（正）

…卜…犬

131.（反）

王占…其獲（？）

132.

貞己不鼓

133.

爭

134.

弗　舌

135.

乞〔至〕

136.

于　夕

137.

以　取

138.

酌　魚

139.

…卜…貞…延…

140.

…賓…有…

141.

循交方

142.

惟吉

143.

惟十二月

144.

貞乎往

145.

易牛　三

146.

翌侑于正

147.

告惟

148.

並告婦

149.

史今夕囙

150.

妫　六

151.

貞…

勿…

152.

乙酉　雀

　燎

153.

申卜王［今］日獲

154.

既于

155.

不懸蛛　一

156.

…其有來自…

157.

貞…伐　　　　（塗朱）

158.

有　　　　　　（塗朱）

159.

之　　　　　　（塗朱）

160.

今夕亡田

161.

不懸蛛　二

162.

卜豆　　　　　（塗朱）

163.

暈　癸　乙　　（塗朱）

164.（正）

四日　　　　　（塗朱）

164.（反）

女　其

165.

自

166.

易　　　　　　（塗朱）

167.

　　再

168.（正）

　　犬征　　　　　　　（塗朱）

168.（反）

　　王占

169.

　　矣示

　　案：矣，本作𢏾，與𢏾字略同，只是兩腿交叉，所會意同，故隸作矣（疑）。

170.（正）

　　燎

170.（反）

　　婦井示

171.

　　之曰

172.

　　沚𢦏

173.

　　癸酉　來

174.

　　…犬侯…麋

175.

　　貞我其受舌方…　二

176.

　　貞惟𥄎

　　　勿　十一月

177.

　　…寅卜…勿苜侑

178.

　　俎

179.

𨚍取

180.

乙酉…古…今…

181.

貞既廼

案：既，本作□，《類纂》等書均釋爲“鄉”字，並誤。此乃“既”字。鄉與既的根本區别在於皀邊之人是向是背，向皀即爲鄉，背皀即爲既。《屯南》917 □亦既字。

182.

析

183.

貞弗其㞢

案：㞢即迺之初文，亦作衲，俗作退。从于省吾说。

184.

癸亥卜貞旬…𡆥

185.

乙卯九月

貞巳…二

186.

大貞祖𠦪　二

187.

夕侑…丁…牛

己亥

188.

侑于庚小宰

189.

貞亡其來云（雲）四月

190.

貞絴其　三

其

案：絴，本作□，從羊從係，于省吾釋絴。

191.

　　貞…立…使…十毃

　　…貞勿…酘（《說文》：毃，小豚也。）

192.

　　…卜賓…翌甲…酘勺…自…

193.

　　［貞］惟吉

　　貞　吉

194.

　　…辰…貞…

　　…牛　沉　五　二

195.

　　…于河　羌…

196.

　　貞…祭于…在

　　…庚…于…亡它

197.

　　侑祖辛惟牛一

198.

　　至二𠦪

199.

　　以豙　（？）　二

　　案：豙，本作𧱁，與《合集》120略同，且隸作豙。

200.

　　…侑于…犬…

201.

　　己卯貞…

　　　卜

202.

　　不雨　二

203.

　　在三月

204.

　　不懸蛛

205.

　　…子卜…我…余表…

　　案：表字隸作表，于省吾釋衸。《说文》："衸，祒也。从衣介声。"

206.

　　卯三十羌

207.

　　壬辰　取（？）　三

208.

　　貞　田

209.

　　羌

210.

　　隹允（咎）

211.

　　…戌卜…要

212.

　　射

213.

　　庚申卜貞今夕不其雨

214.

　　甲戌卜古貞王～…多妣

215.

　　…寅卜…並侑…牢一牛

216.

　　癸卯…貞…旬…

　　…丑…争…旬…

217.

貞…木衣作

218.

二告　二

219.

勿往　九月

220.

癸酉卜貞旬…

貞…

221.

來勺上甲…示…卯　二

幸　…

222.

征…衣止

允衣　一

223.

貞　侑　一

卜　夕

224.

來告　三

225.

二告　八

226.

韋

227.

貞吉

228.

大　五十

229.

…午卜惟麋

230.

　　丙戌卜貞…于雍

231.

　　彝

232.

　　…寅卜…今夕…九月

233.

　　勺

234.

　　骰

235.

　　…戌卜　弗

236.

　　矢

237.

　　庚…貞…史…
　　…禽見…幾自上甲示

238.

　　兄丁

239.

　　郭　新

240.

　　乎　商　帝

241.

　　卜　聞

242.

　　不懸蛛　一

243.

　　貞禦不…

244.

　　侑辛豕三十（?）

245.

　　癸　史

246.

　　罕鬼

247.

　　卜勿

248.

　　…巳來…于丁

249.

　　殸

250.

　　曰

251.

　　旦　不懸

252.

　　不　鹿

253.

　　再冊

254.

　　癹

255.

　　…寅卜爭…勿登　二月

256.

　　壬…古…章…牛三
　　…賓貞獲征多衛～

257.

　　辛未余卜貞祝眔我多目歸（?）
　　丙…川…乃（?）

258.

　　戊子…歲

259.

　　師般

260.

　　貞乎子央侑于…

261.

　　貞魚

　　不魚七月

262.

　　貞今夕不雨

　　貞其雨

263.

　　辛巳卜王千其降敦…　一

264.

　　貞不其卣…

265.

　　癸巳…貞王…庚　三

266.

　　…亥卜…來…

267.

　　…戌卜般…

268.

　　般九

269.（正）

　　二告　一

269.（反）

　　癸未卜～

　　不逆

270.

　　…子卜貞惟…

271.

　　庚…百…

貞于丁用　四月　三

272.

甲寅卜貞毓歲惟…
惟

273.

不懸蛛　一
三告

274.

…卜…貞旬…不一人
室牢

275.（正）

…貞王…勿…用…

275.（反）

千

276.

丙寅　賓貞…夢…侑于

277.（正）
癸酉

277.（反）
其侑

278.

…丑卜…貞勿…十三月

279.

…貞方…有來

279.（反）
子　殼

280.

…往于…沚

281.（正）
不懸蛛

281.（反）

正

282.

不懸蛛　三

283.

戊辰卜…王勿…艮…

…陕于侯…若

284.

…貞生…皋…至

翌酉于丁

285.

…上甲…登…以…多

286.

壬子…嗇于…翌…兕

287.

…貞　婦好…不惟有…

288.

…貞…弗…受…方…七月

289.

…貞～擒…于…

案：～，本作（搫）。與字取意同。

290.

甲申卜　貞，侑于丁

291.

奴人

…不…～…囚

292.

癸酉…～…

293.

…～…取三月

294.

 …戠圈…

295.

 …申卜，王三牢大…

296.

 貞…呼…　三

 …受…

第二編

297.

 酉…旅貞二人

 …

298.

 …卜旅…蔑…又

 丙寅…貞惟…先

299.

 癸…貞…

 甲子卜旅…　三

300.

 …寅卜行…王其往…亡災

301.

 癸酉…貞母癸歲…

302.

 癸亥…貞雨…不它

303.

 己酉…王　五　三

 …卜

304.

 …王貞…夕亡尤

305.

　　…卜旅…今夕…言王…

306.

　　…旅貞今夕亡囧

307.

　　…卜中…之言…迺…十三月

308.

　　…卜尹…其田…災　十一月

309.

　　…卯卜旅…王賓…

310.

　　癸酉…旅…

　　…旅…賓…

311.

　　…卜尹…賓祭一牛

312.

　　…卜尹…今夕…囧

　　甲…貞…　　二

313.

　　…卜㞢…夕彔

314.

　　丙子貞…

　　…大…

315.

　　丙…貞方…大…

316.

　　丙子卜…貞今日…

317.

　　乙未卜大貞惟役

　　貞不其受年

　　己酉卜

癸…

案：祋，本作𥘉，從示從殳，隸作祋。《説文》：“祋，殳也。”疑爲示側之儀仗，或爲祭品。

318.（正）

庚申…

庚申卜王

庚申卜王

庚…卜王

庚申卜王

己巳卜行貞王戠亡𡆥

貞亡尤

己巳卜行貞……亡尤

壬申卜行貞王賓戠亡𡆥

癸酉卜行貞王戠亡𡆥

貞亡尤

癸酉貞王賓夕禍亡𡆥

貞亡尤

乙酉卜行貞今夕亡𡆥

318.（反）

貞不其雨

319.

…貞…

丙子卜行貞翌丁丑魯于祖丁亡它在…

…午卜行貞翌乙未…于小乙…在十月

320.

壬辰…貞王…戠…

貞亡尤

壬辰卜行貞王賓…亡𡆥

321.

戊午…貞…𡆥

乙未卜行貞今夕亡𡆥

322.

乙巳…貞王賓祖乙歲…在

…卜行…賓…尤十月

323.（正）

…秋其逆皿（罘）

323.（反）

戊卜

324.

…卜貞…閑惟王　二月

325.

辛…出…雍（?）…于…

…大…奏…癸…

326.

惟盂田省亡災

惟宮田省亡災

其兮風

327.

王惟宮田省亡災

惟盂田省亡災

…田至戲亡災

328.

其…

于宗又丁止王受祐

惟鬻用祝又丁止王受祐

329.

戊寅卜即貞惟圣歲先…

戊酚

案：圣，本作𡊂，從用從土從又，且隸作𡊂。應即圣（墾）字。

330.

癸未卜祝貞旬亡𡆥…月

癸巳卜祝貞旬亡𡆥

癸卯卜祝貞旬亡囚　四月

癸丑卜祝貞旬亡囚　四月

331.

戊…卜喜…王賓…亡尤

戊申卜喜貞王賓𣪊亡尤

332.

己丑卜喜貞王賓𣪊亡尤

333.

丙戌…貞翌…翌日　　二

…卜尹…庚…于…

334.

癸卯卜出貞旬亡囚

…出貞旬亡囚

335.

壬午…貞…往…亡…

…卜尹…田往…災

336.

…未卜矣…允望…囚　四月

其　　一

337.

癸酉…貞旬…在四…祭𩵋

…卜王…亡囚…甲申…𩵋父甲（《説文》：“𩵋，設餁也。讀若載。”）

338.

…侑于…　一

…勹（?）牛母戊…　三

339.

…卜王賓魯…

340.

…午卜出…祣…來

案：祣，上從倒豕，下從示，可隸作𥛁（祣）。

341.

　　…卜大…酌于～

342.

　　…凸…賓…［龠］

343.

　　…凸…

344.

　　…卜凸…賓…

345.

　　…卜喜…賓…

346.

　　己…貞…兄己…亡…

　　…卜尹…賓

347.

　　…貞王賓…

348.

　　…卜…貞王…龠

349.

　　…龠叙…

350.

　　丙午…出

　　丁未…之日

351.（反）

　　牛

352.

　　丁丑卜尹貞王賓叙亡尤

353.

　　…貞…令…于　一

354.

　　癸…王

　　…卜…

355.

甲申卜…

…卜王

356.

丁卯…

丙寅卜尹貞…

…卜…今…亡…

357.

癸卯…祝貞…亡囚

…卜…貞…囚

358.

庚…王

辛亥卜王

359.

癸丑卜尹貞王賓示癸祭亡囚

貞…

360.

辛…大貞…羊用…卜　七月

361.

…囚　在正月

362.

甲午…王…亡

…卜行…叔

363.

甲戌卜　貞翌日

　宰

364.

貞女又

365.

戊辰…貞王…歲一牛…在師…

…卜行…

366.

　　辛丑卜貞王賓…有…

367.

　　…又…

　　…貞…鬼…亡…

368.

　　…貞…尤…　二

　　…卜…王…囚

369.

　　…子卜…貞王戠亡…

370.

　　…卜何…夕亡囚

371.

　　庚寅…貞…此…

372.

　　不降

373.

　　宰　二

374.

　　貞…奏雨

375.

　　…申卜王…甲戌…酚大甲

376.

　　兄戊

377.

　　…寅卜阱…今夕…囚　六月

378.

　　壬戌卜…貞今夕…

379.

　　庚…雀…

　　…雀…于…

380.

　　…卜旅…罘…夕三言

381.

　　～

　　夕罘　　　三

382.

　　辛巳…王其…于河～　　　一

　　案：～，本作釱，從至，從夫，且隸作釱。疑爲“致”字之初文。

383.

　　丁亥卜…貞今日…來

384.

　　甲辰卜…兄甲　　一

385.

　　丁亥卜貞…牛

　　　田

386.

　　癸…貞…囚

　　乙巳…于…

　　…尹…亡…

387.

　　王賓亡尤

388.

　　貞今夕其雨

389.

　　祖辛一牛

390.

　　癸未

391.

　　…卜王…

392.

　　乙未卜…貞今夕亡…

月

393.

…卜出貞…卯王禣

394.

…出…禦史　廿人

395.

…亥卜冎貞王賓…

396.

乙…翌…其…

…卜出…西

397.

…酉卜旅…今夕亡囙

398.

戊寅卜…貞王心…它惟其…來艱　三（它，《川篇》音賓。亦爲甲文賓字之一體。）

399.

丙寅…𢦏…（𢦏，从戈从丮，音 huà）

400.

丁酉卜王

丁酉　王

401.

苜……紟

勿隹象

402.

己卯…貞翌…辰南…囙　四月

403.

貞亡尤

祖丁…囙

404.

壬午…貞王…妣壬勺…羊亡…

…貞…妣辛…宰

405.

甲戌卜…貞翌乙…多…亡…

406.

丁卯卜行貞今夕亡…

戊辰卜行貞今夕…

407.

辛丑卜王

…王　　四月

408.

庚…王

庚寅卜王

409.

辛…口…弜…　二

410.

…毓祖乙亡它

411.

丙辰卜貞王出亡…

412.

…賓肜龠…亡…

413.

…其…在三月

牛　一

414.

…王

壬戌卜王

…戊卜…

415.

…辰貞酚歲于…丁亡…

416.

甲子卜王入日乃勺

417.

　　壬子卜…貞翌…

418.

　　壬午…何…今…亡囚
　　貞

419.

　　…歲于…在十一月

420.

　　…申卜王賓亡…

421.

　　貞祐

422.

　　…卜尹貞賓戠…
　　貞

423.

　　戊辰…貞王賓叔亡…

424.

　　…寅出貞今…

425.

　　丙…卜…貞今夕

426.

　　…大貞…賓…
　　癸巳…

427.

　　…寅卜王賓亡…

428.

　　…子卜…王賓禱…囚

429.

　　貞…易…　　二
　　…卜…于叔

430.

…王賓禕

431.

…巳貞豊啇支工…

432.

貞勿…宗寢　三月

433.

癸未…貞翌…乞酚…自上甲　三

434.

…出…疛…剛以…

435.

貞…桒…燎…于…

貞　宰

436.

貞勿侑于黄尹

437.

癸…吏…旬…囚

…賓…　三

438.

…午卜冗…自上甲桒

439.

于商

不惟囚

440.

丁巳…貞…

…卜即…賓…尤

441.

辛酉卜王　在正月

辛酉卜王

442.

…田于…

…卜王…辛…田在…

443.

丙戌…貞翌…祖…

…女糸

444.

丁未先歲　三

445.

…卜貞王賓集亡尤

案：集字從倒隹（鳥）於示上，且有雙手執鳥翅，故應隸作鸒。

446.

…未卜我束帝～…

447.

…出戚…日

案：戚，本作𢦏，且隸作戚。

448.

戊子…

戊子卜王

戊子卜王

449.

癸丑卜出貞～…伐

案：～，左從黽，右從殳。未見著録。疑爲“攻黽”或“酆黽”之專字。

450.

𣪊

451.

卣

案：卣，本作🝔，🝔仍是𣎼（卣）字，是亞腰葫蘆，故隸作卣。

452.

…卜旅…今夕言…

453.

…未…貞王…

454.

貞今…

…夕雨

455.

己巳…貞王…

456.

壬辰…貞王戠…尤

…卜…貞…夕…雨

457.

…貞不其…在五月

458.

辛巳…貞王…田亡…

459.

…卜旅…改于…其祟

460.

…丑…

丁未王歲于…

461.

…卜…日亡…艱

462.

…申卜貞王賓夕禱亡囚

463.

匚（報）

464.

亡　　艱　三

465.

庚…貞…般庚…它

…賓　三月

（此片不可屬讀）

466.

癸丑王旬　三月

467.

旅貞伐自…亡尤

468.

…卜囗…今夕…囚

469.

癸未卜王賓…亡…

470.

…旅…賓…夕亡…正月…

471.

壬午卜大貞今…王其從…

472.

…亥卜旅…翌甲子肜自…

473.

庚…貞王…示壬…翌…

…大…妣庚…日…

474.

…卯卜尹貞王賓戠亡囚

475.

戊…貞…祖戊…羌

…卜行…賓…亡尤

476.

甲寅…貞王賓魯〔甲〕

…王…

477.

甲戌卜尹貞今夕亡囚

…貞今夕…

…亡…

478.

…父丁勺…羌三十…十宰

479.

貞于南庚

480.

  …卜凸…旬亡…

481.

  母己先

482.

  …尹…小高…在…

483.

  …卜…出…

484.

  …南庚…尤

485.

  … ［喜］…亡田

486.

  鬼

487.

  …行…日…在三…

488.

  弗若

489.

  …卜旅…賓…

490.

  鼏

  案：作本作鼏，從爿從鼎，隸作鼏，新見字形。

491.

  貞　其雨

492.

  …卜大…賓…

493.

  貞其雨

494.

  …卜…翌…翌

495.

　　𥙿禱

496.

　　庚…河…　七月

497.

　　…卜尹…今夕…囚

　　癸…

498.

　　…王惟…狩　八月

499.

　　…卜尹…今夕…囚

500.

　　尸

　　…卜貞…夕…

501.

　　…卜旅…夕王…

502.

　　…尤　六月　二

503.

　　…卜凡貞…賓父丁…父…亡…

504.

　　…大…出其…

505.

　　…卜尹…今夕…囚

506.

　　癸酉…貞翌…肜于…

507.

　　戊子…貞王賓歲亡尤

508.

　　貞　不　二

　　其　十二月

509.

己巳…貞今…亡… 一

510.

貞今夕王兽…

511.

…卜大貞…

…卜大貞…

512.

…午卜…王賓…囧

513.

己巳…貞王…兄庚

…卜…王…

514.

…巳卜王賓魯…

515.

乙巳…貞…

粒

案：粒，本作𱫏，從皀從米，隸作粒。《類纂》摹作𱫐，從皀從水，隸作泡，釋滄。並誤。字從米，無從水者。《書·益稷》："烝民乃粒。"注："米食曰粒。"故粒可釋爲粒。

516.

…卜…貞王…囧

517.

…旅…王…言

518.

貞…上甲

519.

…卜貞…禦

520.

丁亥…貞王…

521.

貞亞苜…

522.

貞不…衣…

523.

…卜何貞…~

524.

丁…貞…戠

525.

貞虎（?）

526.

兄丙

527.

貞…祭

528.

…去…兕…擒在三…

529.

庚子…貞王禱亡…

530.

庚申卜貞王…祖乙爽妣庚肜

羌甲肜亡…

531.

…申卜子…余令…入多臣

532.

甲戌卜尹貞王賓魯甲翌亡…

533.

戊子卜…貞今夕亡囚

534.

貞不妻

…日…雨

535.

甲申卜王

536.

　　甲寅…貞翌日…祖乙歲其…

　　…旅…

537.

　　貞今夕不雨

538.

　　丁…貞…父丁…亡…在…

539.

　　…辰卜…王在師卜

540.

　　…卜旅…賓藝…

541.

　　…子卜王賓…禘…囧

542.

　　…卜貞…歲…尤

543.

　　辛巳…貞王…叙亡…

544.

　　乙未…王賓歲…

545.

　　甲…出…夕

　　甲子卜出貞今夕其雨

第三編

546.（正）

　　辛未姀辛其賓戠

547.

　　辛巳卜侑勺自大乙幾　吉

　　自上甲幾　大吉

　　惟甲申酚　大吉

惟甲戌酓　大吉

惟甲辰　　吉

548. （正）

壬辰卜…使告…其…

貞叡之弜使人惟帝作～

丁丑卜睴貞其示丁宗門告帝甲眔（暨）帝丁受祐

貞弗受有祐

案：～，本作𠇍，從夏從司，隸作𠇍，應即金文嗣。亦與《說文》辭字之籀文同。

549.

…睴…祖己

550.

…睴…賓…尤

551.

…卜睴…王賓…亡尤

552. （正）

癸巳卜父甲莫吾　茲用

弜侑羌

其侑羌三人

五人王受有祐　茲用

歲二牢王受有祐

…二牢王受有祐

553. （正）

辛巳卜戌咏弗雉王眾　吉

554. （正）

惟…田亡災

惟向田亡災

惟喪田亡災

其遘雨

不遘大風

555. （正）

其棻年在㲄有雨

于方桒

其桒年㝆惟豚有雨

…羊有雨

案：㝆，本作☖。《類纂》《甲骨文字典》均將☖與☖視作同字，似有可商。"其桒年在㝆有雨"，㝆字用爲地名。

556.（正）

辛卯卜貞王其田～亡災

乙未卜貞王其田亡災

557.（正）

…于壬田不雨　吉

庚子…

558.

于壬王其田湄日亡災

559.

辛卯卜貞王其田向亡災

壬辰卜貞王其田亡災

…卜…其

560.

一牢

二牢

…牢

561.（正）

庚申卜曰　其至莫

貞其允…　一

不允至…　一

562.

癸卯…貞旬亡囚

…丑…旬…

563.

甲辰…執…王受…

叙鼕

564.

甲…

于旦

惟藝又正

565.

王弗燮其 ［伐］

可𡊮弜伐…

566.

惟乙丑彡王受祐

…來…其用…受祐

567.

庚戌…

于妣辛茲用

…卜其…射…雨

568.

牢…一牛

惟羊

惟勿牛

569.

執其用惟今日

于翌日乙

570.

惟…田省

惟盂田省

571.

五牛

七牛

惟羊

572.

己卯卜其示于中己惟牛

573.

多子其惟伐

…其…

574.

翌日戊不雨

575.

王其我羊（？）于大丁門侑

弜…

576. （正）

惟麗伯取行　吉

案：麗本作𦥷，從鹿，從二角，雙角間有兩橫畫相連，表示鹿之雙角被羅網繩索所胃掛、羈
絆。麗之本義爲罣也，繫也，離也。辭中用爲方國名。

577.

其侑五人王…

十人王受祐

578.

惟辛未利

…癸…利

579.

…零惟今夕次于盂有雨

師…廼即

580.

弜

祰祖丁

581.

于…亡災

王惟盦田亡災

不擒

今日乙王其省盂乃魚擒

…田…

582.

　　王惟田省亡災不雨

　　…惟喪田省亡災不雨

583. （正）

　　五牢王受祐　吉

584. （正）

　　惟…桒…受有祐

　　惟丁桒王受有祐

　　桒一牛

585.

　　其用…在～　祖丁

　　…甲…貞…

586.

　　弜侑彗

　　祝父己惟豚

587.

　　…大乙

　　弜射

588.

　　…立（?）王其田啓

　　不啓

589. （正）

　　惟小牢

　　大吉

　　吉

590.

　　獲薧

591.

　　庚辰貞～

592.

　　…乞酚

…魯自上甲其奏

593.

…子卜霥弗受～祐

594.

黑（？）　十一月

595.

…小如…若

596.

甲戌卜尹貞今夕…

597.

何亡囚

598.

…王…祖丁勺…眔祖甲…

599.

己…貞王…祖乙…妣己亡…

己…卜貞王…祖丁…妣己…

600.

其雨　大吉

601.

…叡亡尤

602.

庚午…丁宗…隹…

…卯卜…邁

603. （正）

…其…

惟翌日戊有大雨

惟辛有大雨

604.

辛…貞…

…申卜晭…其從濩

605.

…貞…田…

…卯卜…王其…亡災

606.

…楚南災

允災

案：楚，本作𣥏，從楚從攴，隸作楚。楚，荆也，荆條堅韌，可作刑杖，故楚字可從攴會意。辭中用爲地名。

607.

壬子…貞今…

608.

壬寅卜貞王其田亡災
乙巳卜貞王其田亡災

609.

癸酉

610.

貞…

貞牝

611.

丁丑卜口貞王…

612.

丙戌…晌…今…

613.

弜有羌

父庚舌有羌

弜有羌

614.

父甲祜競祖丁

弜競

卯競五牢

…競

615.

　　其告秋于上甲二牛

616.

　　貞…侑…十月

　　即（？）…于…十月

617.（正）

　　惟…遘　大吉

　　惟二卜用叙燮　吉

　　惟一卜用遘羌侑大乙有正　吉

　　惟二卜用叙燮

第四編

618.（正）

　　癸亥貞旬亡囚　三

　　癸酉貞旬亡囚　三

　　癸未貞旬亡囚

619.（正）

　　…卜土燎　暮酚兹用

　　甲辰燎十…

　　土燎十牢　一

　　土燎十牢　一

　　土燎五牢　一

　　土燎…

620.（正）

　　癸巳…貞王其侑小尹之

　　于高五

621.（正）

　　乙未…

　　辛酉貞王往…

622. （正）

　　癸酌

　　弜侑

　　三牢

623.

　　癸卯貞岁以二穀…于父宗山

　　二穀于出山

　　…丁…

624.

　　癸未惟…

　　惟灸先酌　一

　　案：灸，本作𤆍，從久從火，隸作灸。乚在金文中用爲屰，讀爲厥，用如代詞“其”。久屰初爲一字，後分化。屰與厥古音同，故可相假。厥字之本義爲一種病症，《内經·厥論》列有寒厥、熱厥等。字又作欮、瘚。《説文》：“瘚，屰氣也。”甲骨文乚是久字，不可釋厥。久，本是曲柄之斗，加火則可灼可灸。

625.

　　惟大牢

　　辛巳卜其酌方俎小牢

　　惟大牢

626.

　　弜岜米帝秋

　　丙辰貞王其令…叟東湈

　　案：湈，本作𣳫，從水從非，隸作湈。湈與沘有時混作，但有别。湈字前係有方位詞，水名及涉字者，讀爲湄，義爲岸，水邊。用爲地名方國名者，一律作沘。

627.

　　…秋

　　弜告秋于上甲

　　…貞岜米帝秋

626 與 627 綴合，綴合後釋文爲：

　　秋

　　弜告秋於上甲

　　…貞屰米帝秋

　　弜屰米帝秋

　　丙辰貞王其令…叟東淠

628.（正）

　　乙…貞…燎河

　　乙亥貞河宗不酒王

　　乙亥貞河…酒王

　　案：辭中酒字，新見字形。用爲祭名。

629.（正）

　　…卯貞上甲…其𤎡

　　乙…

630.（正）

　　其案黽燎雨　三

　　在東…奠叟　三

　　…其…

631.（正）

　　辛…雨

　　甲辰卜今日雨

　　…辰卜乙雨　允雨

632.（正）

　　丁巳卜今日雨至戊不…

　　丁巳卜不雨

633.（正）

　　貞…今夕酚告

　　…巳朕父戉戋（伐）其告于…

634.（正）

　　一牢　三

　　侑羌　三

　　弜侑　三

　　十羌　三

635.　（正）

王比

弜比

王比

弜比

弜比

636.

丁…

弜侑

二牢

637.

…宗門…酚

638.

于西擒

639.

己未貞王比沚或伐召方　三

640.

…貞枼比沚或　三

641.

…丁…又…牛

戊寅貞于來甲申酚勺歲

642.

庚辰貞其侑祖辛歲　三　三

643.　（正）

癸…旬…　三

癸丑貞旬亡囚　三

644.

癸巳貞旬亡囚　二

…卯貞…囚

645.

惟大旅令及方其弗悔

呼⋯及⋯弗⋯

案：旋，本作，從扒從史，隸作旋，應是使字之初文。中象旌節之形。

646.

戊寅貞惟辛巳酚哥于河

⋯來辛卯酚哥于河

647.

丁亥貞戊亡囚

戊子貞己亡囚

648.

丁⋯

庚辰貞甲午酚勺伐

不遘雨

649.

癸丑貞旬亡囚

癸亥貞旬亡囚

650.

甲寅貞其酚大禦自上甲不遘⋯

乙卯

其遘雨

651.

乙卯貞其大禦王于多妣眔祖酚在大宗卜

雨

650 與 651 綴合，綴合後釋文爲：

乙卯貞其大禦王于多妣眔祖酚在大宗卜

甲寅貞其酚大禦自上甲不遘雨

乙卯其遘雨

652.（正）

⋯卜⋯一犬

652.（反）

⋯貞旬亡囚

⋯貞旬亡囚

…亡国

崔亡国　二

653.

甲子乙丑…羌

甲子乙丑用羌

…伐…用

654.

乙酉

其雨

655.（正）

甲寅卜貞亞其偁　一

貞其于翌　二

656.

癸未貞旬亡国

…巳…旬…

657.（正）

壬寅卜其燎於土

…三牢　一

…牢

658.

辛巳貞日有戠其先…

…酻其…大乙六牛

659.

癸…貞…亡…

癸亥貞旬亡国

…酉…旬…国

660.

…酻　十二月

酻

于父庚

661.

癸巳卜…邑

丙申其小帝

弜…

662.

癸丑貞旬亡田

癸亥貞旬亡田

在…在敦

663. （正）

甲午貞

不遘雨

664. （正）

癸…貞旬亡田

癸未貞旬亡田

665.

甲午…翌未酚燎

…貞…

666.

惟雋

案：甲骨文舊字作 𦥑，又作 𦥑。《合集》29694 “其𧆨用 𦥑臣具吉”。“𦥑臣” 應即舊臣。故疑 𦥑 與 𦥑 同，亦爲舊字。

667.

庚…貞…勺…自…幾…

668.

甲辰…侑勺歲

…牛

669.

甲午卜貞余凡匃不隹　二

…卜…大

670.

于豪燎　三

671.

　　其… 一

　　畿又勹 一

　　…大甲…方

672.

　　癸巳貞旬亡囚

　　癸卯貞旬亡囚

673.

　　癸亥貞旬亡囚

　　…酉…旬亡囚

674.

　　…貞…

　　癸未貞…亡囚

675.

　　丙…今夕亡…

　　…巳貞今夕師亡震

676.

　　…未貞…亡囚 三

第五編

677.

　　癸亥王卜貞旬亡畎在五月…日大［吉］

　　…酉王卜貞旬［亡］畎…月王占…戌

678.

　　乙未卜貞王賓…乙漢

　　甲…王賓…亡…

679.

　　…卜貞…亡畎

　　…貞…旬… 二

　　癸丑…貞王…亡…

…卜…旬…甾

680.

　　癸卯…泳…旬…

　　癸未卜…貞王…亡甾

681.

　　癸亥…甲卜…貞…王

　　…王卜…次貞…甾王…吉

682.

　　戊寅…鼄…今夕

　　…卜在…貞…夕…甾

683.

　　甲…武…其牢…茲〔用〕

　　…貞…必…牢…用

684.

　　庚辰卜在～其…不震

685.

　　…酉王卜在曺…安龖妜王占〔曰〕大吉在九月王來征二封方

686.

　　癸丑王卜貞旬亡甾在齊次

　　…卜…甾

687.

　　甲戌卜…武乙…其牢

　　…卜…武丁…牢

688.

　　戊…王…往…

　　…亥卜貞…田宪〔往〕來亡災

689.（正）（缺刻横畫）

　　己未王卜貞今…或典東侯晉…甾戔人方亡…

690.

　　…王卜貞，禽亚九备，禺人方率…

　　…或東，典東侯，晉人方，妥…

…其比多侯亡左自上下于叔…

…受有祐，王占曰，大吉…

…王彝在…

690 可與《合集》36182 綴合，綴合後釋文爲：

丁巳王卜貞，禽巫九备，禺人方率

伐東國，東典東侯，咠人方，妥

余一［人］，［余］其比多侯，亡左自上下于叔

示，余受有佑，王占曰：大吉……

肜□，王彝在□□宗

691.

癸…王旬亡畎

癸酉卜貞王旬亡畎

…卜…

692. （正）

…貞…王占…

癸卯王卜貞旬亡畎王占曰吉

癸丑王卜貞旬［亡］畎王［占曰吉］

693.

癸未貞旬…占曰…

…卜貞　王占…月…昌甲翌

694. （正）

辛亥…迭于…往［來］亡災

戊辰卜貞王迭于雍往來亡災

…卜貞…于…往來［亡］災

695.

癸…旬…

癸亥卜貞王旬亡畎在十月又一

…∼…旬…月

696.

丁…王…亡…

…申卜…王今…畎

697.

丁巳卜貞王賓歲亡…

698.

癸丑卜貞王旬亡㐫

…卜貞…亡㐫

699.

癸未卜…王旬亡㐫　二

癸巳卜貞王旬亡㐫　二

700.（正）

癸…淮…

其震

甲寅卜在～東淮貞今夕師不震

701.

戊辰卜在盁貞王田衣逐亡災　一

702.

甲申卜…武丁祖乙其［牢］兹［用］

…貞武乙…其牢

惟

703.

甲申…武乙…牢一

…巳卜…祖甲丁其…兹用

704.

…丑卜貞賓報丁亡…

705.

辛…［卜］貞王［田］盁往［來］亡災

706.

癸…貞…其…

…卜貞乙丁…兹用

707.

己…王…亡［㐫］

…未卜…今夕…㐫

708.

丁未［卜］貞王［今］夕亡［畎］

…未卜［貞］王今［夕亡］畎

709.

癸…王…在…

…酉卜…王旬…畎

710.

甲午…武乙…牢

羊

711.

丙…康…惟…

羊

甲戌…武乙惟…

…貞…必…丁牢

712.

…貞王…叙

713.

甲子…王今…亡…

…午卜…王今…亡

714.

乙酉卜…賓…

715.

癸酉卜…旬亡…

716.

癸…貞…今…亡…

…卜…王…亡畎

717.

乙亥…王今…亡…

…貞王…畎

718.

乙巳…王賓…

…亡…

719.

…貞…夕亡…

…卜…今夕…猷

720.

丙辰…文武丁…其牢

…貞武…牢

721.

勿牛惟…　二

722.

壬午卜…王今…亡…

723.

…卯…遘于…往來〔亡〕災

724.（正）

己亥卜貞王賓祖己祭亡尤

丁酉卜貞王賓祖丁祭亡尤

725.

庚申卜貞〔王〕賓祖乙〔奭〕妣庚亡尤

726.

甲申…武乙…其牢

…卜貞…必祊…牢…用

727.

戊戌卜貞王賓大戊…亡尤

728.

…祖丁奭…日亡尤

729.

戊辰卜貞王田…茲禦獲狐…

730.

弘吉茲禦

731.

…受王…

732.

　　庚午卜貞王省往來亡災

　　…貞…來…

733.

　　乙未卜貞舍…

734.

　　戊午卜在牭其貞今夕師不震

735.

　　…災　在七月

736.（正）

　　…丁在…

　　（此爲鹿頭骨碎片）

737.

　　…亥卜貞王…祖己薦…

738.

　　…薦…尤

739.

　　…卯卜貞旬亡畎

740.

　　貞王耕

741.

　　貞王耕

742.

　　…中丁夾…彫亡…

743.

　　甲申…武…

　　…戊卜～貞康…

744.

　　丙午…外丙彫

745.

　　丙申卜…康祖丁…牢羊兹…

　　　　貞其

746.

　　　　癸巳王在齊次
　　　　…猷

747.

　　　　庚…在～…衣…災
　　　　…王田亡災

748.

　　　　占日弘吉惟王十祀

749.

　　　　貞王賓…亡尤

750.

　　　　辛卯卜貞王…

751.

　　　　癸亥…王賓…集　一
　　　　（巉爲集字之倒書）

752.

　　　　乙未卜貞王賓武乙肜日亡尤

753.

　　　　癸未…日吉在九［月］甲申肜□甲

754.

　　　　癸亥卜徝［貞］旬亡猷

755.

　　　　癸卯王［卜］貞旬亡猷

756.

　　　　己未…貞于…雍己肜…亡…
　　　　貞…叔

757.

　　　　賓亡尤
　　　　王賓亡尤

758.

貞…丁其…用

…其…　一

759.

…丑卜貞…㫃往〔來〕亡災

760.

辛…貞…寁…亡…

…貞王…于㫃…來…災

761.

其…又…

…牢…牛

762.

其牢　又一…

又一…

763.

其牢

又一牛

764.

癸酉卜貞旬亡㤞　十月　翌日

…卜…旬…

765.

癸亥…旬…在九…翌…

…卜貞…亡㤞…月…

766.

癸…貞…亡…

…丑卜…王旬…㤞

767.

癸未…王旬…㤞

…旬…㤞

768.

丙申卜…賓…翌…

769.

　　甲申…王賓…翌日

　　…翌日

770.

　　…子卜貞…歲亡尤

771.

　　…貞…歲…尤

　　…王賓…

772.

　　丁丑卜貞王賓歲亡尤

773.

　　…卜貞…旷

　　…亡旷

774.

　　…王…亡…

　　…卜…今…旷

775.

　　癸…貞…今…亡…

　　…卜…王…亡旷

776.

　　…申…盂貞…田衣亡…

777.

　　癸丑…王旬…在五…

778.

　　乙丑卜…王田憲…來亡…

779.

　　丙子…

　　…貞王賓…

　　亥

780.

　　癸丑卜…攸永…王旬…旷王…正

781.

　　　壬申…貞王…夕亡…

　　　辛…貞…

782.

　　　癸巳…貞王…夕亡…

783.

　　　癸酉…貞王…亡…

784.

　　　戊辰…王田…往…

　　　…王卜…盂…亡災

785.

　　　癸…貞…

　　　癸丑卜貞王旬亡畎

786.

　　　癸…王…

　　　…亥卜…王今…亡畎

787.

　　　己未卜貞王今夕亡畎

788.

　　　己丑…貞王…亡…

　　　…卜…災

789.

　　　戊子…貞王…亡…

　　　…貞…夕…畎

790.

　　　丙…貞…亡…

　　　…子卜貞…今夕…畎

791.

　　　壬寅…積…災茲…狐八

　　　…卜貞…往…災

792.

　　兹禦獲狐六

793.

　　庚戌…貞王…亡…

　　…卜…王…亡畎

794.

　　庚…王…覻

795.

　　棘往王奏庸受佑

796.

　　…酉卜　王今夕…畎

797.

　　辛…王…亡…

　　…卜…王…亡畎

798.

　　癸未…貞王…夕亡…

799.

　　丁卯卜…王賓…

800.

　　貞王賓…亡尤

801.

　　…卜貞…亡畎

802.

　　丙申…王…亡…

803.

　　癸卯…貞王…亡…

804.

　　…王今…亡畎

805.

　　惟勿牛用

　　惟…兹…　二

806.

惟…兹…

…羊…用

807.

惟黄牛兹用　二

…黄牛…

808.

…卜貞…康祖丁…夕

809.

甲辰卜…王賓…

810.

戊辰

811. （正）

丙子

丁

811. （反）

壬寅

812.

戊辰

己…

813.

丁…貞…彔…亡…

…王逐…麥…來…災

814.

…卜在～…今夕亡…

815.

丁…王…用

…卜貞王田…于宫…來亡…

816.

…其唯延即…

817.

　　癸酉…貞王…中丁爽…翌

818.

　　其以大…不

819.

　　示壬

　　鳧

820.

　　辛酉…王賓…爽妣辛

821.

　　丙申…武丁…牢

822.

　　丙午…武丁…茲…

　　…羊　災

823.

　　甲辰…貞今…來…

824.

　　甲申…武乙…祊其…

825.

　　甲戌…武乙…惟…茲［用］

826.

　　…卜…羌…五…十三月

827.

　　…亥卜…貞…賓…（不似第五期）

828.

　　甲寅卜貞王賓小甲

829.

　　…康…其牢

830.

　　…牢…一牛

831.

又一牛

832.

…貞…丁惟…

833.

…卜貞…丁惟…

834.

惟…兹…

…牛…用

835.

甲戌…賓…

836.

癸巳…王賓祐亡…

837.

貞王祐

838.

…王賓勹伐…

839.

…貞王賓…亡…

840.

…卜貞…旬亡畎

841.

癸未…王今…亡…

…卜貞…夕…畎

842.

甲申…王今…亡…

…卜貞…夕…畎

843.

…卯卜貞…今夕…畎

844.

…卜貞…夕…畎

845.

戊午…貞王…夕亡…

…卜貞…夕…猷

846.

癸丑…貞王…亡…

…貞…猷

847.

巳壬午癸未

壬辰癸巳

848.

…辰…今夕…猷

849.

乙卯…王賓…

850.

…小乙…亡尤

851.

辛未…送于…往…亡…　一

…卜…送…往…亡…

852.

丁酉…王…亡…

己亥…王…亡…

辛亥卜…王…夕…猷

853.

延…帝…其…

854.

…卜貞…祖甲…亡尤

855.

…貞王…尞示

856.

…貞王…濩…尤

857.

案：此字無法隸釋。《甲骨文字典》收有一字形爲此字之左半。

858.

癸…貞…亡…惟正

…肜…永…亡戋…正

859.

戊戌…貞王…寲…亡…

…酉卜…田…往…災

860.

辛…貞…往…王…

…貞…[惟]往來…王曰吉

861.

…卜貞…亡戋…月…魯曰

862.

…田…亡…占…

…王…龏…來…災

863.

癸未…貞王…亡…

…卜…旬…戋

864.

癸亥…貞王…小甲…夕亡…

…卜貞…雍己…亡…

865.

丁丑卜貞…賓歲…尤

866.

甲申…武丁其…兹…

貞文丁其…

867.

丙子…貞武丁…雍其…

…卜…丁…兹用

868.

　　…王卜…宮往〔來〕亡災…曰吉

869.

　　辛…貞…往…災

　　…王卜…田羌…來亡…占曰吉

870.

　　己…貞…夕…

　　…卜貞…今夕〔亡〕𢀛

871.

　　己未卜貞王…夕…

　　…王…

872.

　　…卜貞王…薦

873.

　　戊…王…

　　…貞…夕…𢀛

874.

　　丙申…貞王…

　　乙未…貞王…

875.

　　…卜貞…賓武…伐亡…

876.

　　…賓…亡尤

877.

　　…貞王歲…

878.

　　又一牛　其

879.

　　…午卜貞王…歲亡尤

880.

　　丙午…康…其牢

…卜貞…其…羊

881.

庚…貞王…于…往…亡［災］

…卜貞…迏于…往…亡災

882.

甲…貞…夕…

…卜…今夕…狀

883.

乙丑卜貞…賓祖乙…日亡尤

884.

丁丑…貞迏來

…卜貞…惟…用

885.

癸亥…在…貞…

…貞…狀

886.

…卯卜…賓…翌

887.

…王賓妣戊…

888.

翌日

889.

癸巳…祖甲丁其…

890.

戠牛

891.

丙辰…文…

892.

羊用

893.

…貞王…亡…

894.

其雨

895.

…巳卜貞…旬…猷

896.

牢　一牛

897.

…卜貞…賓大丁…亡尤

898.

己酉…今夕亡…

899.

惟小牢用

900.

賓亡尤

901.

其…

902.

羊

903.

癸…惟…

904.

…王迖…田往來…兹禦…鹿

905.

丙戌…貞康…其牢

906.

…牢又一［牛］　　兹用

907.

…酉…王今…猷

908.

壬辰…貞王…歲…

909.

賓…又二羊…[武]…勹祂幾翌（？）

910.

…羌…卯三牢　在十月

911.

…王…往來…兹禦…

…貞…往…災

912.

…王今…

…卜貞…夕亡…

913.

丙寅

914.

己卯…龜…今…

915.

邑　尤

916.

貞萃

917.

貞惟宗

918.

馘尤

919.

…卜貞…伐…尤

920.

戊子

921.

馘

922.

丙子卜貞王賓…

923.

　　貞王賓歲亡尤

924.

　　其…

　　又一牛

　　牢

925.

　　勿牛惟　　五

926.

　　…未卜在…貞王…亡畎

927.

　　…丙…武丁…牢

928.

　　甲辰…武乙…其…

929.

　　丙午卜…武丁…

930.

　　惟羊

931.

　　覼

932.

　　甲午卜…武乙丁惟…

933.

　　貞王叙

934.

　　貞…今夕…

935.

　　羊

936.

　　貞王叙

937.

丁未…王賓…翌

938.

丁亥…賓…

939.

…王賓蒸

940.

…卜貞王…歲亡…

941.

辛巳…王今…亡…

942.

壬寅卜…賓大庚…魯日

943.

癸亥…王占…

…貞…占…月…大甲

944.

丙寅…武丁…牢

945.

…午卜…必武丁其牢

946.

甲戌…武乙丁其…　一

947.

癸亥卜…祖甲丁其牢…

948.

丙戌康…　其牢…

…貞祖丁…牢

949.

…丑卜貞…小乙…尤

950.

甲…祖乙…其…

卜貞…升…牢…用

951.

　　癸巳…貞祖甲…惟…
　　羊

952.

　　壬子卜貞母癸惟羊

953.

　　壬…貞…往…
　　…王卜…田喪…

954.

　　…酉卜…� …貞王…亡畎

955. (正)

　　…卜貞…書…來…

956.

　　戊午…虡…田衣…
　　…卜…敦…今夕…畎

957.

　　庚戌…有寢…于文武…用黄牛　三

　　案：寢字作鄅，下邊的 Ⅺ，原以爲是兆序，但細看照片拓片，又似該字的一部分。疑爲瘝字。

958.

　　…寅卜貞…賓凡肜日　（“凡”，疑爲“般庚”）

959.

　　…卜貞王…示壬魯日

960.

　　癸亥卜…王旬…在五…肜
　　…卜貞…亡畎肜日

961.

　　庚子…王賓…祭亡…

962.

　　庚午卜貞王今…亡畎

963.

　　…卜貞…其牢…用

964.

丙辰…貞王…夕亡…

…卜…王今…亡…

965.

癸…王今…

…卜貞…亡畎

966.

癸…貞…其…

…卜貞…丁…兹…

967.

其牢　［又］一牛

　　…牢…牛

968.

…卜在…今日

　　不

969.

…巳卜貞…賓歲…尤（"巳"字倒书）

970.

…卜貞…賓…亡尤

971.

…卜貞…今夕…畎

…壬…貞…亡…

972.

…卜貞王…亡畎

973.

丙辰卜貞文武丁其…兹［用］

…貞…宗…牢

974.

庚辰…王賓…日亡…

975.

…戌卜貞王…乙爽妣庚…亡尤

976.

　　壬…貞王…夕亡…

　　…申卜在…貞王…亡㳄

977.（正）

　　癸未卜在～貞王步于亡災

　　庚子卜在貞王步于亡災

　　…子卜在…貞王…逐亡…

　　壬申卜在貞王步于…亡災

　　…卜在…貞王…于…災

　　案：～字上部構形不明，難於隸定。地名。

978.

　　癸丑…祖甲丁…兹

　　…羊…

979.

　　甲午…貞王…夕亡…

　　己丑…貞王…夕亡…

980.

　　癸…

　　癸亥王卜…亡㳄

981.

　　乙未卜貞王今夕…㳄

982.

　　癸丑卜…賓…

983.

　　…卜…今…㳄

984.

　　癸亥…貞王…亡…　　三

985.

　　…卜貞…夕…㳄

　　乙…貞…夕…

986.

　　己亥卜…王步…

987.

　　貞王賓…叔…亡…（叔字缺刻橫畫）

988.

　　…卜貞…其牢…用

989.

　　乙巳…王今…

　　…今…畎

990.

　　…卜貞…召…亡災

991.

　　丁未卜貞王步亡…

992.

　　乙卯…示…雍…亡…

993.

　　丙寅…貞王…夕亡…

　　…卜…王今…畎

994.

　　…在～…于鹵麓亡災兹…獲狐…

995.

　　丙…貞…今夕…

　　卜…王今…畎

996.

　　癸…貞…征…

　　…卜貞…于　…于丁…卯…

997.

　　…賓亡…

　　…賓亡尤

998.

　　癸酉卜…祖甲丁牢

…羊…用

999.

丁卯卜…賓康丁…亡…

辛卯卜…辛翌日…

1000.

丙申卜…文武丁…丁其…兹…　一

1001.

丙寅…文…

…貞…宗…牢

1002.

己卯…虏…

…在…王…逐…

注：虏，疑爲“獻”字之省形，卜辭用爲地名。

1003.

…卜貞王…雍己龢…尤

1004.

戊戌…王田薍…亡災

…卜貞…往來…占曰吉

1005.

…裘方征亡…

…若（?）余又［不芑戈］…

…祭惟商亡［壱］…

…［王］彝

案：裘字作✿，仍视作裘字，方国名。

1006.

…未卜貞…賓魯…亡尤

1007.

…于大乙…　牛又…

1008.

…羊百豕…

附 　 録

1.

    王占曰其

2.

    貞勿侑于祖…

    …往…從…

3.

    …貞翌…其侑三牢

4.

    …巳…曰周壹用王…

5.（正）

    二告　二告　一三

5.（反）

    …　王貞

6.（正）

    貞戋其…

6.（反）

    …百五十

7.（正）

    …免方…

7.（反）

    …爭…

8.

    …舌方…～…

案：《花園莊東地甲骨》263 有⿱，字從二木從刀，未作隸定。～字從二中從刀，與從二木從刀 義相同，應爲一字之繁簡。

9.

    …貞翌…亡…

10.（正）

    …翌丁…王往…

10.（反）

    …丙…有…

11.

    乎取牛

12.

    貞王往…

13.

    擒獲　二

14.

    壬子卜　王一月

15.（正）

    不懸蛛

15.（反）

    …大于…其

    貞…免…

16.

    …子…貞翌…昜…

17.

    …卜…子…允…昜日

18.

    丙…丁…昜…

19.

    …彀…貞令…師…

20.

    …日七…

21.

    …余伐下危…

22.

    …貞惟令弋…六…

案:《甲骨文編》929 頁收"中"，與此片中"中"結構相同。裘錫圭釋讀爲弋。

23.

…貞我弗…方…

24.

不得…今十一月

25.

己亥卜…冤我… 二（冤，或釋"窺"）

26.

…殷…亡…

27.

…貞往…不…

28.

…王…方下上…

29.

乙巳…貞…取…

30.

…畓…田…

31.

…貞勿于…

32.

…貞勿…往。二月

33.

…固…家…亡…

34.

貞…丁用…白…三　十二月
　　勿　　十二月

35.

丁酉卜…翌甲戌…

36.

…燎三羊二豕　三

37.

…貞𦥑…囚…

案:𦥑字上從目，下象一人持杖形。

38.

　　…方其…敦執…

　　案：甲骨文“執”字，構形有多種，有作🦴者，從幸從女，🦴象刑具手梏之形，又有從🦴者，像繫索之形（徐中舒語，見《甲骨文字典》）。此片中字像人之兩手被繩索捆縛之形，有拘執之義，隸定爲執字。

39.

　　…～相…

　　案：～字從禾從壬，暫隸定爲秆字。在此或作爲地名（存疑）。

40.

　　…貞今…令…多…

41.

　　…卜貞其…日之日…雨

42.

　　癸…出…亡

43.

　　…卜出…賓夕…

44.

　　…即…賓…

45.

　　貞翌…戊申…至…

46.

　　…王…寧…

　　…四月…

47.

　　…又…獲…九

48.

　　壬寅卜貞于…酉…

49.

　　…行貞不…歸我…嵩

50.

　　癸丑貞舌其…　　牢

51.

　　…卜旅…其燮

52.

  …戌酚于…

53.

  己…卜…

   歲羌…

54.

  癸丑卜即貞旬亡…

55.

  丙申…貞今一月…

56.

  …翌日…尤　三

57.

  …𥄉…二豚…用

 案：𥄉字于省吾隷定爲盟字。

58.

  乙巳貞夕雨　曰夕…

   吉

59.

  …夕禱亡…

60.

  乙卯卜貞翌…父…

61.

  …卯其酯伐兄丁

62.

  …惟…元…

63.

  …𢃄…

 案：此字从凡从又（手）。待考。

64.

  辛…貞…田辰田…（？）

65.

  …亥子余其歸它貝（？）

66.

　　…何…田亡災

　　　貞…亡…

67.

　　…望…旬亡…

68.

　　癸酉旅貞亡囚

69.

　　丁未卜★女…

70.

　　癸巳…貞王…亡…

71.

　　…貞…夕亡…

　　…夕…耽

72.

　　…辰卜貞…夕…

73.

　　…牢其牛又…

74.

　　…子卜貞…夕亡耽

　　…今夕耽

75.

　　…王…亡…在…

　　…今…耽

　　…貞…

76.

　　壬辰…王今…亡…

　　…卜貞…夕…耽

77.

　　甲戌貞…夕…

　　…寅卜…王今夕…耽

78.

　　戊…亯…日

　　…貞其雨

　　…雨

79.

　　…丑卜王賓…亡尤

80.

　　癸巳…王旬…

　　…貞…畎

81.

　　…賓…亡尤

82.

　　…丙戌（?）…

　　…王賓…

83.

　　…申卜王今夕…畎

84.

　　…貞沉十羊十豕

85.

　　壬寅卜，王

　　…卜…

86.

　　丁巳…貞…

　　…尹…

87.

　　…癸…貞…

　　甲戌卜…貞翌…

88.（正）

　　于旦酚…

　　王…亡災　吉

　　暮亡災　吉

　　王其田不遘雨大吉

　　其遘雨　吉

　　不遘大風　吉

　　不遘小風

89.

…卜，𢁛弗其…

90.

戊寅…今日…

不雨

庚辰卜今日雨

不雨

91.

乙未…往…

戊戌王卜貞，田羌，往來亡災，王占曰：吉

…王卜…書…來亡…占曰…

92.

于盂亡災　吉

于宮亡災　吉

…在…◻…擒…

93.

…在齊…衣…災

94.

乙卯…于大…其正…　三

丁巳貞，甲子酚報于上甲　三

己巳貞，並𠂤伐三

並弗受祐

四牛　三

其夕告上甲　三

…伯…

…上甲…

案：因某種原因，此片未作墨拓，只有圖片和摹寫本。

後　記

　　二○○四年五月，我們研究將安陽民間收藏的甲骨資料著録出版，一是爲殷墟申報世界文化遺産"吶喊助威"，二是爲安陽甲骨學會成立二十週年獻禮。是年七月下旬，中國殷商文明國際學術研討會在安陽召開。會議期間，安陽甲骨學會在市博物館舉辦了《安陽民間散存甲骨展》和《甲骨文臨書展》。當時我爲前者寫了一篇一百多字的《前言》，文曰：

　　殷墟甲骨文自發現迄今百又五年矣。爾來出土有字甲骨十幾萬片，刊佈著録一百餘種，近又有《花園莊東地甲骨》問世，洵爲洋洋大觀也。然安陽民間猶多私藏，殘甲碎骨時有寓目焉。焦君智勤乃有心人，凡經眼過手，認爲有用者輒自爲墨拓攝景，累積數年，已得拓本照片千餘。今從中選取百幀以饗同好。其内容涉及祭祀、征伐、田獵、世系、方國、氣象、求年、卜旬等，亦有不經見之文字若辭例，頗具學術價值。開展在即，爰綴數語於前，聊爲推介云爾。

　　今奉獻於讀者面前的這部《殷墟甲骨輯佚》，即整理焦智勤先生積十年之功所蒐集洹上散存甲骨資料而成。此書由安陽市文物局局長段振美同志策劃主編，並負責書的出版事宜，我幫助焦智勤將資料整理、分期、編號，党寧負責寫釋文。至年底，完成初稿。二○○五年元月八日，我偕振美、智勤晉京，與文物出版社副總編李克能先生商定此書出版意向。回來後又對書稿内容進行調整、充實，智勤撰寫了長篇《前言》，振美撰寫了《私家收藏甲骨的幾個問題》，我對十幾個甲骨文字進行了隸釋，並對全部釋文審校一過。二○○五年十二月七日，我們到文物出版社送書稿，與李克能先生研究了出版事宜。那時文物出版社還在紅樓。從紅樓出來，我同智勤打的去清華園拜訪李學勤先生，恭請先生賜序。二○○七年十一月廿八日，我們又到已喬遷新址的文物出版社，與李克能先生討論了出版合同書的具體内容，惜于炳文先生出差在外，緣慳一面。

　　《殷墟甲骨輯佚》即將付梓，我們首先要感謝文物出版社，特別是李克能先生、于炳文先生，感謝爲本書撥冗作序的李學勤教授，感謝欣然爲本書題籤的中共安陽市委書記靳綏東同志，還要感謝書中甲骨的原收藏者以及爲本書出版付出辛勞的所有同志。

党相魁

二〇〇八年元月廿二日草於問渠書屋

拓本（摹本）

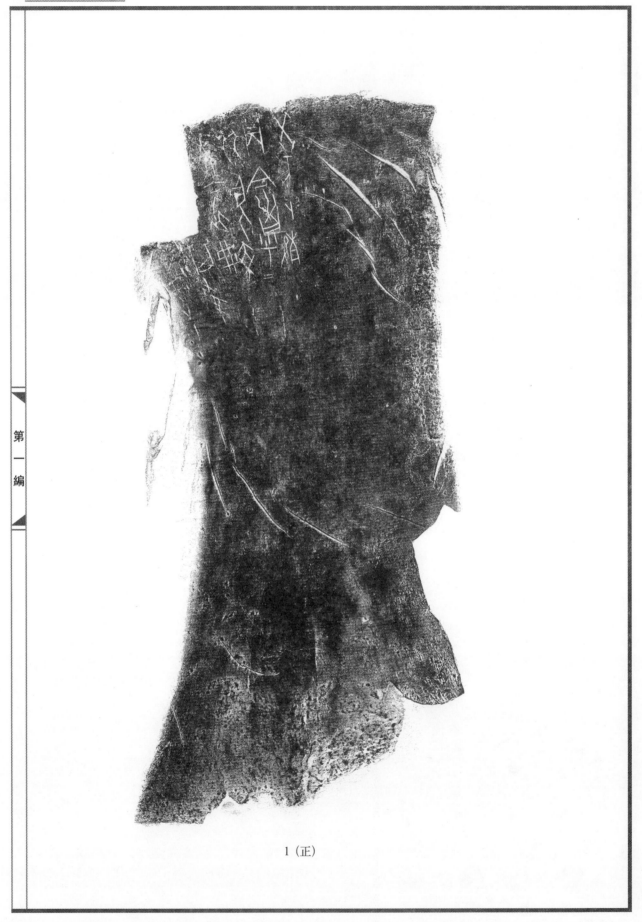

1（正）

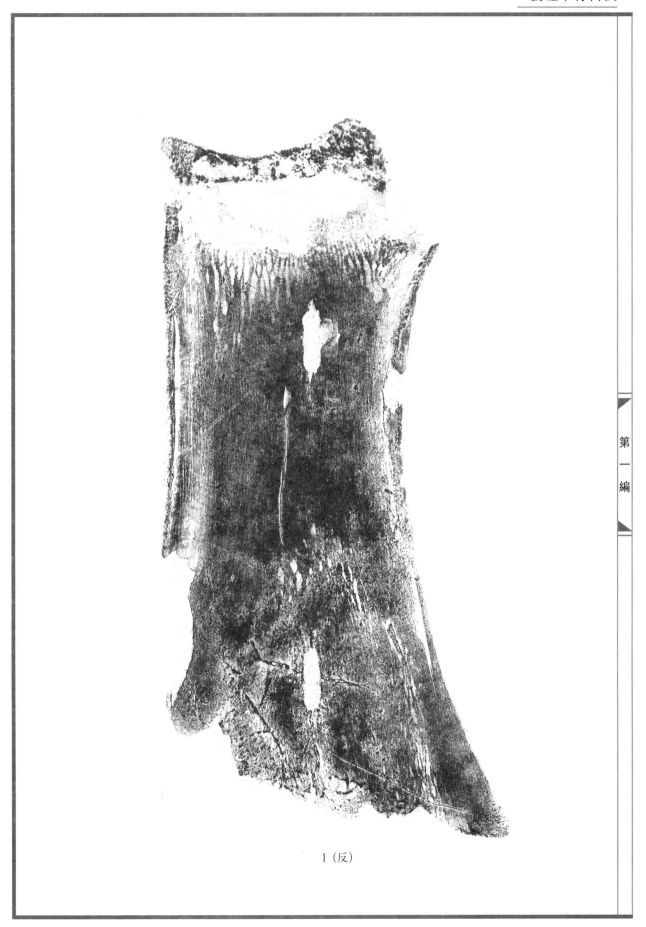

1（反）

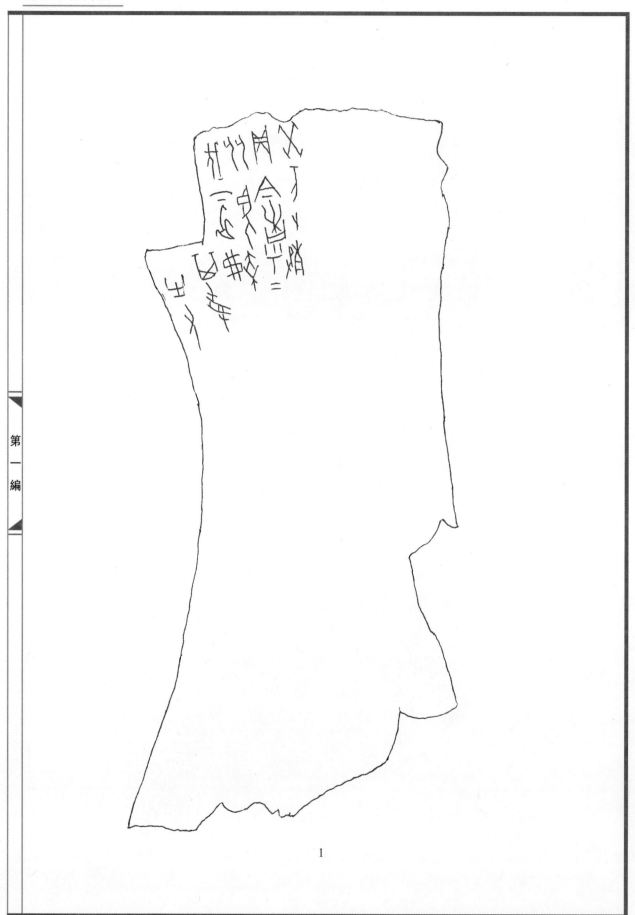

1

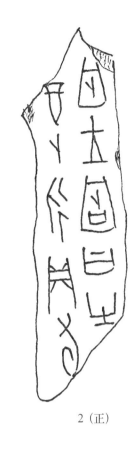

2（正）

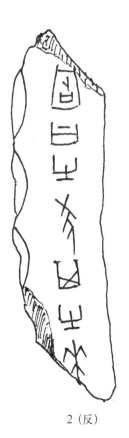

2（反）

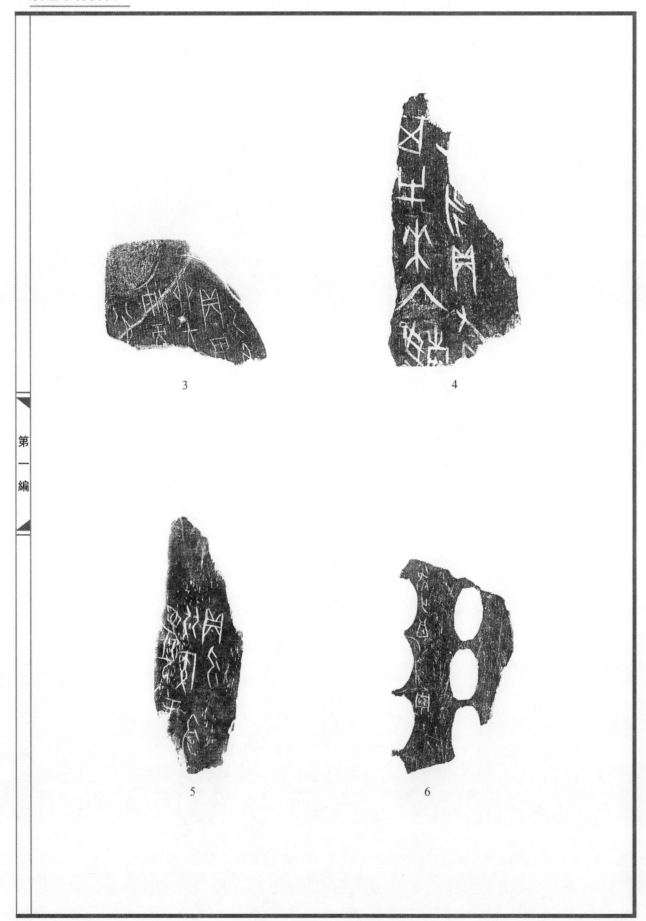

3

4

第一編

5

6

7

8

9

10

11

12

第一編

13   14（正）   14（反）

15（正）   15（反）

16（正）   16（反）

17（正）　　　　　　17（反）　　　　　　　18

19　　　　　　　　20　　　　　　　　21

22　　　　　　　　23　　　　　　　　24

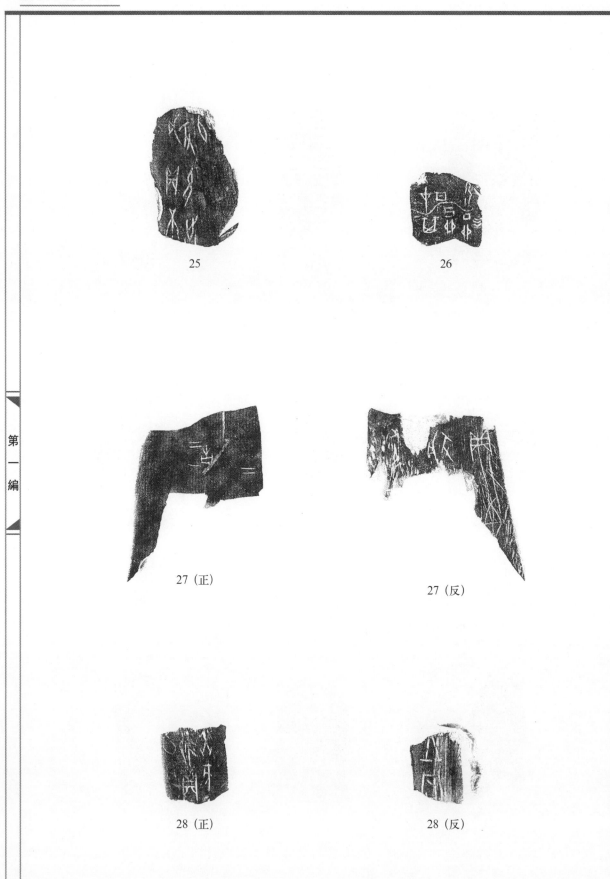

25

26

27（正）

27（反）

28（正）

28（反）

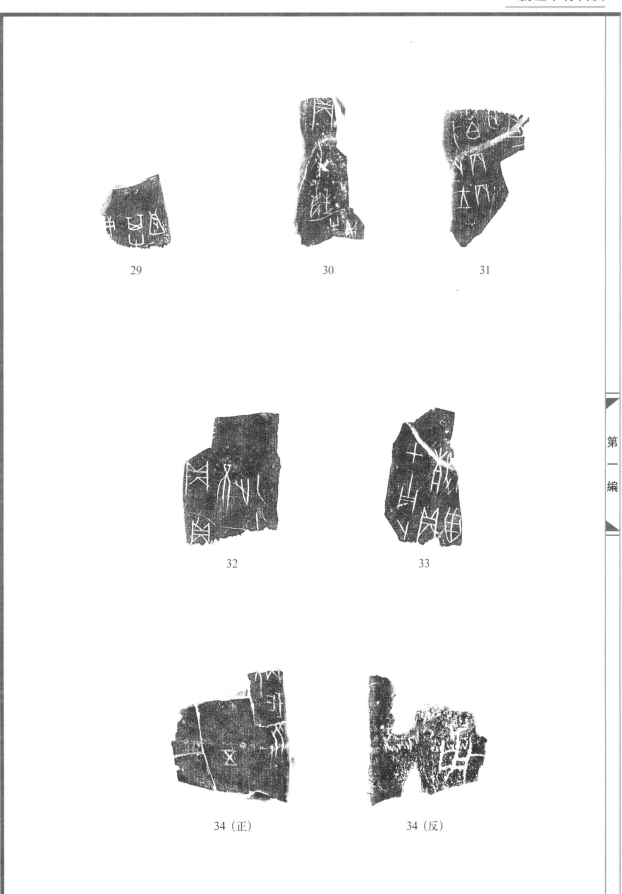

29　　　　　　　30　　　　　　　31

32　　　　　　　33

34（正）　　　　　　34（反）

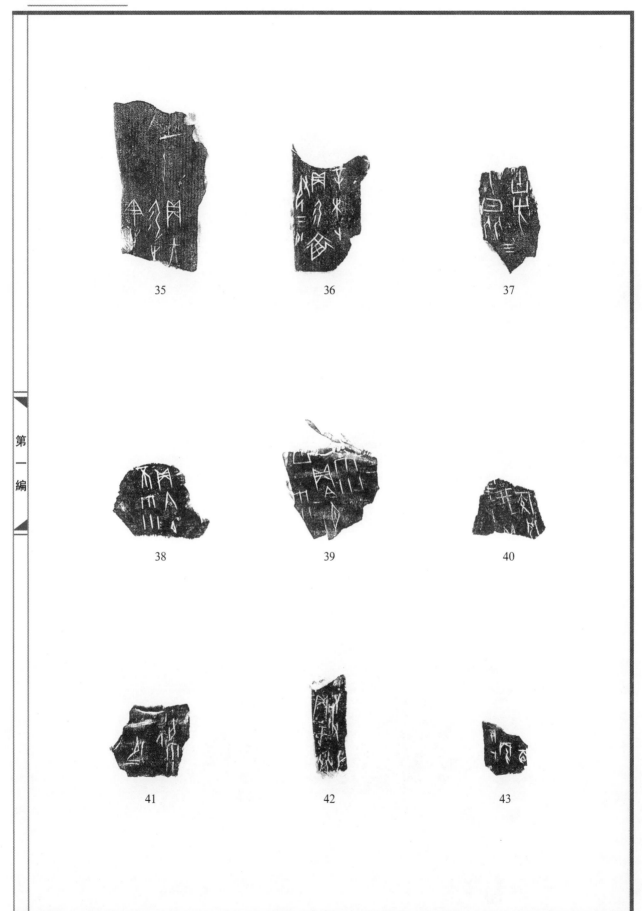

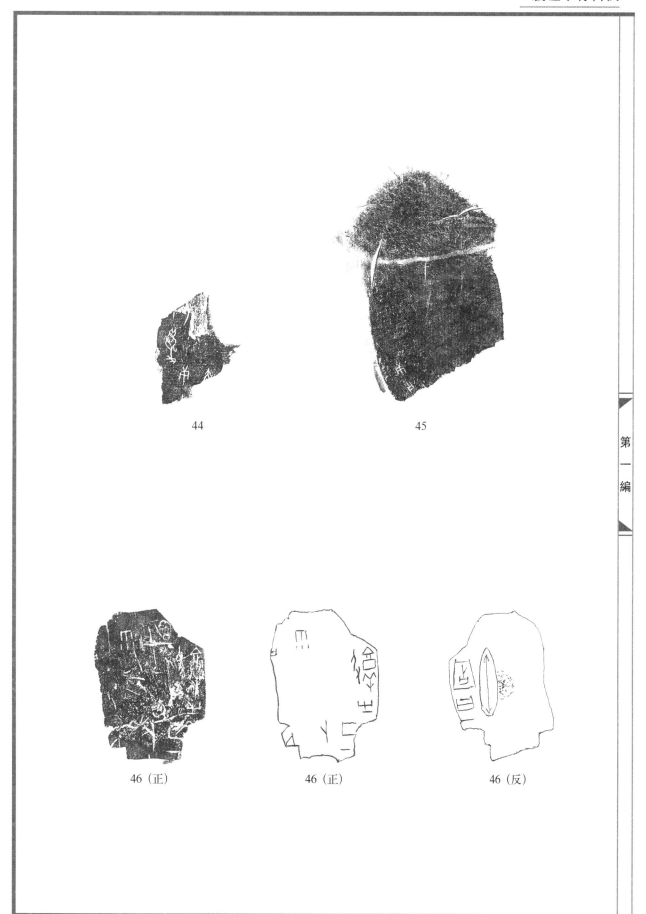

44

45

第一編

46（正）　　　　　46（正）　　　　　46（反）

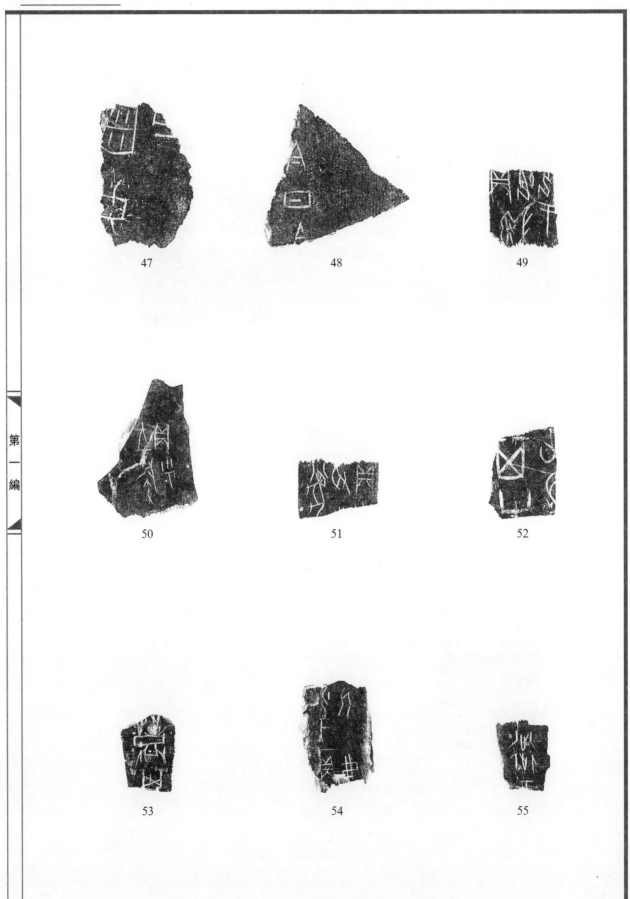

47　　　　　　　48　　　　　　　49

50　　　　　　　51　　　　　　　52

53　　　　　　　54　　　　　　　55

56（正）　　　56（反）　　　　　　57（正）　　57（反）

58

59

60

61

62

63

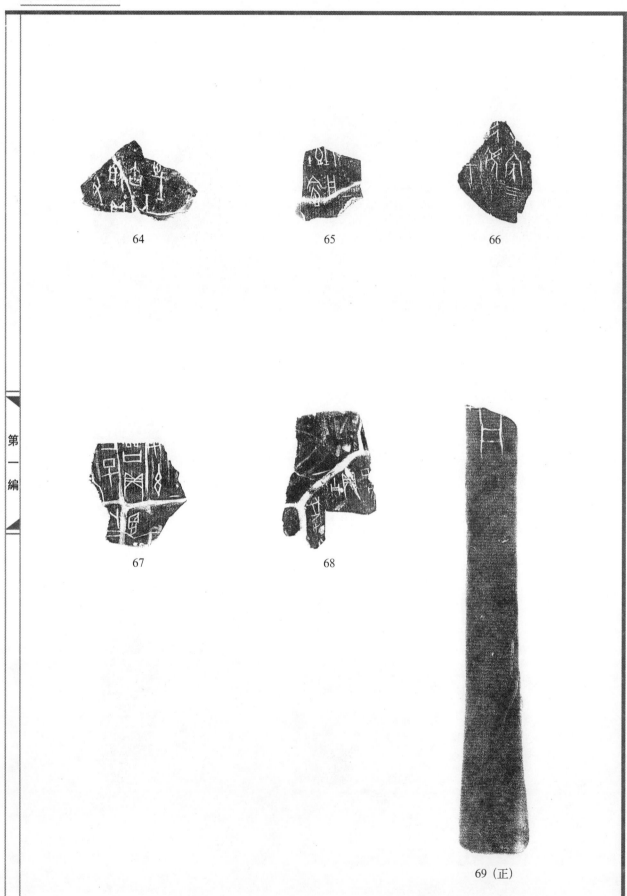

64

65

66

67

68

69（正）

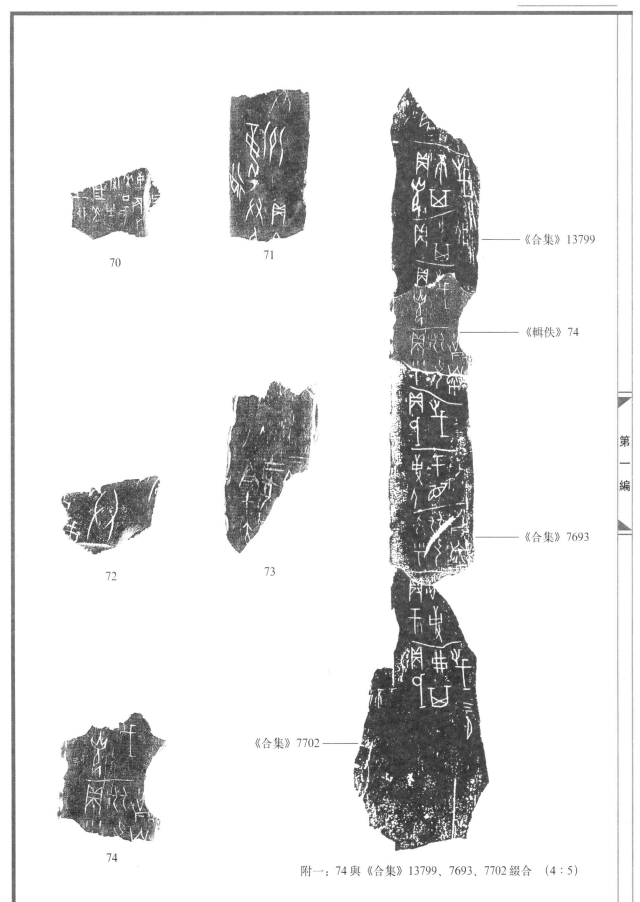

70

71

——《合集》13799

——《輯佚》74

72

73

——《合集》7693

《合集》7702——

74

附一：74與《合集》13799、7693、7702綴合　（4：5）

75（正）　　　　75（反）　　　　　　76　　　　　　　　77

78（正）　　　　78（反）　　　　　　79　　　　　　　　80

81　　　　　　　82

83（正）　　　　83（反）

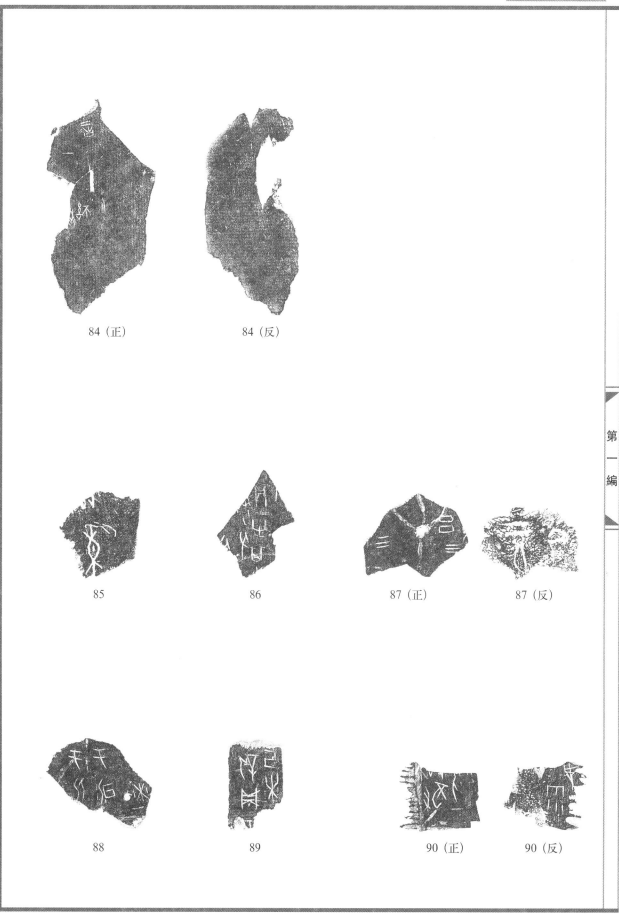

84（正）　　　　　　84（反）

85　　　　　86　　　　　87（正）　　87（反）

88　　　　　89　　　　　90（正）　　90（反）

第一編

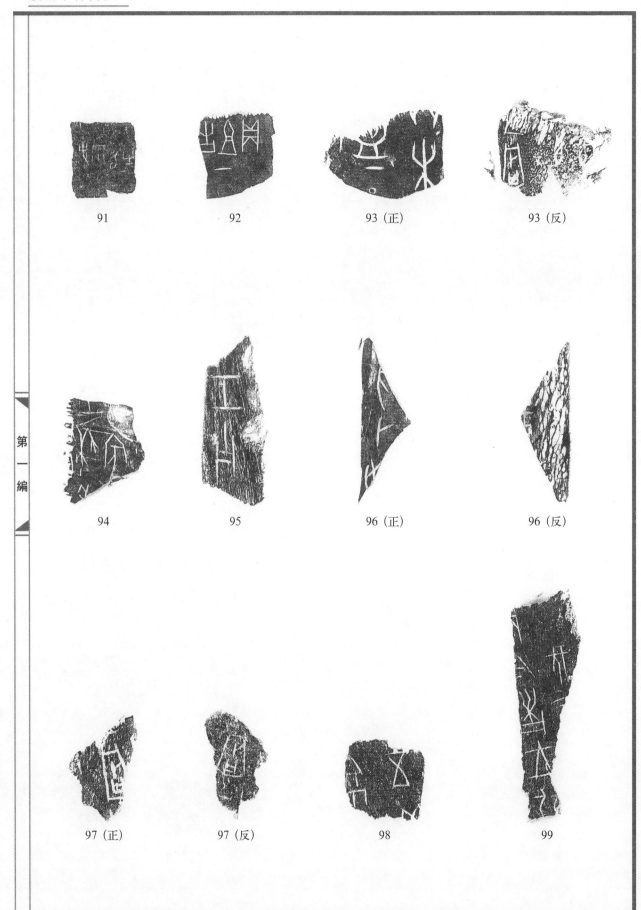

91 92 93（正） 93（反）

94 95 96（正） 96（反）

97（正） 97（反） 98 99

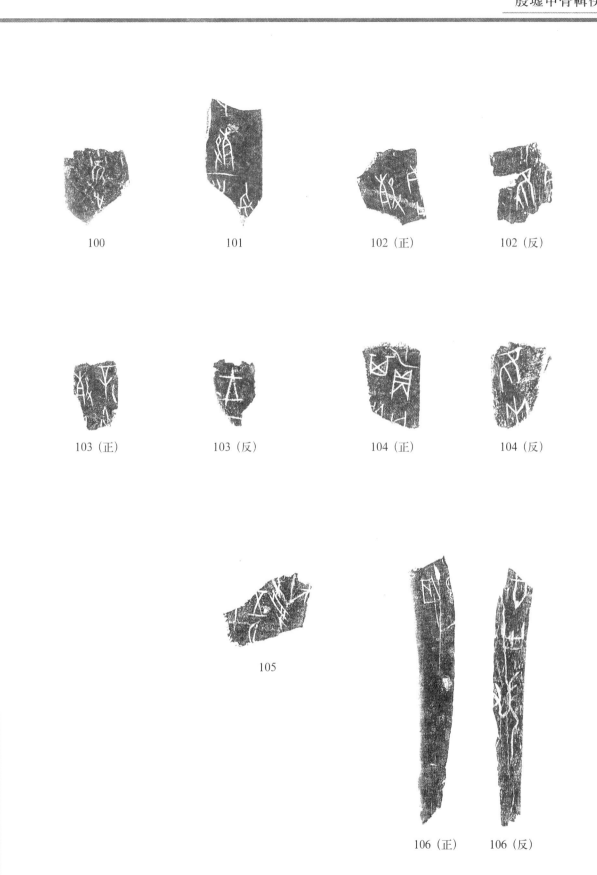

100　　　　101　　　　102（正）　　　　102（反）

103（正）　　　　103（反）　　　　104（正）　　　　104（反）

105

106（正）　　　　106（反）

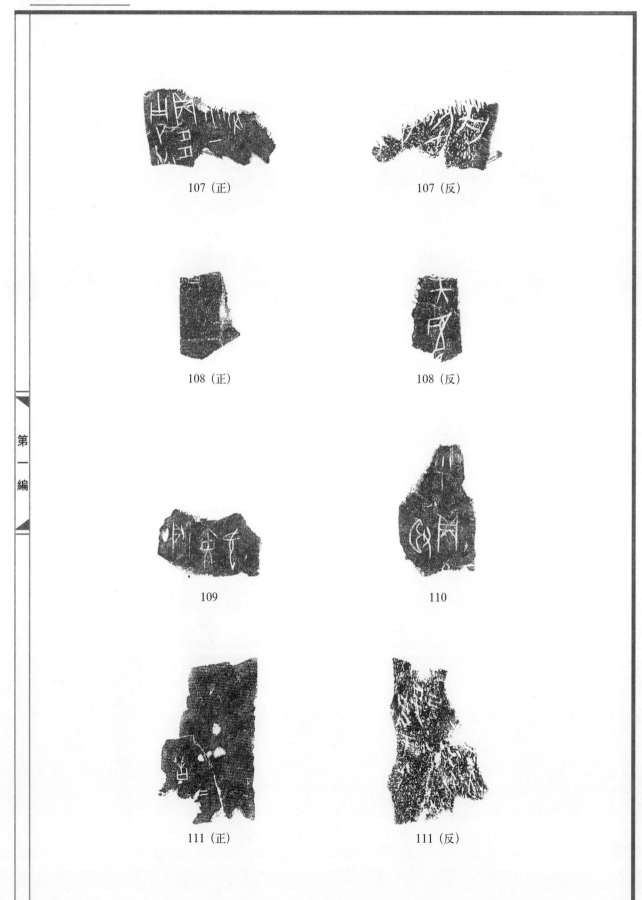

107（正）　　　　　　107（反）

108（正）　　　　　　108（反）

109　　　　　　　　110

111（正）　　　　　　111（反）

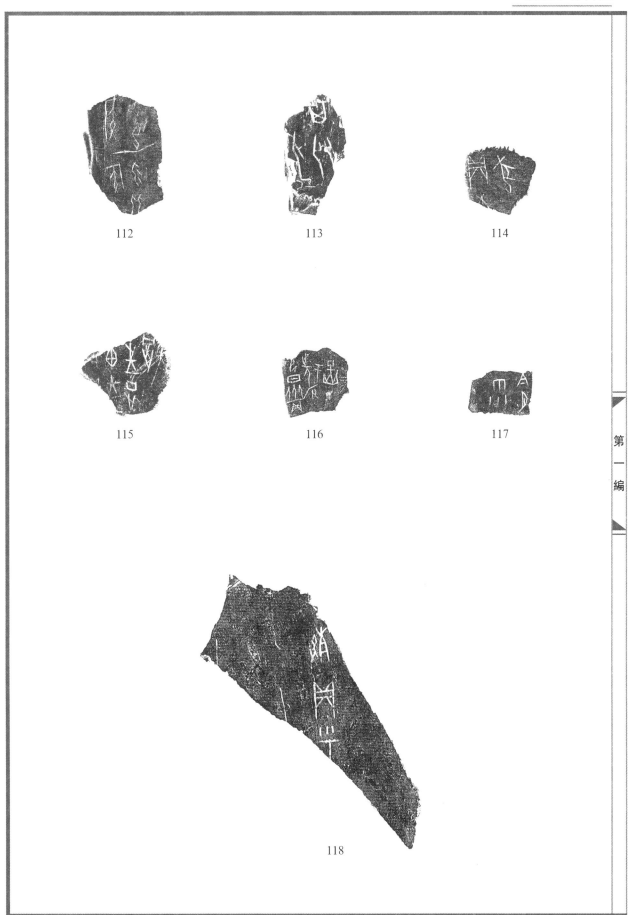

112

113

114

115

116

117

118

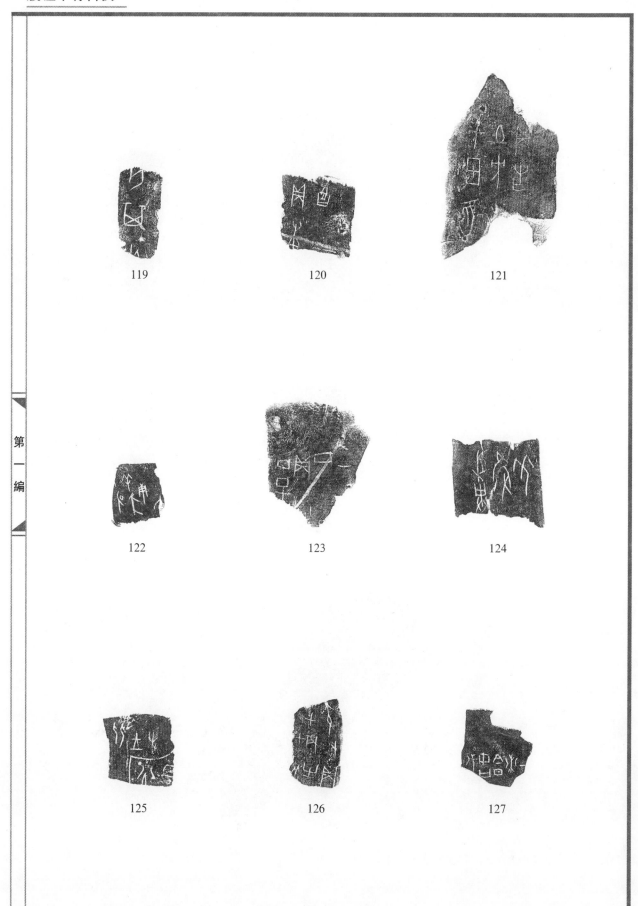

119   120   121

122   123   124

125   126   127

128（正）

128（反）

129

130（正）

130（反）

131（正）

131（反）

第一編

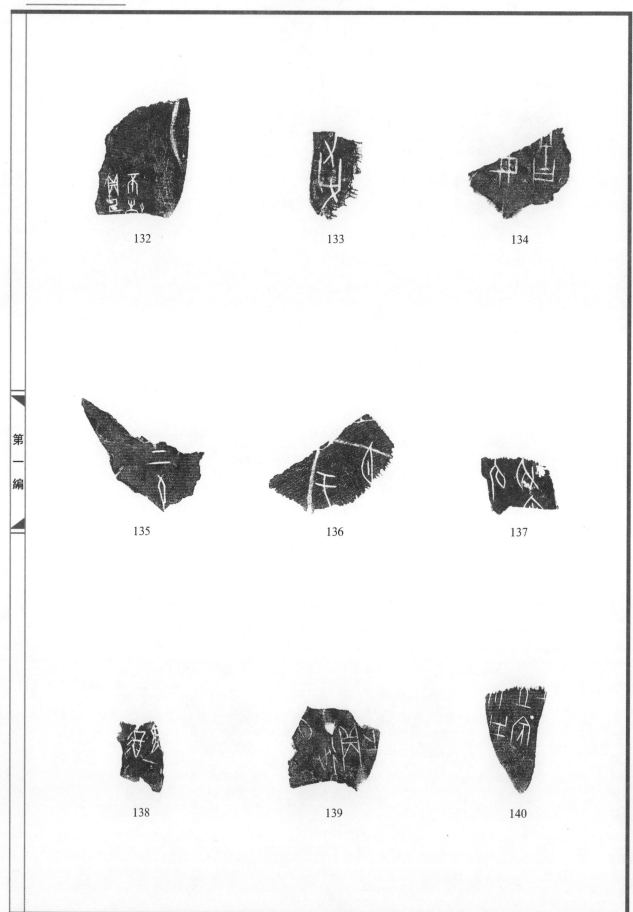

132

133

134

135

136

137

138

139

140

第一編

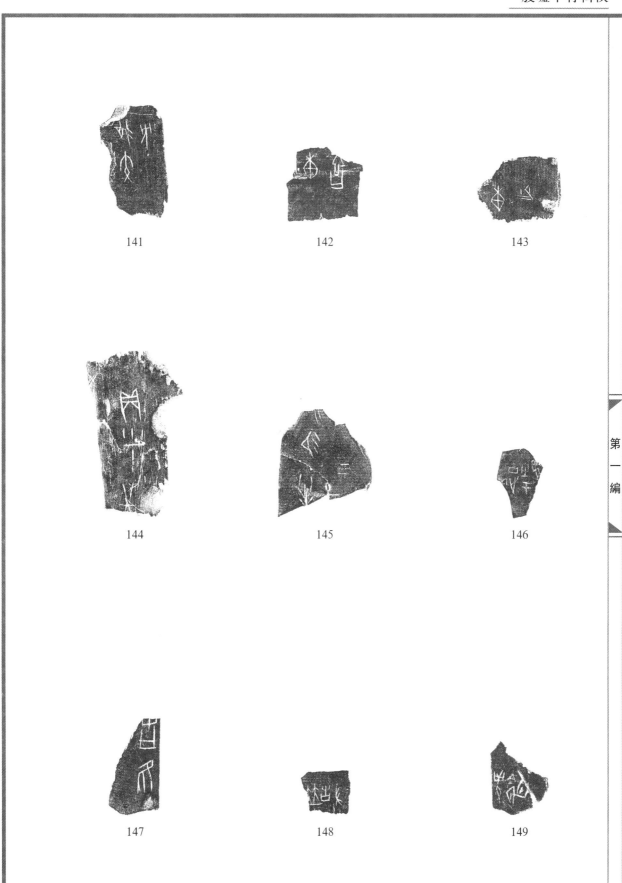

141

142

143

144

145

146

147

148

149

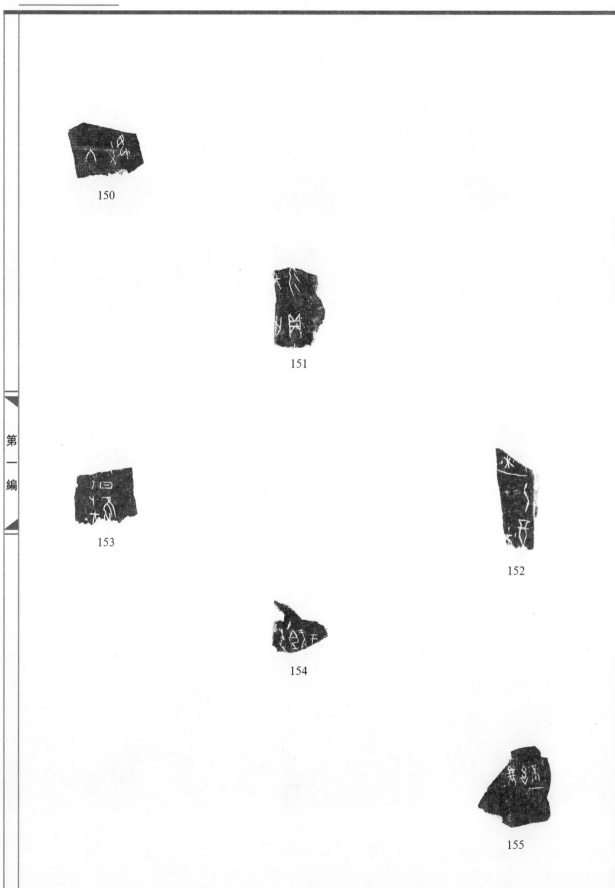

第一編

150

151

153

152

154

155

156

157

159

158

160

第
一
編

161

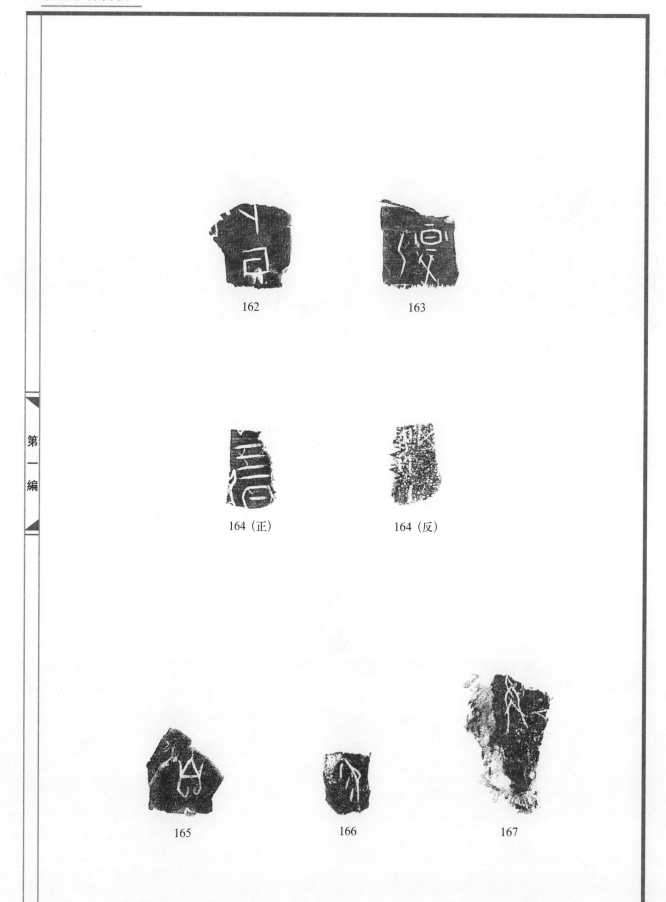

第
一
編

162 163

164 (正) 164 (反)

165 166 167

168（正）　　　168（反）　　　　　169

170（正）　　170（反）　　　　　171

172　　　　　　　　173　　　　　　　174

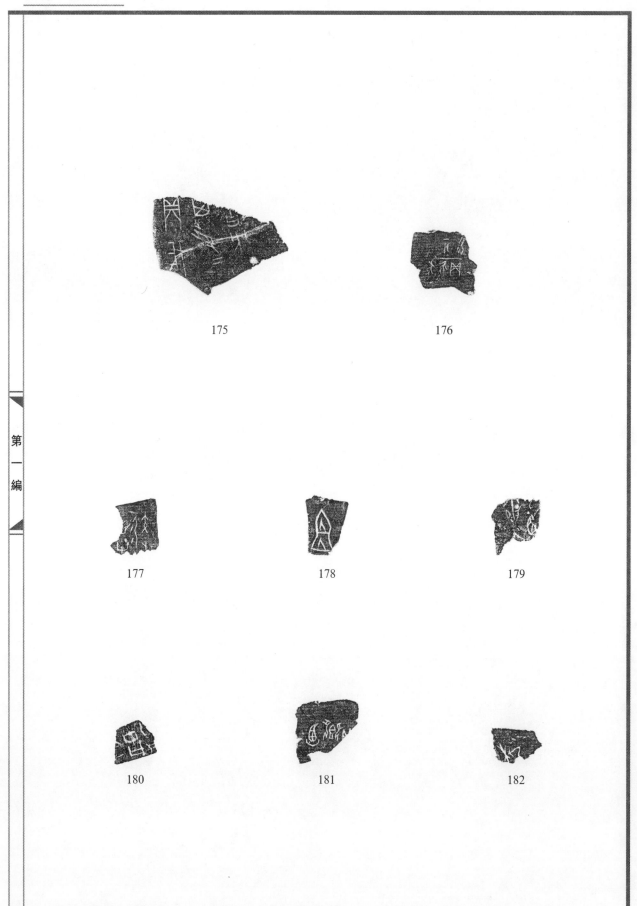

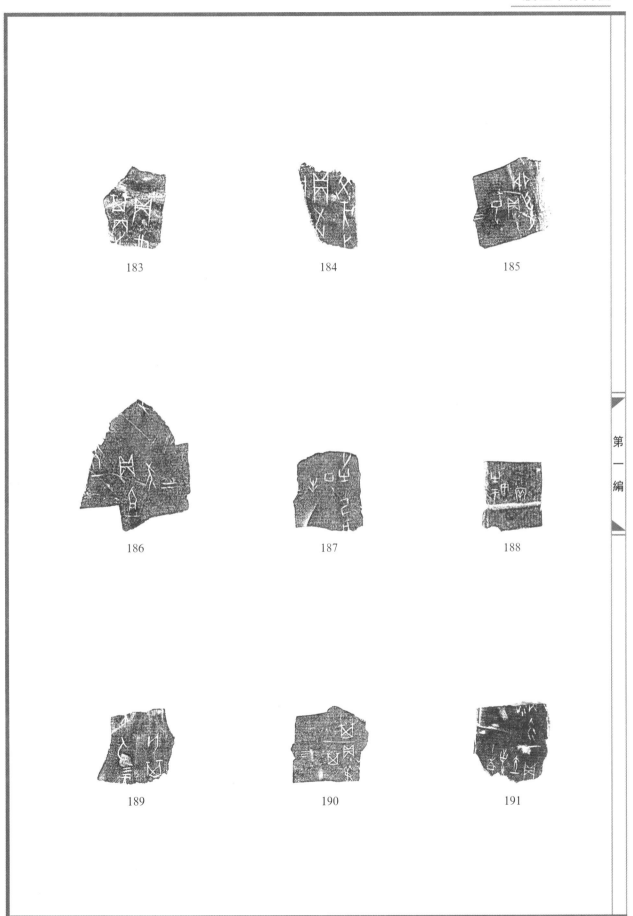

183

184

185

186

187

188

189

190

191

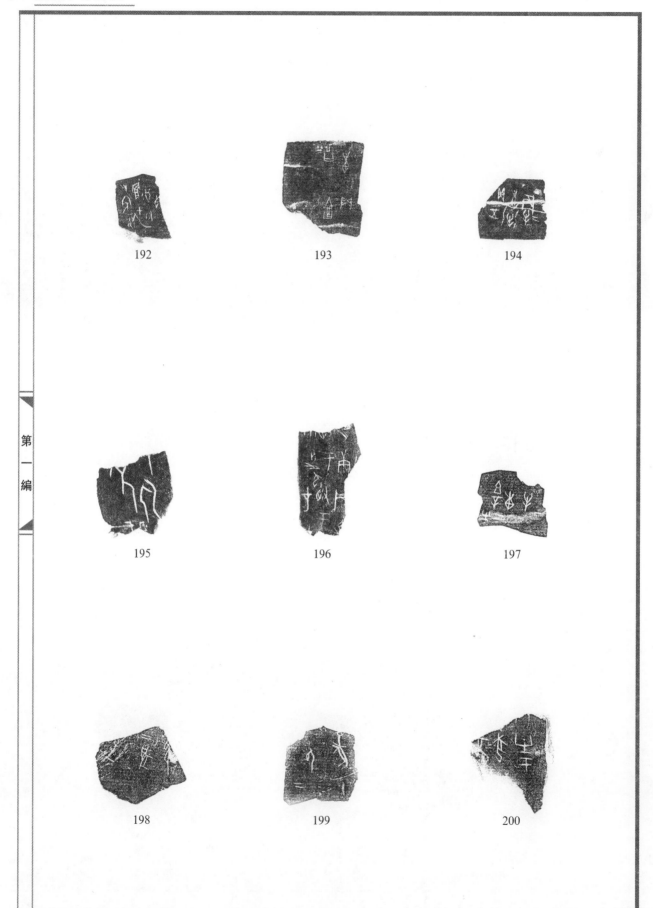

192

193

194

195

196

197

198

199

200

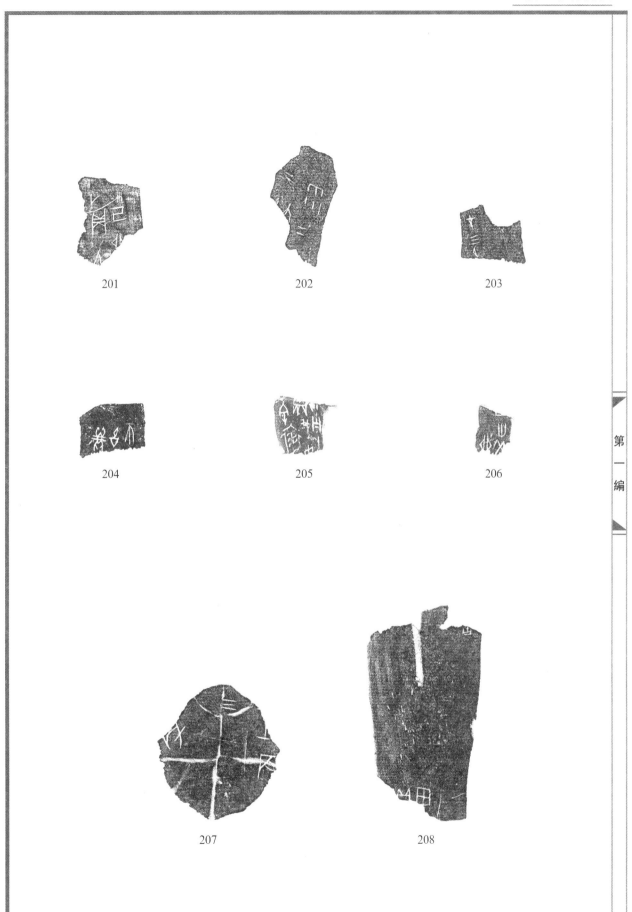

201

202

203

204

205

206

207

208

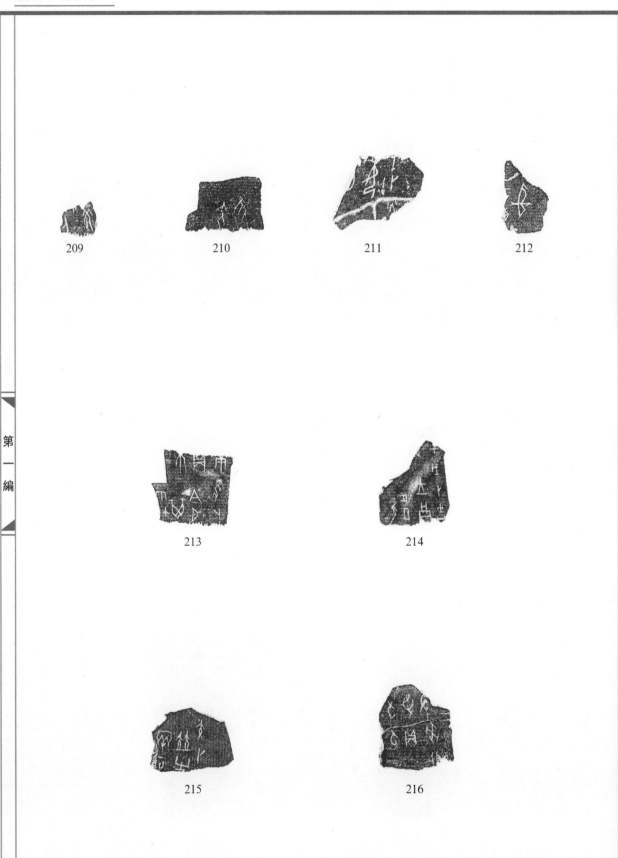

209

210

211

212

213

214

215

216

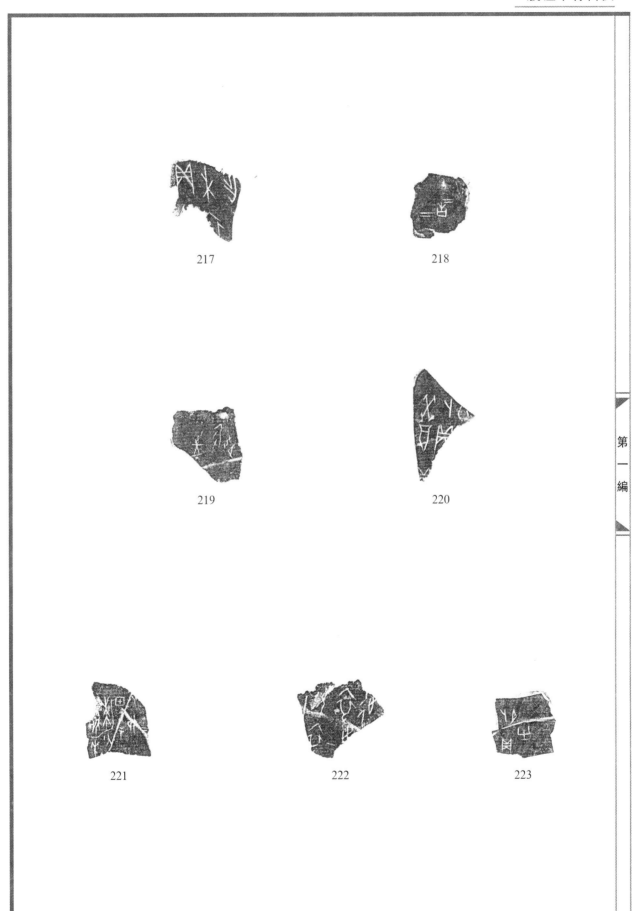

217

218

219

220

221

222

223

第
一
編

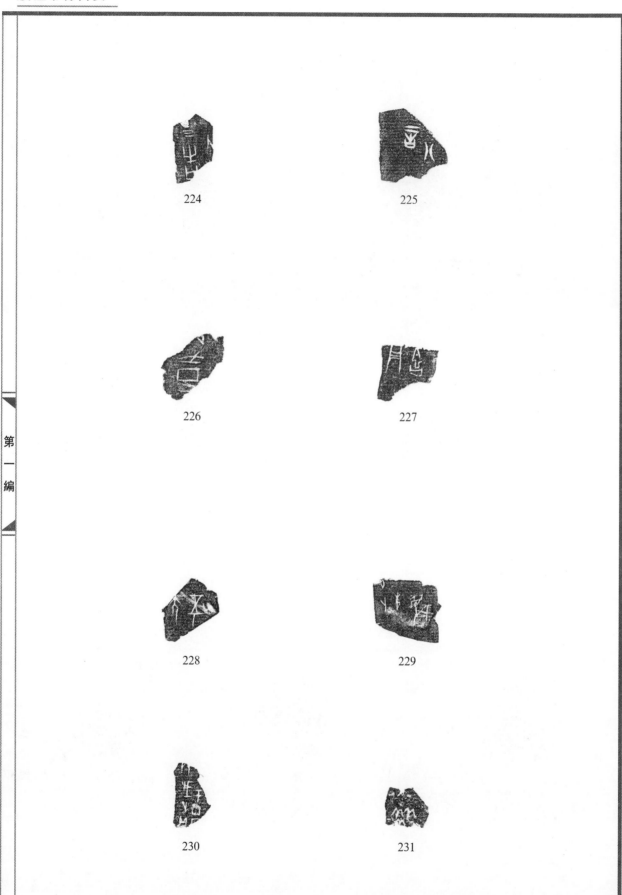

224

225

226

227

228

229

230

231

232

233

234

235

236

237

238

239

第一編

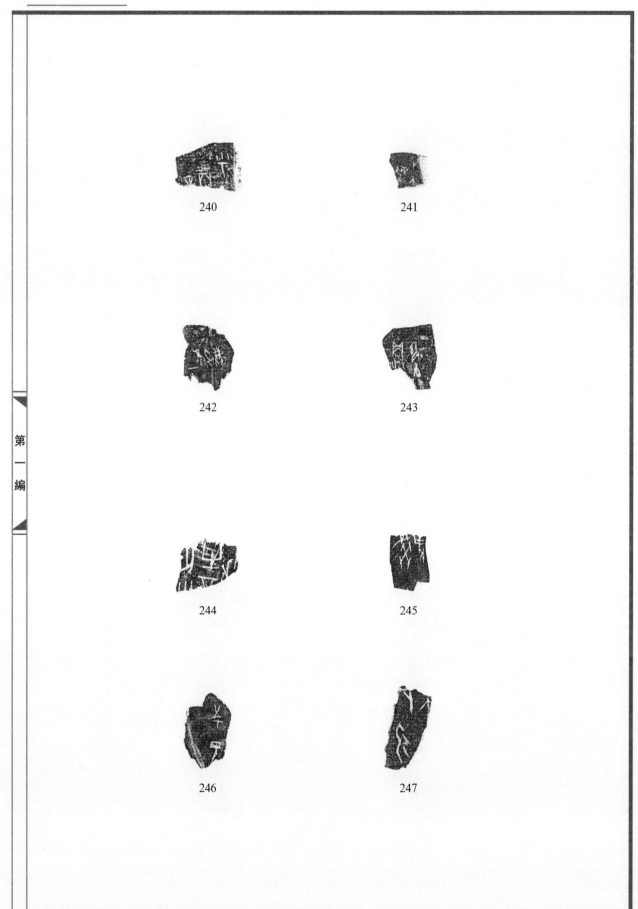

240

241

242

243

244

245

246

247

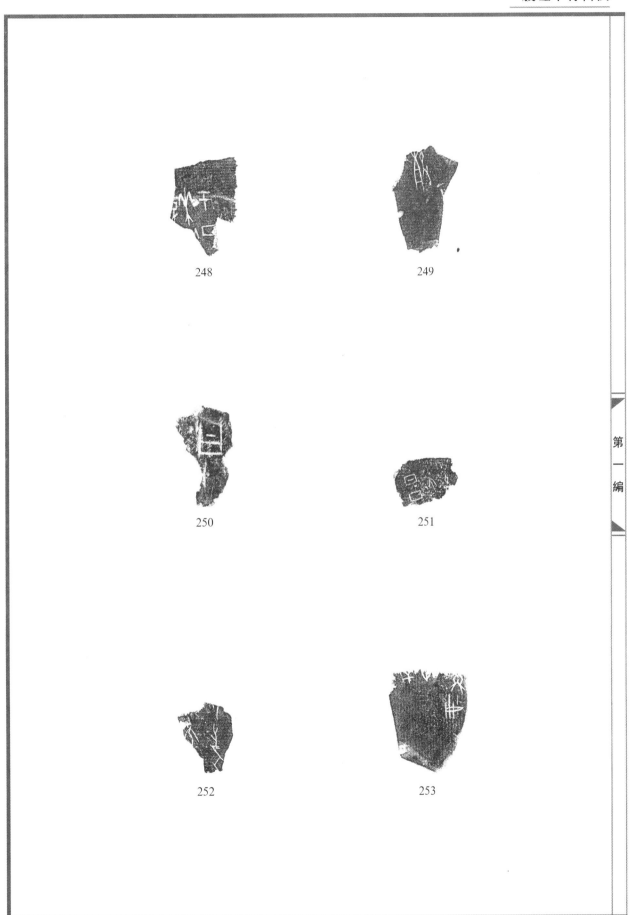

248

249

250

251

252

253

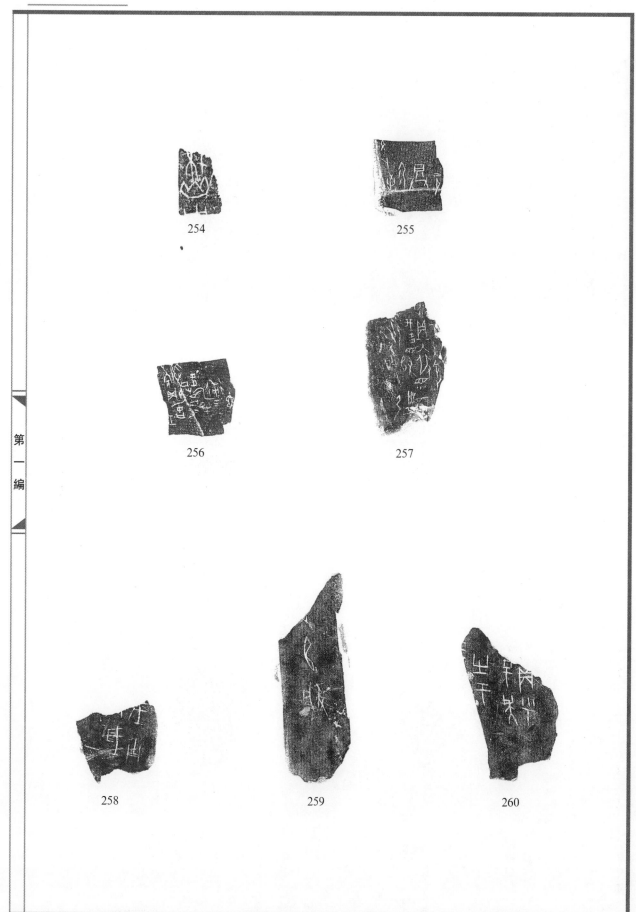

254

255

256

257

258

259

260

261

262

263

264

265

266

第一編

第一編

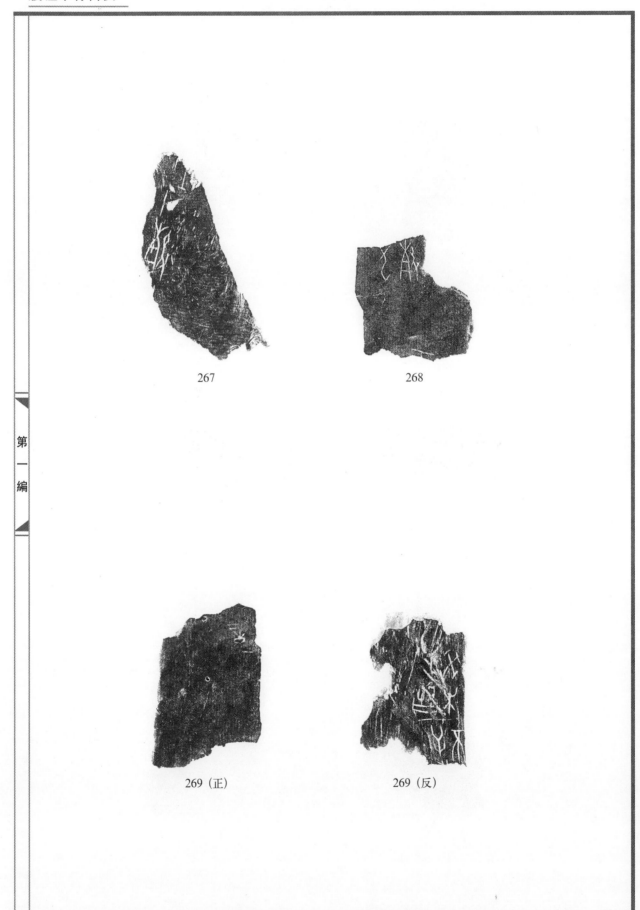

267

268

269（正）

269（反）

270

271

272

273

274

275（正）　　　275（反）

276

277（正）　　　277（反）

278

279（正）　　　279（反）

280

281（正）

281（反）

282

283

284

285

286

第一編

287

288

289

290

291

292

293

294

295

296

第
一
編

297

298

299

300

301

302

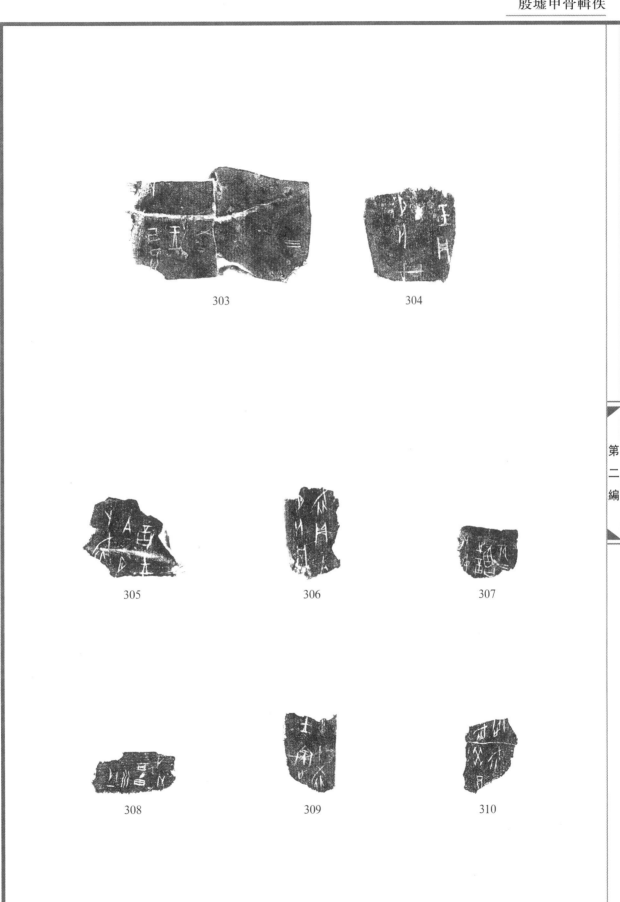

303

304

305

306

307

308

309

310

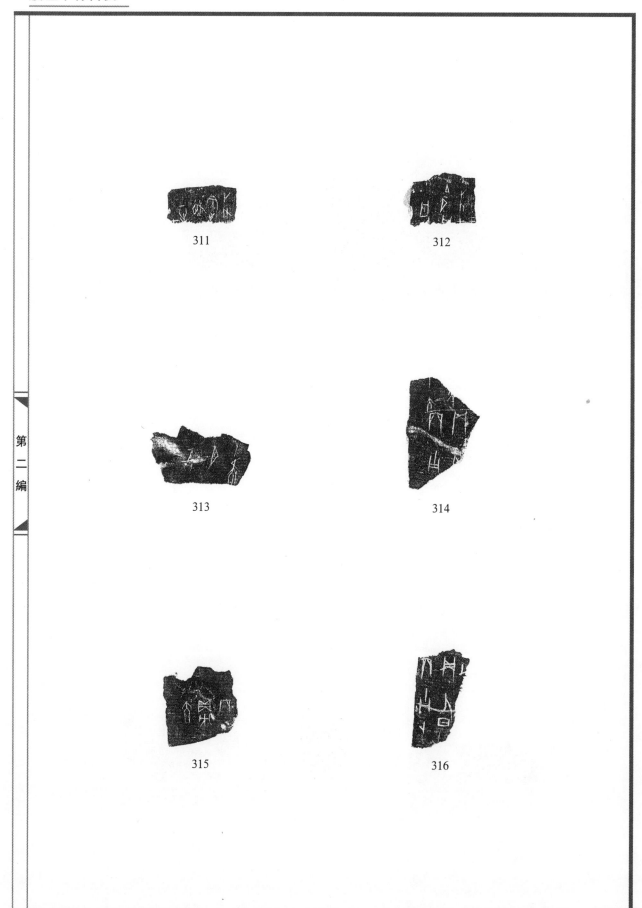

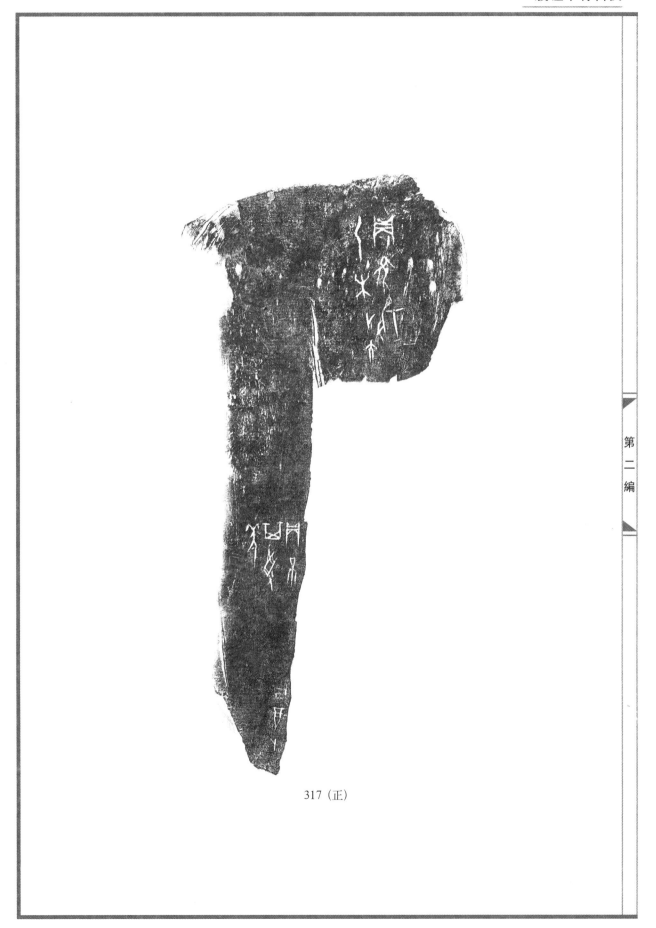

317（正）

318（正）

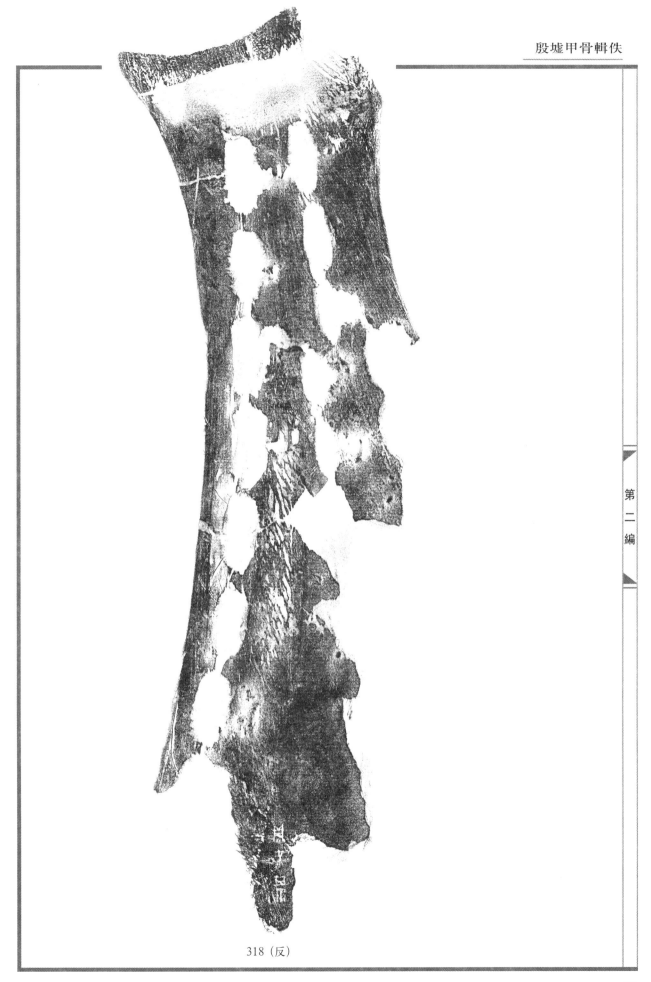

318（反）

319

320

321

322

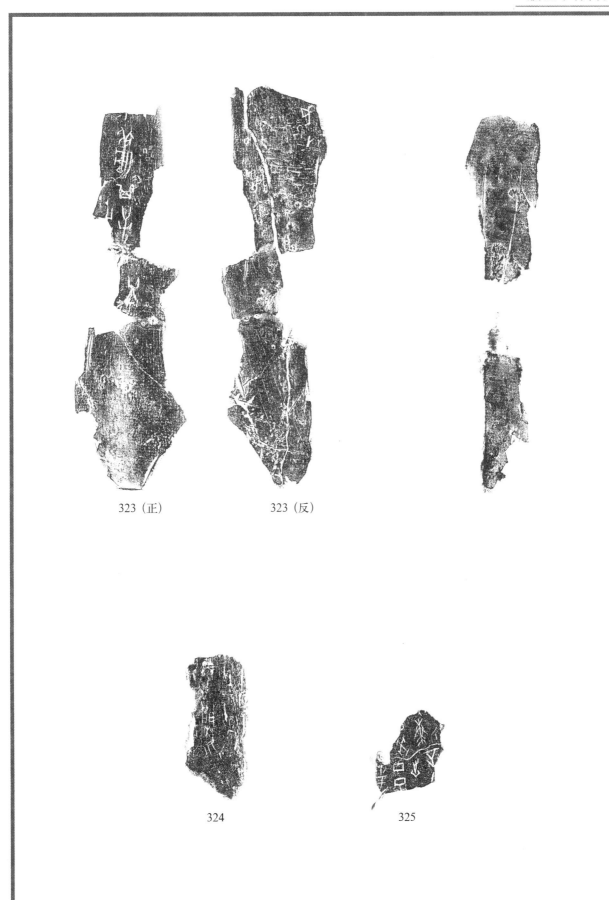

323（正）　　　　323（反）

324　　　　　　325

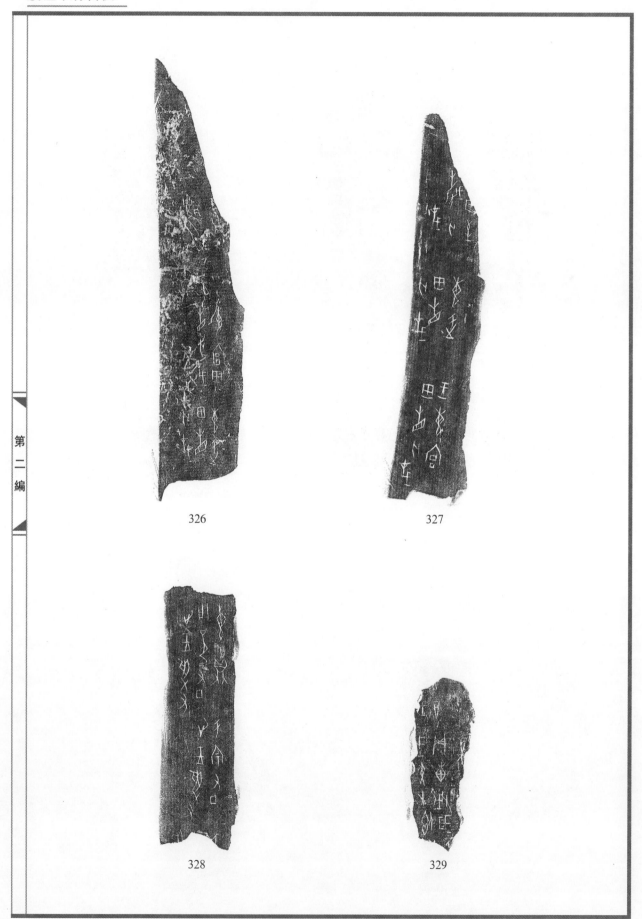

326

327

328

329

330

331

332

333

334

335

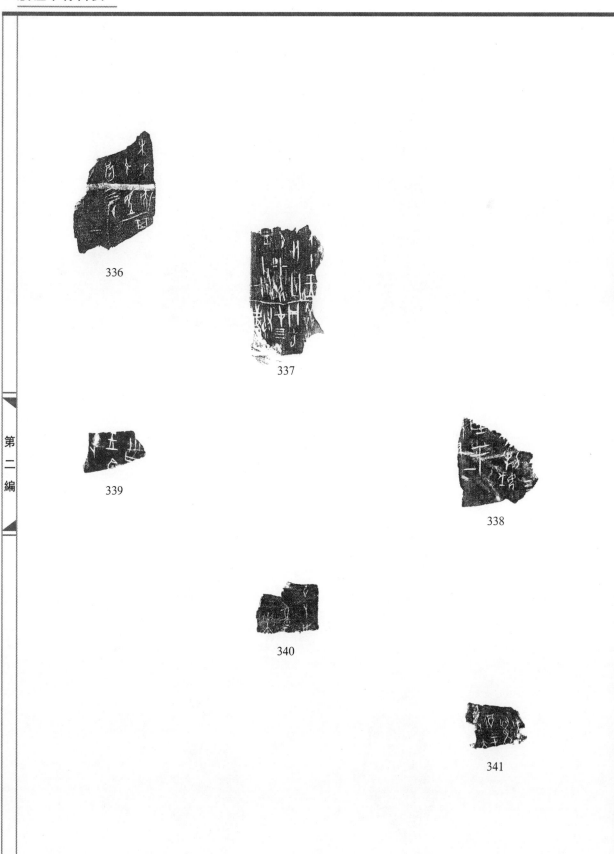

336

337

339

338

340

341

342

343

344

345

346

347

348

349

350

第
二
編

第二編

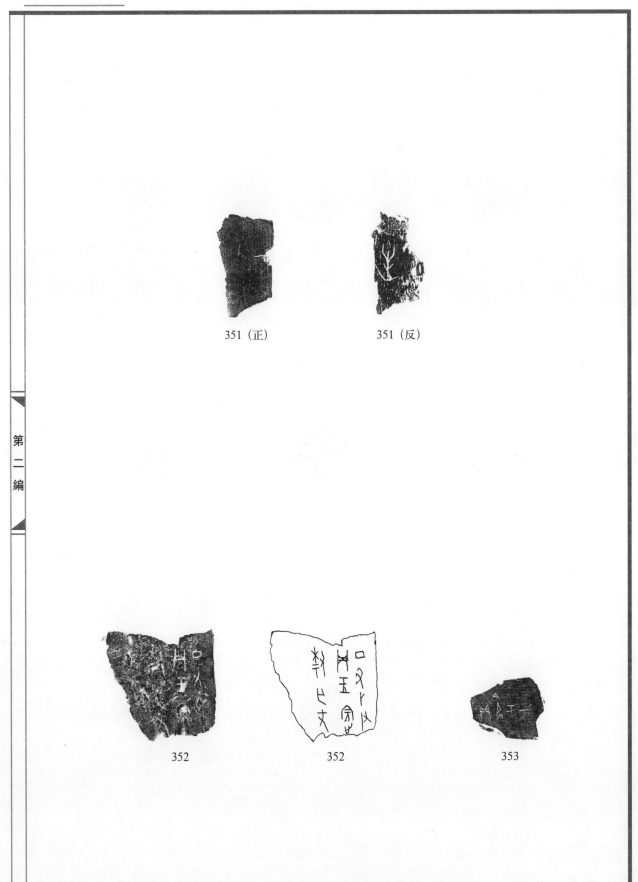

351（正）　　　　　351（反）

352　　　　　　352　　　　　　353

354

355

356

357

358

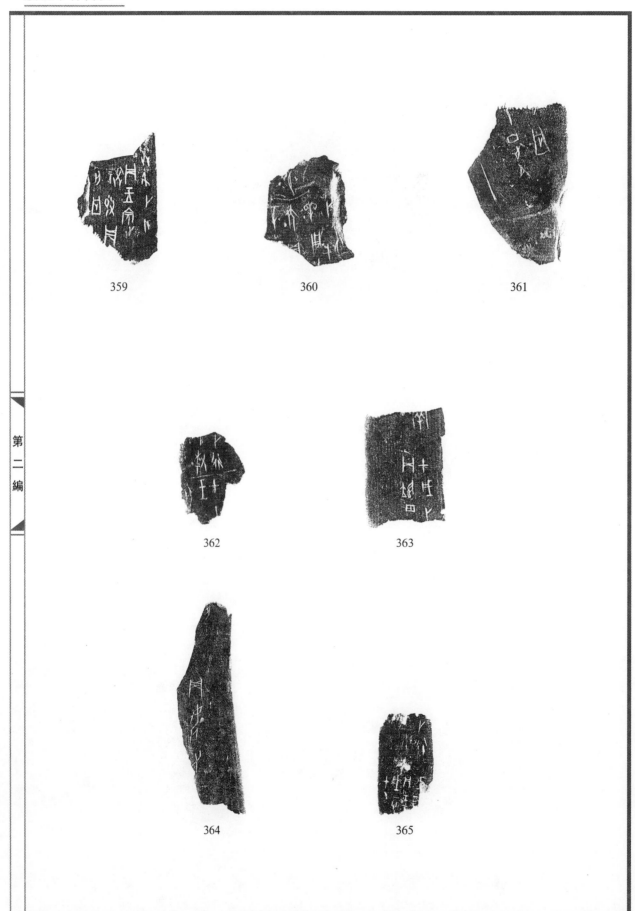

366

367

368

369

370

371

372

第二編

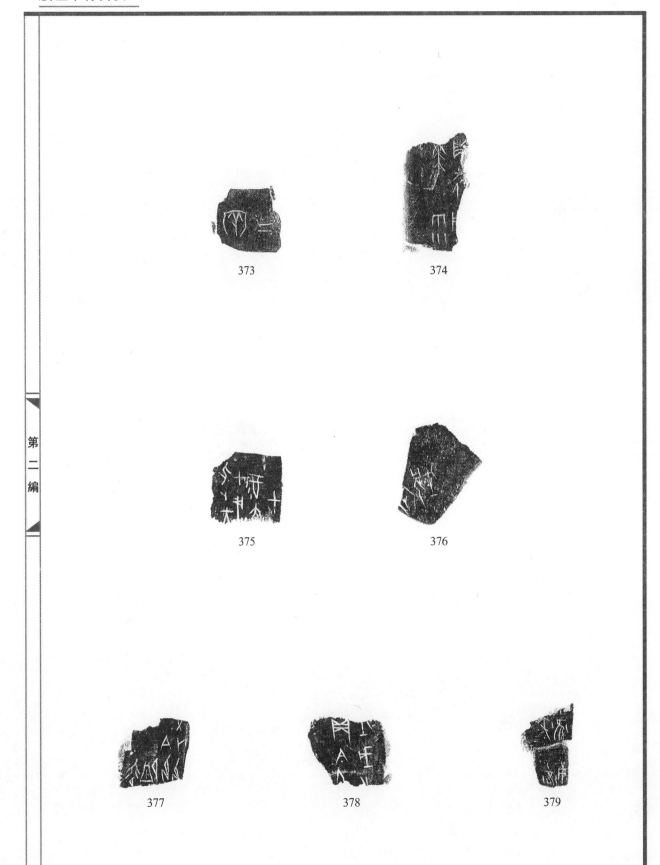

373   374

375   376

377   378   379

380

381

382

383

384

385

386

第二編

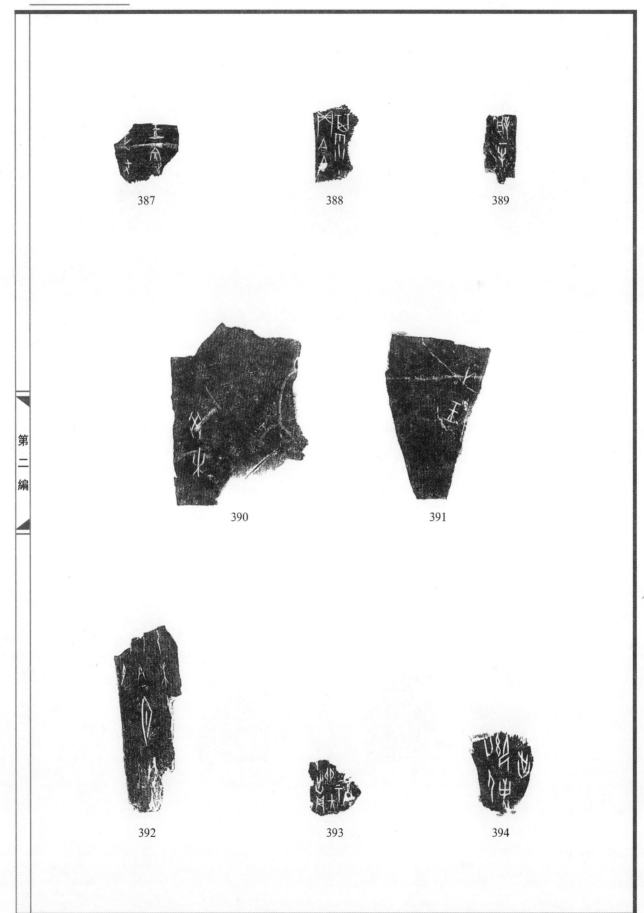

387

388

389

390

391

392

393

394

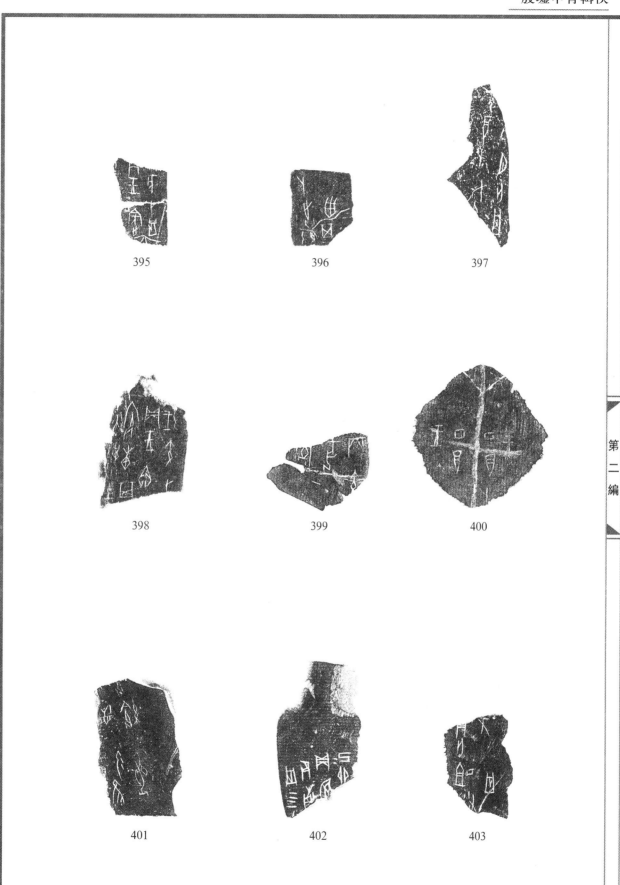

395

396

397

398

399

400

401

402

403

404

405

406

407

408

409

410

411

412

413

414

415

416

417

418

419

420

421

422

423

424

425

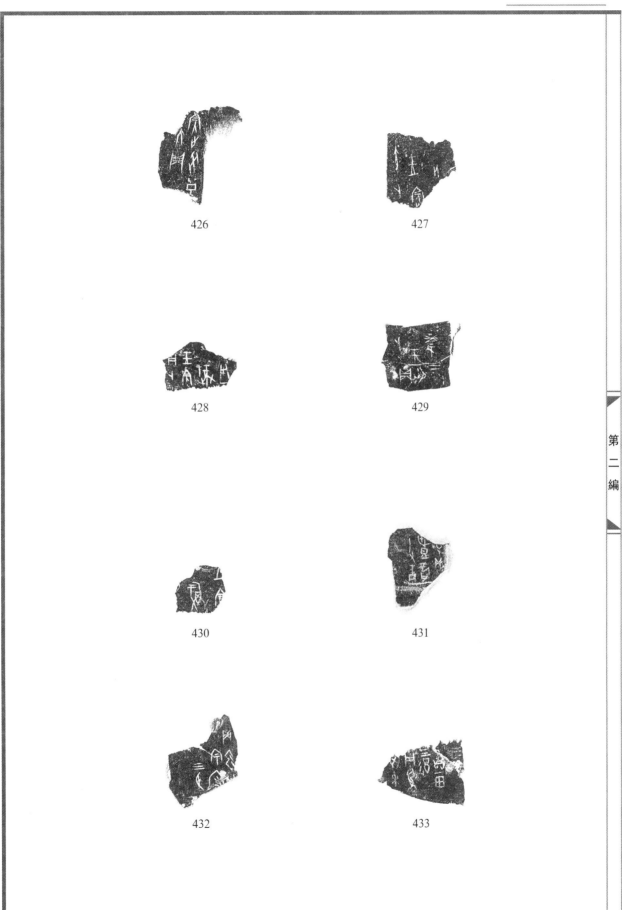

426

427

428

429

430

431

432

433

434

435

436

437

438

439

440

441

442

443

444

445

446

447

448（正）

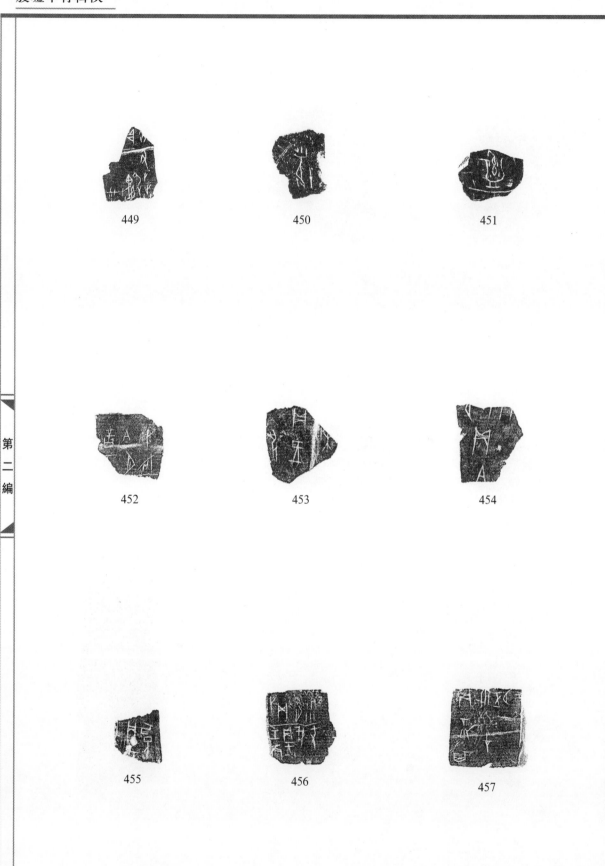

449

450

451

452

453

454

455

456

457

458

459

460

461

462

463

464

465

466

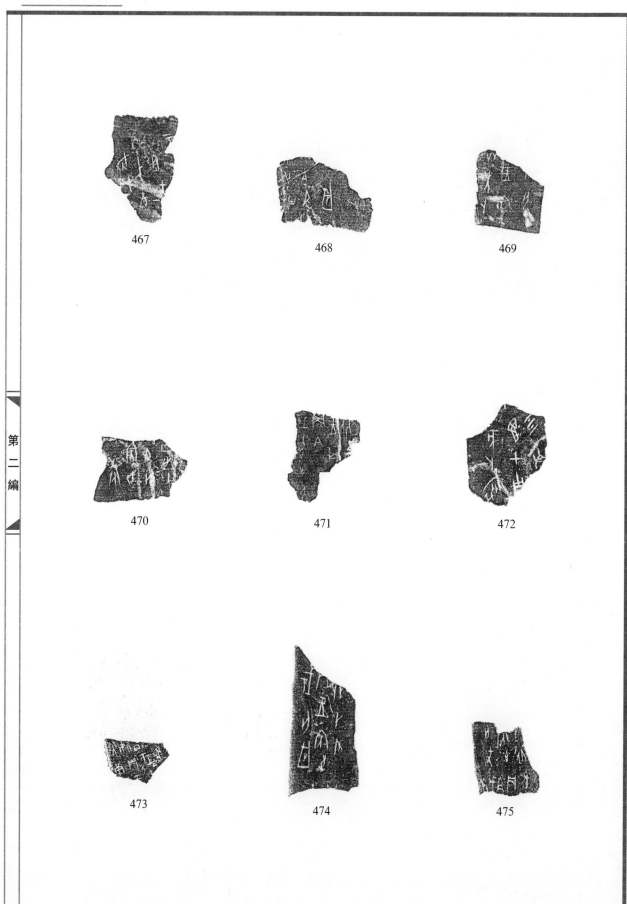

467　　　　468　　　　469

470　　　　471　　　　472

473　　　　474　　　　475

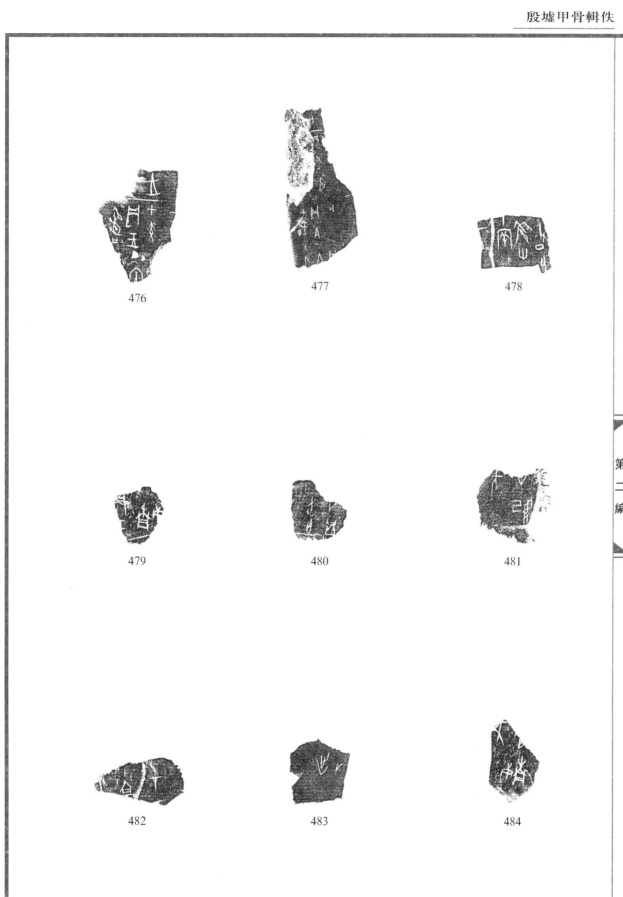

476

477

478

479

480

481

482

483

484

第
二
編

485

486

487

488

489

490

491

492

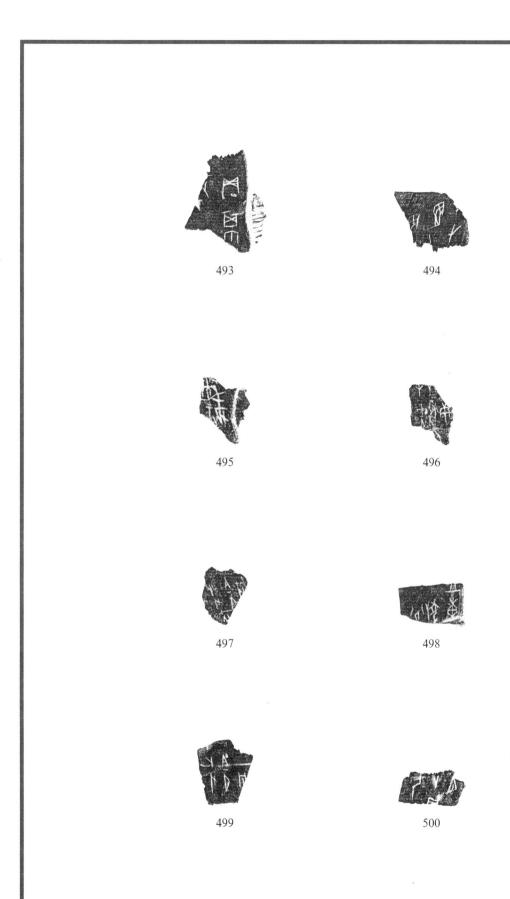

493

494

495

496

497

498

499

500

第
二
編

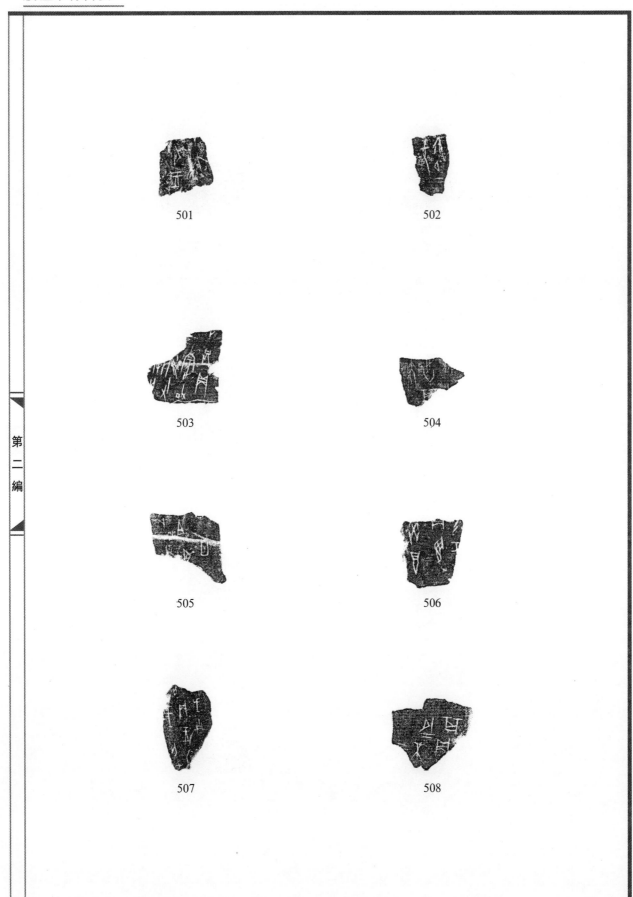

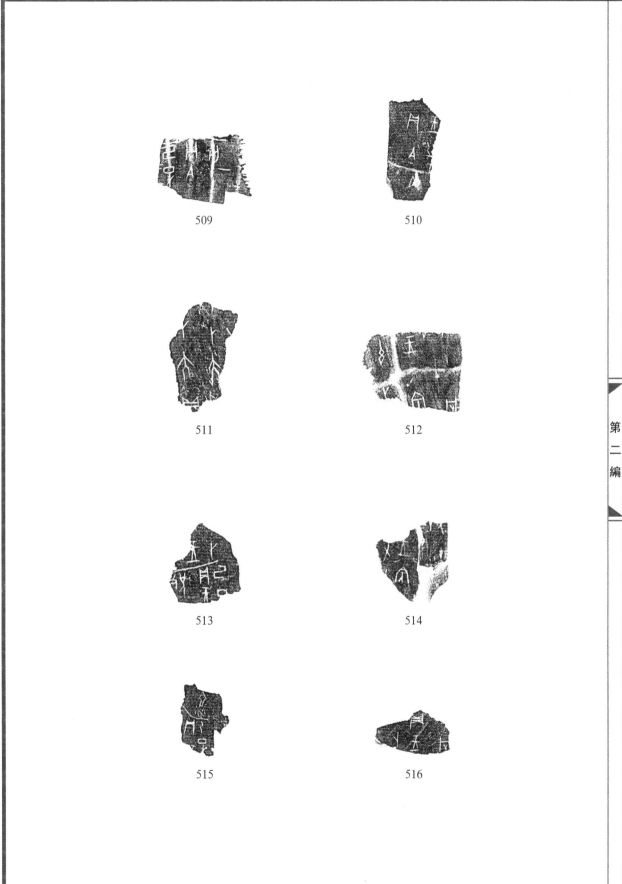

509

510

511

512

513

514

515

516

第
二
編

517

518

519

520

521

522

523

524

525

526

527

528

529

530（正）

531

532

533

第
二
編

534

535

536

537

538

539

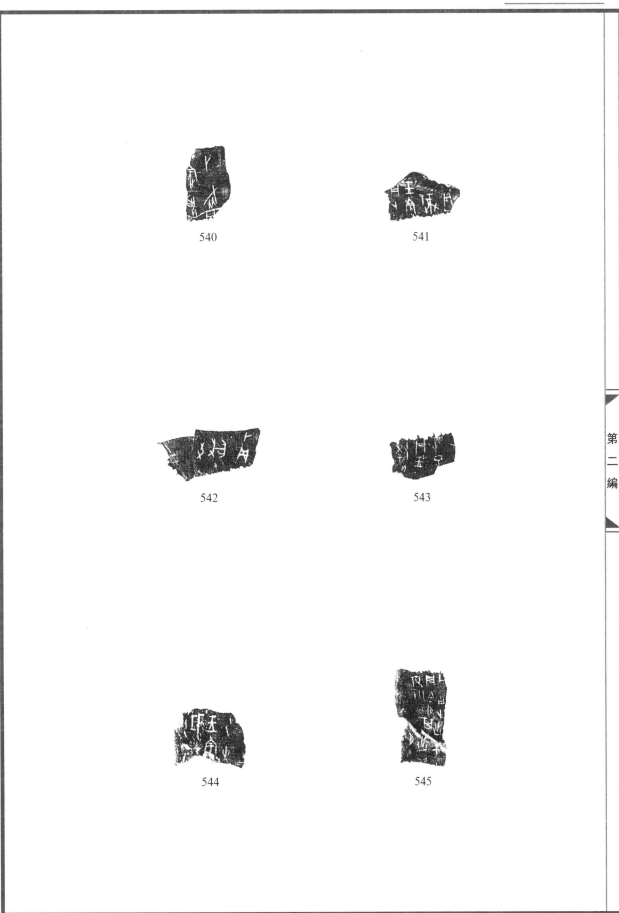

540

541

542

543

544

545

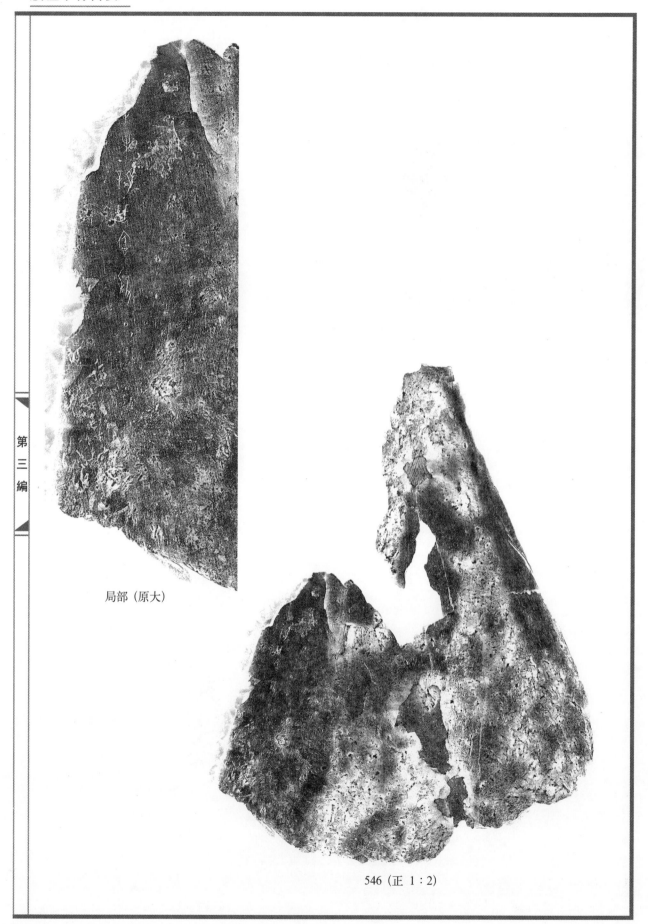

局部（原大）

546（正 1：2）

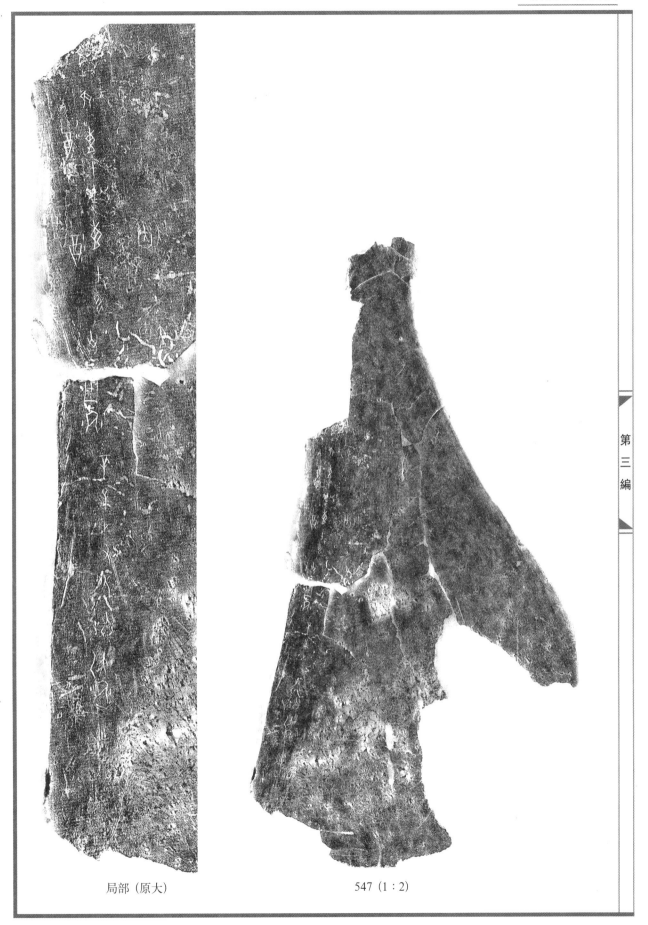

局部（原大）　　　　　　　　547（1：2）

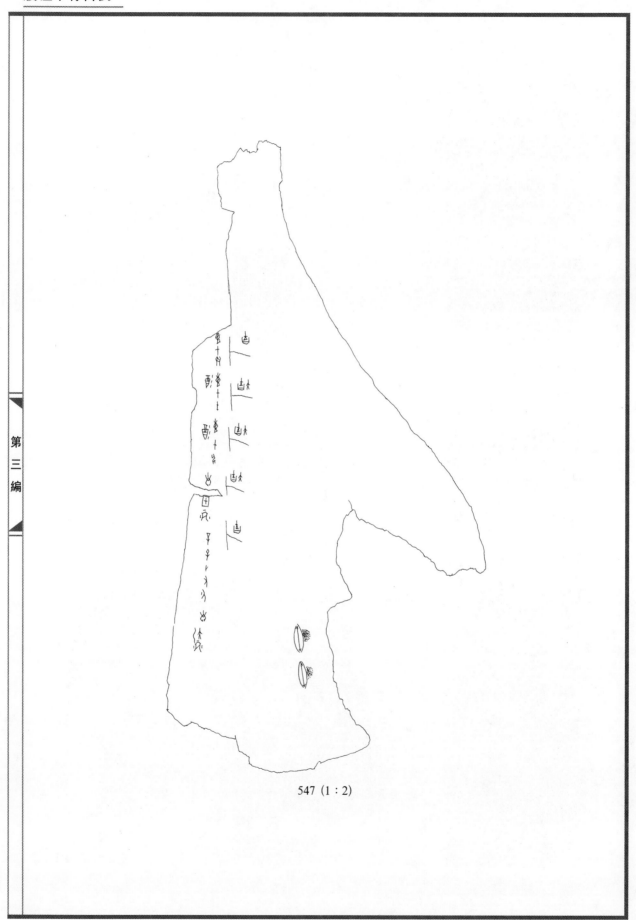

547 (1：2)

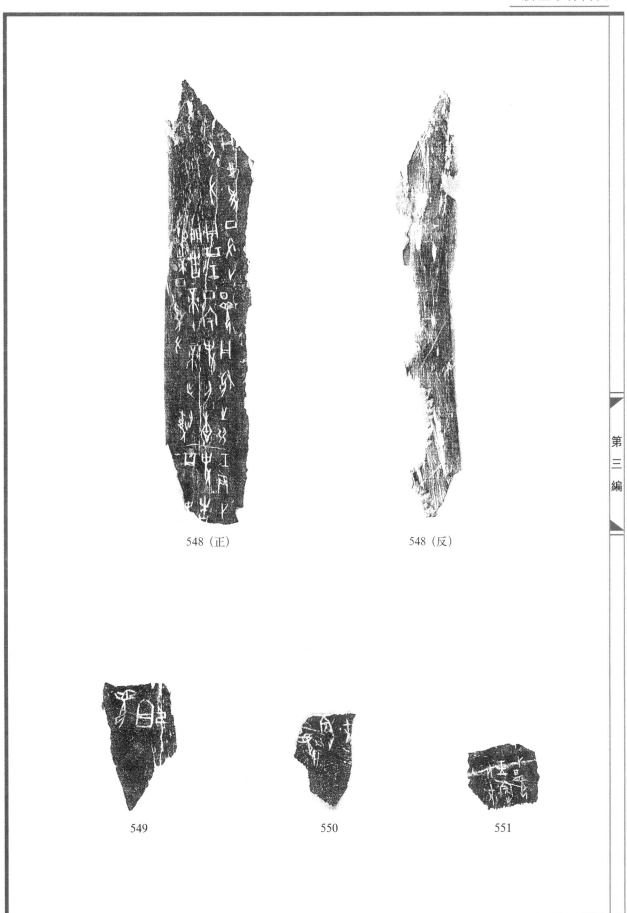

548（正）　　　　　　　548（反）

549　　　　　　　550　　　　　　　551

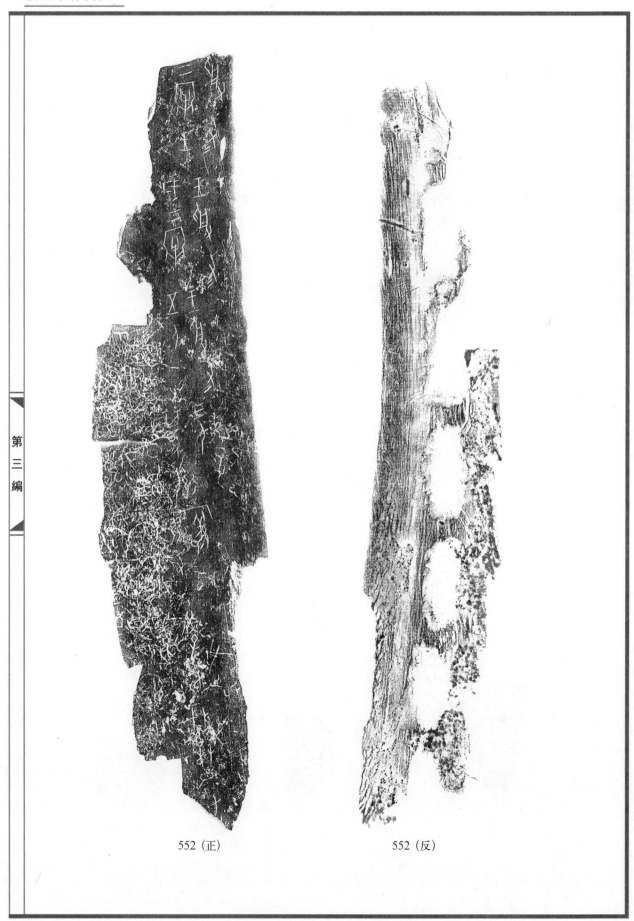

552（正）　　　　　　　　　　552（反）

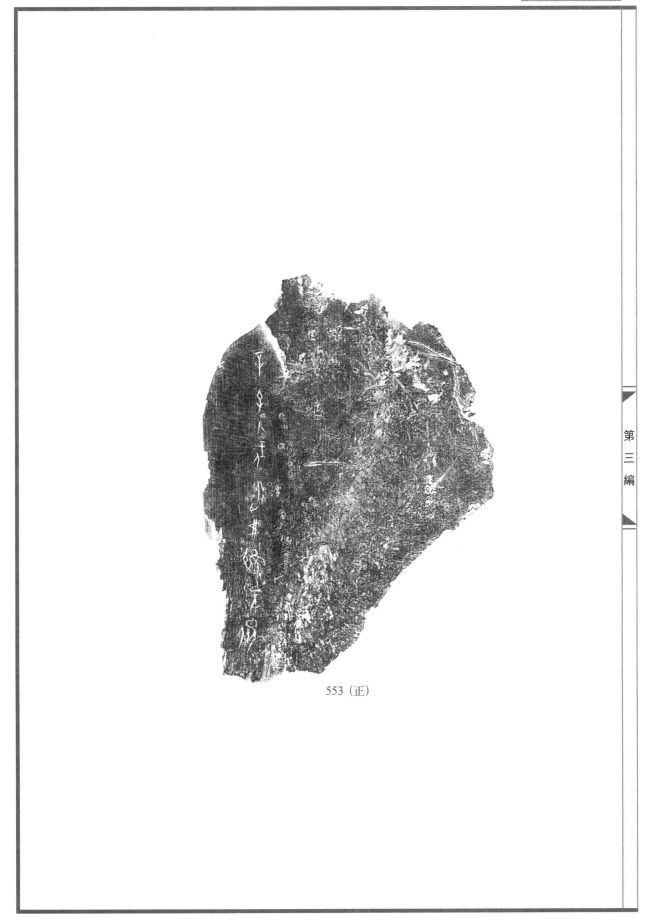

553（正）

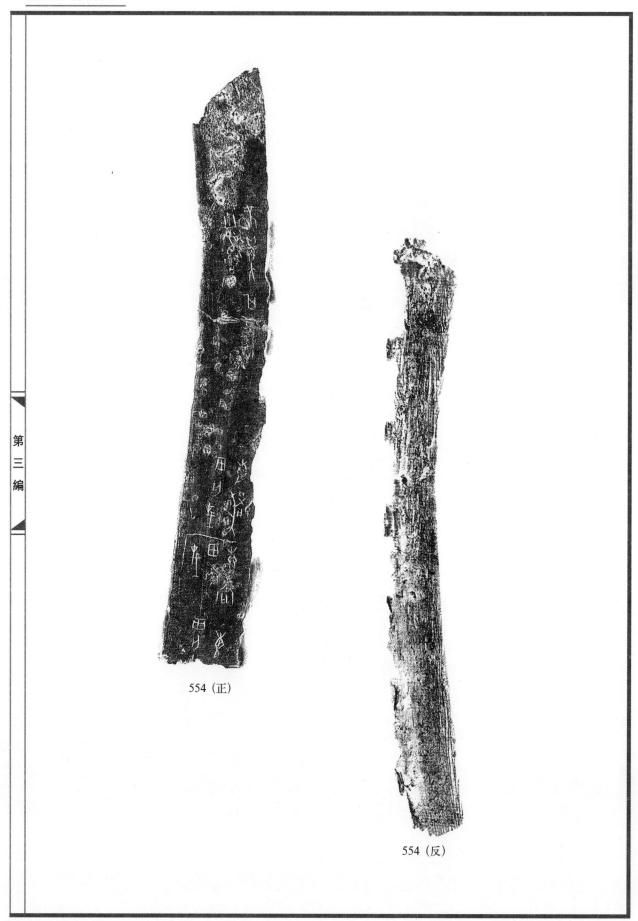

554（正）

554（反）

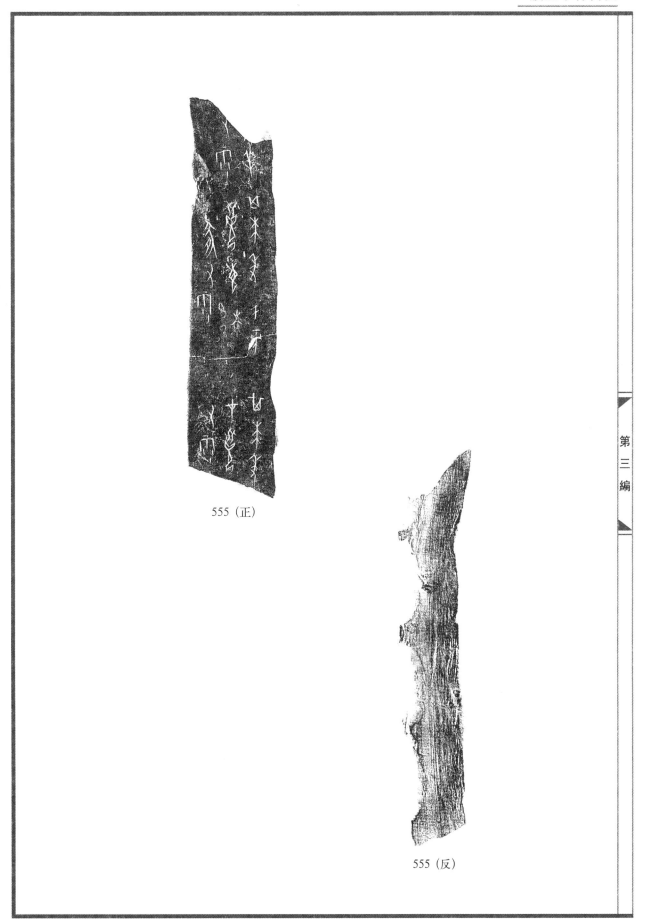

555（正）

555（反）

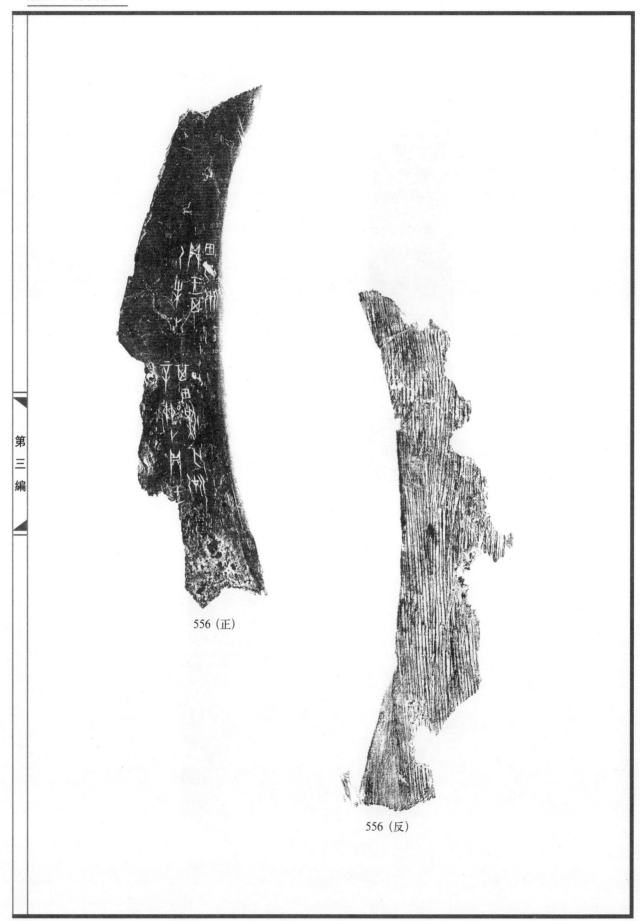

556（正）

556（反）

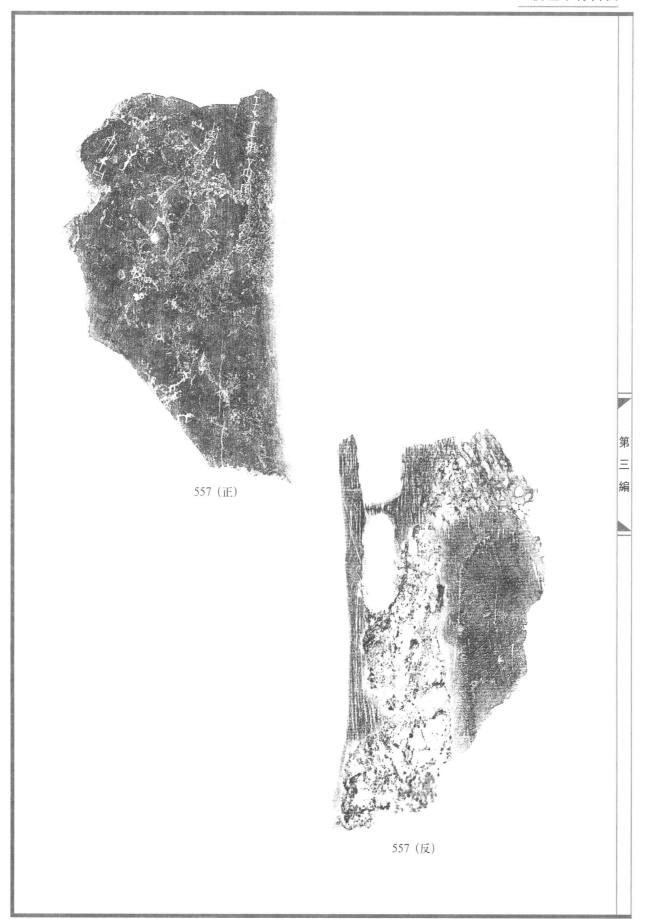

557（正）

557（反）

558

559

560

561（正）

562

563

564

565

566

567

568

569

570

571

572

573 574 575

576（正） 576（反）

577

578

579

580

第三編

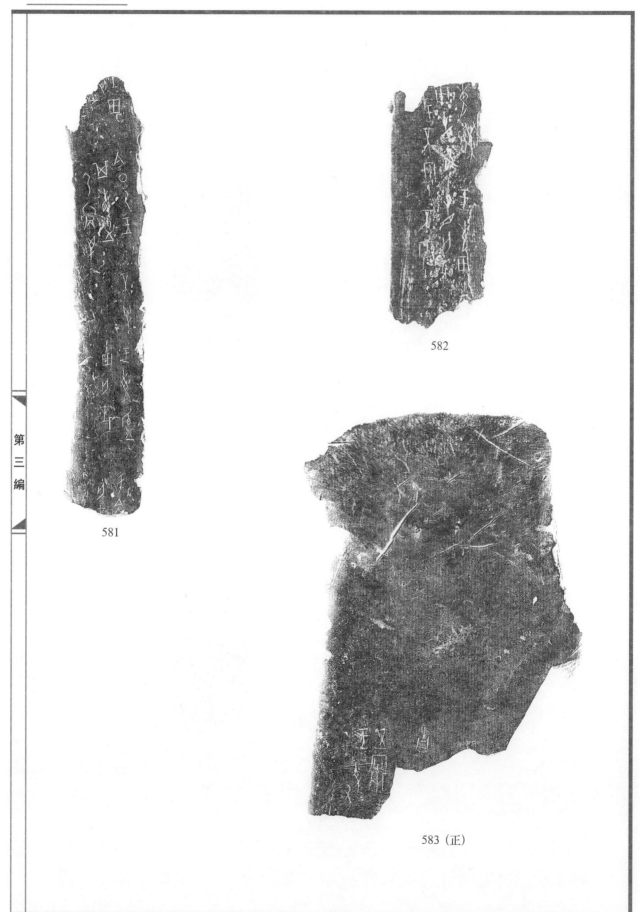

581

582

583（正）

584（正）　　　　　　　584（反）

585　　　　　　　586　　　　　　587

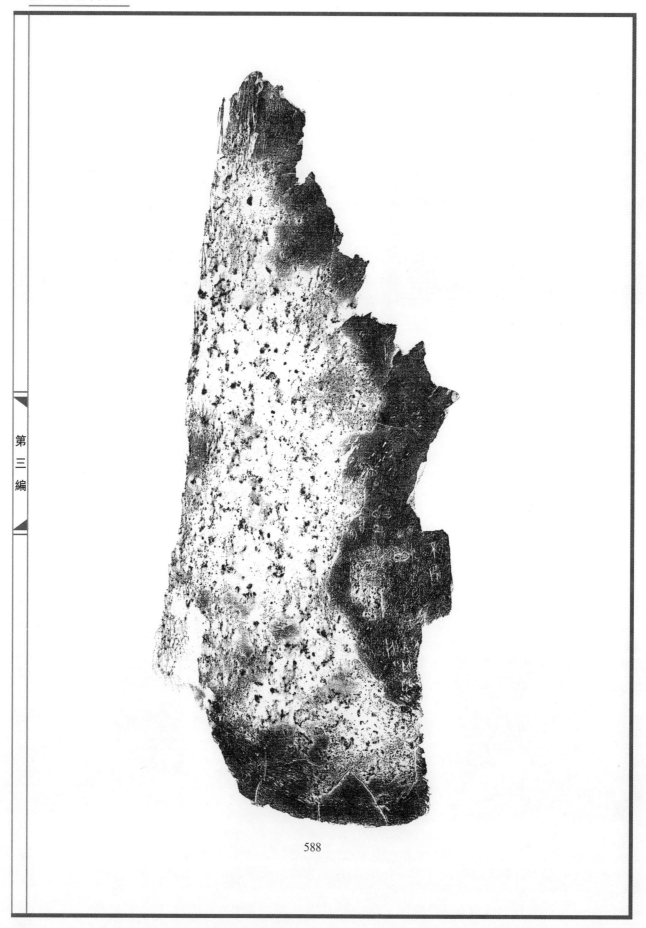

588

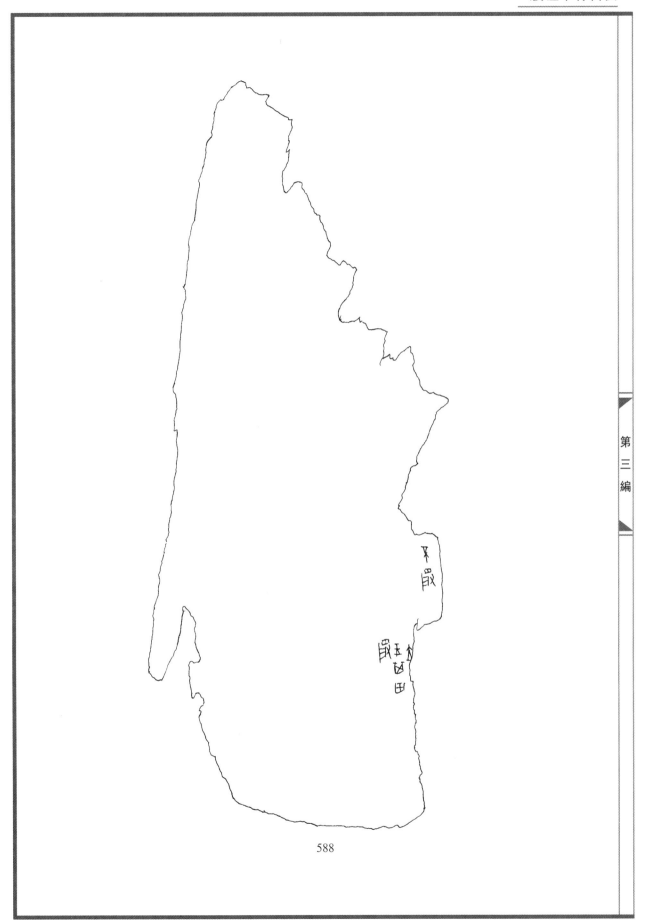

588

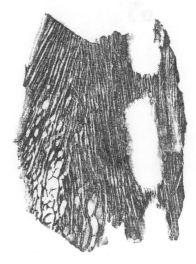

589（正）　　　　　　　　　589（反）

590　　　　　　　　　　591　　　　　　　　　592

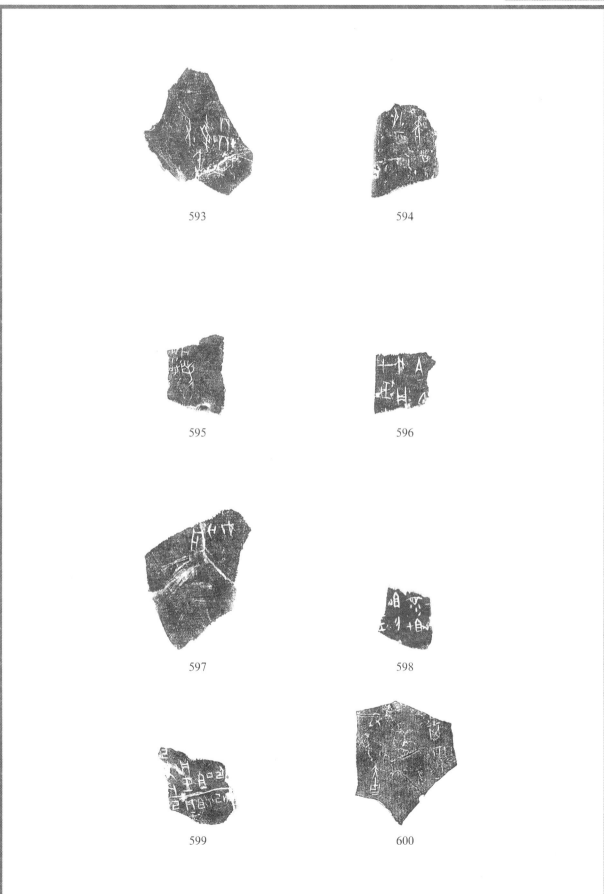

593

594

595

596

597

598

599

600

第
三
編

601

602

603（正）

604

605

606

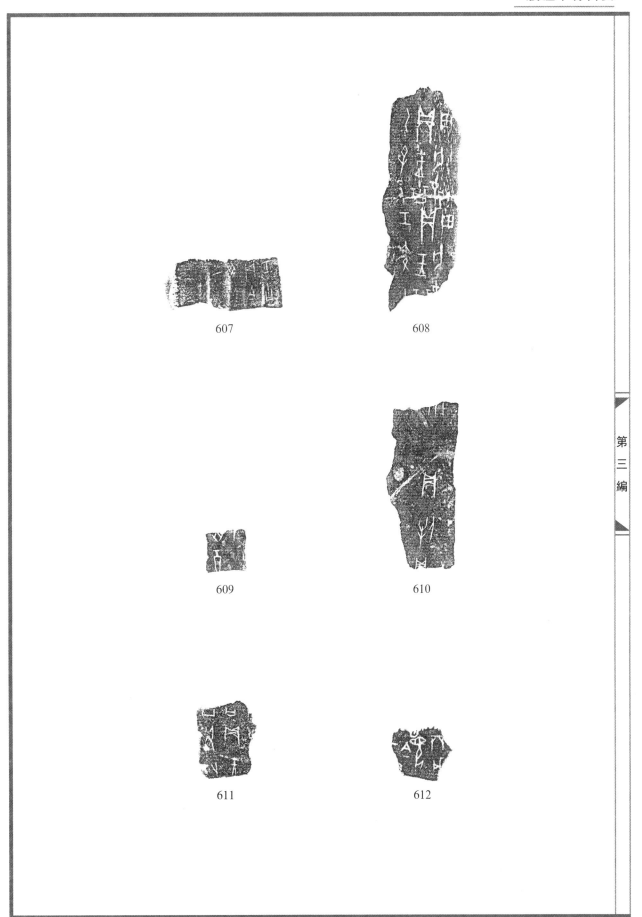

607

608

609

610

611

612

第
三
編

613

614

615

616

617 (正)

617（反）

第
三
編

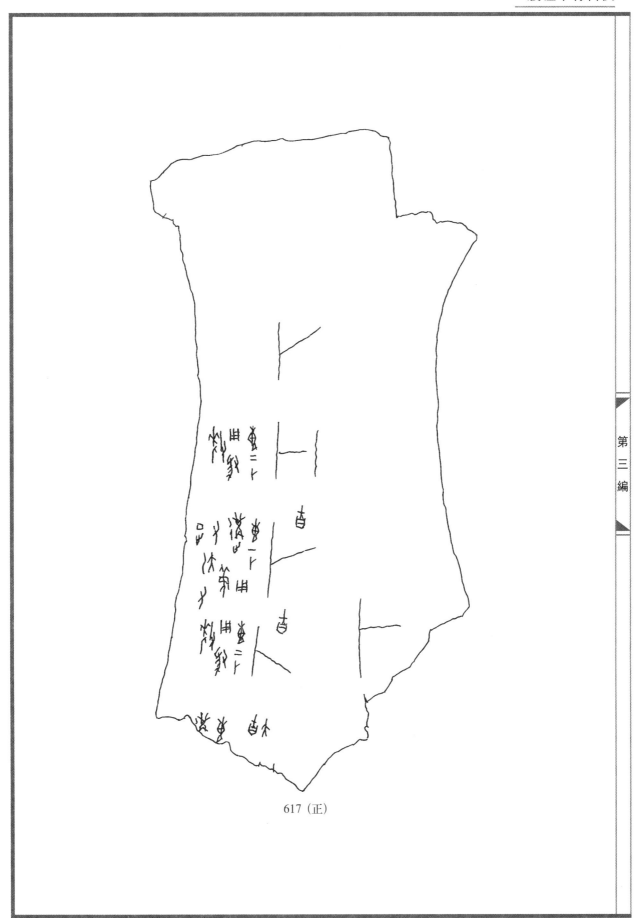

617（正）

618（正 4：5）

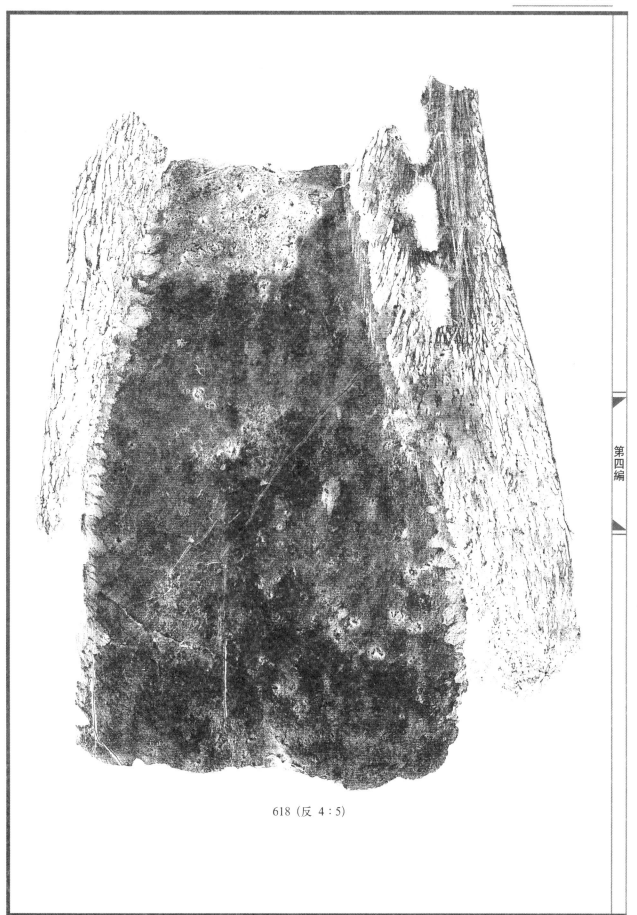

618（反 4：5）

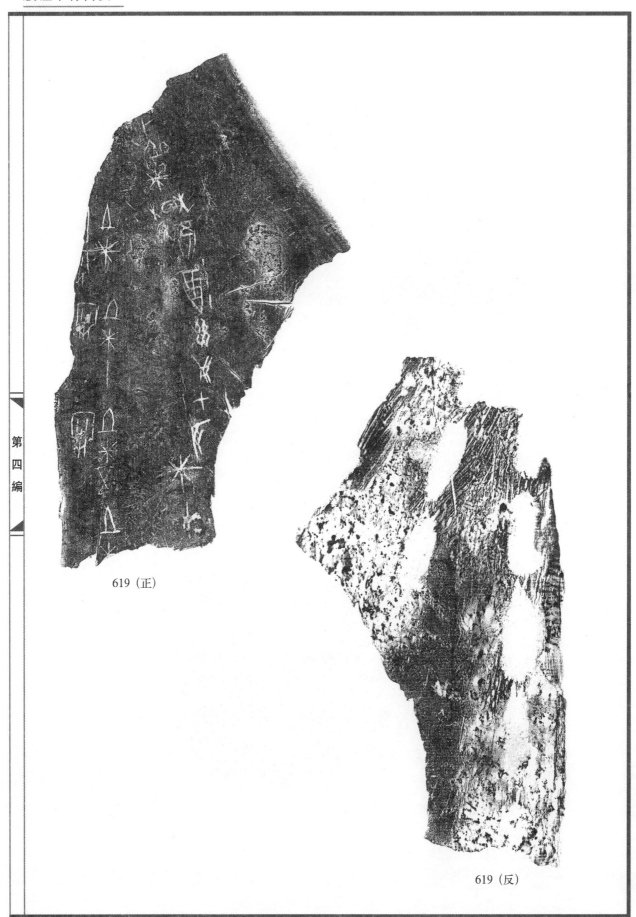

619（正）

619（反）

620（正）

621（正）

622（正）

623

624

625

626

627

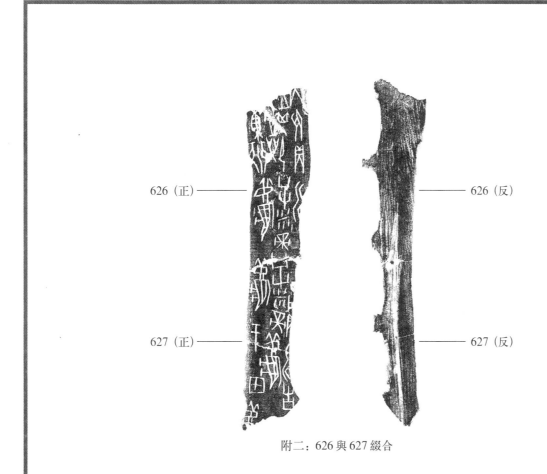

626 (正) ——

—— 626 (反)

627 (正) ——

—— 627 (反)

附二：626 與 627 綴合

628 (正)

628 (反)

629（正）

629（反）

630（正）

630（反）

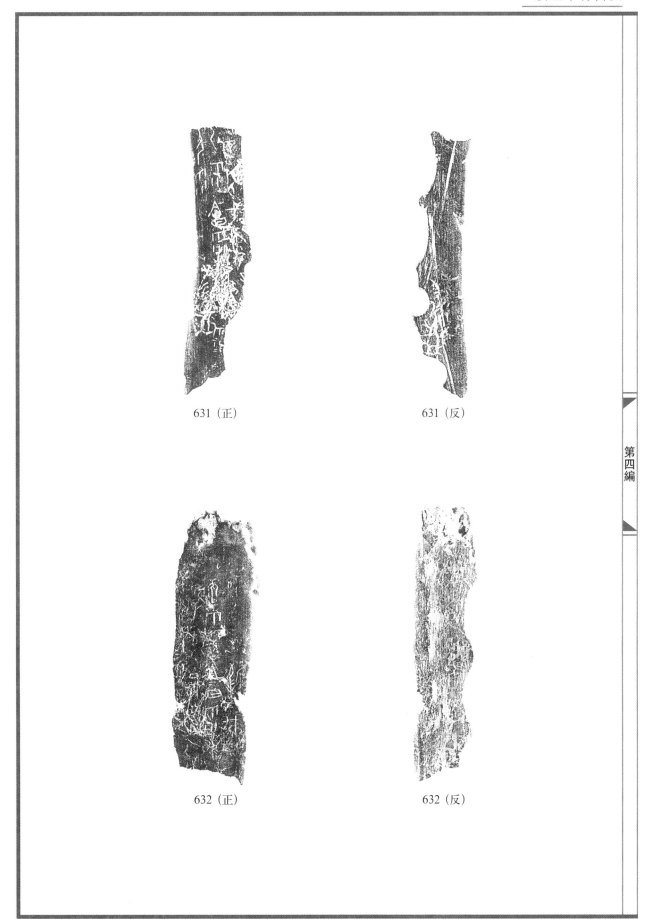

631（正）　　　　　　　631（反）

632（正）　　　　　　　632（反）

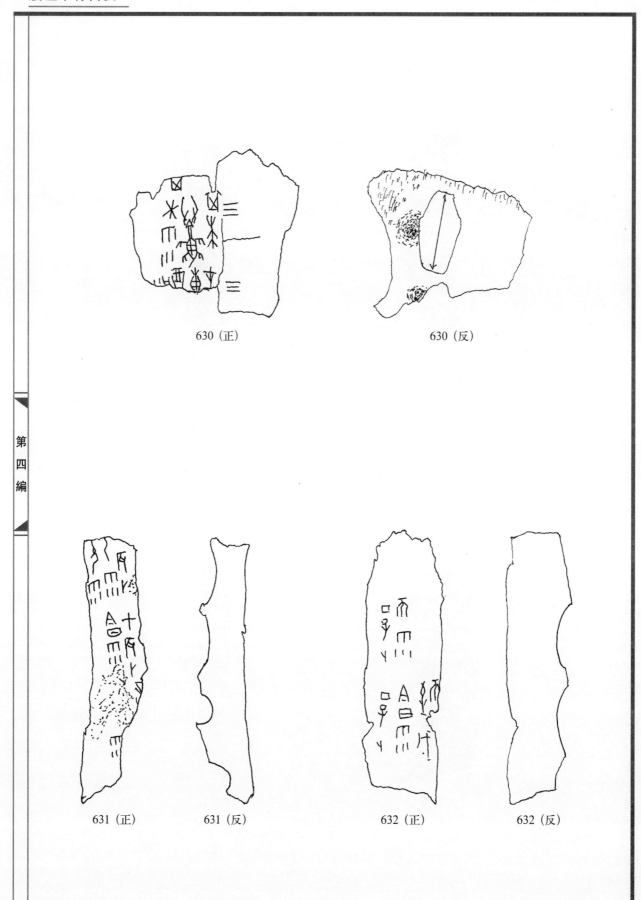

630（正）   630（反）

631（正）   631（反）   632（正）   632（反）

第四編

633（正）

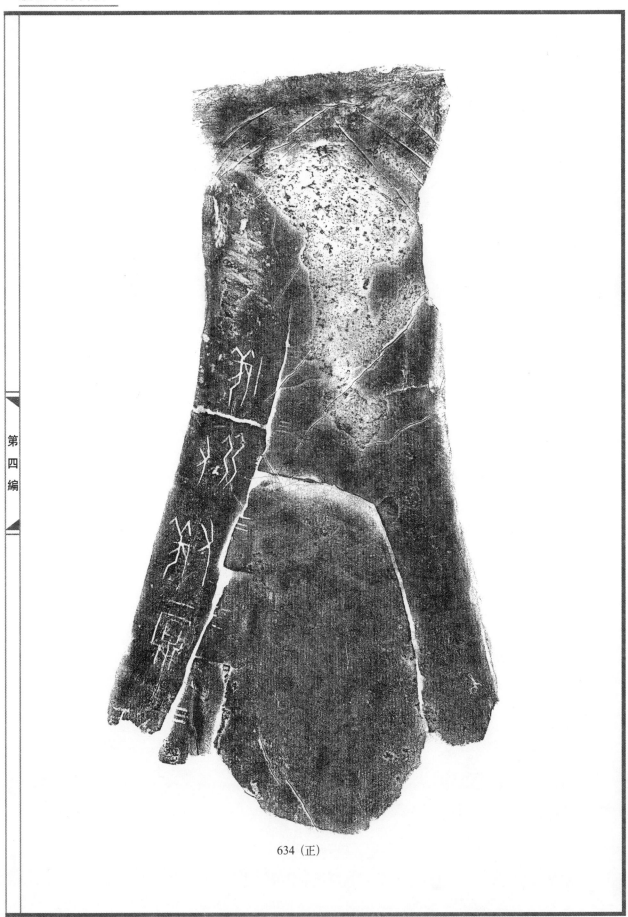

634（正）

第
四
編

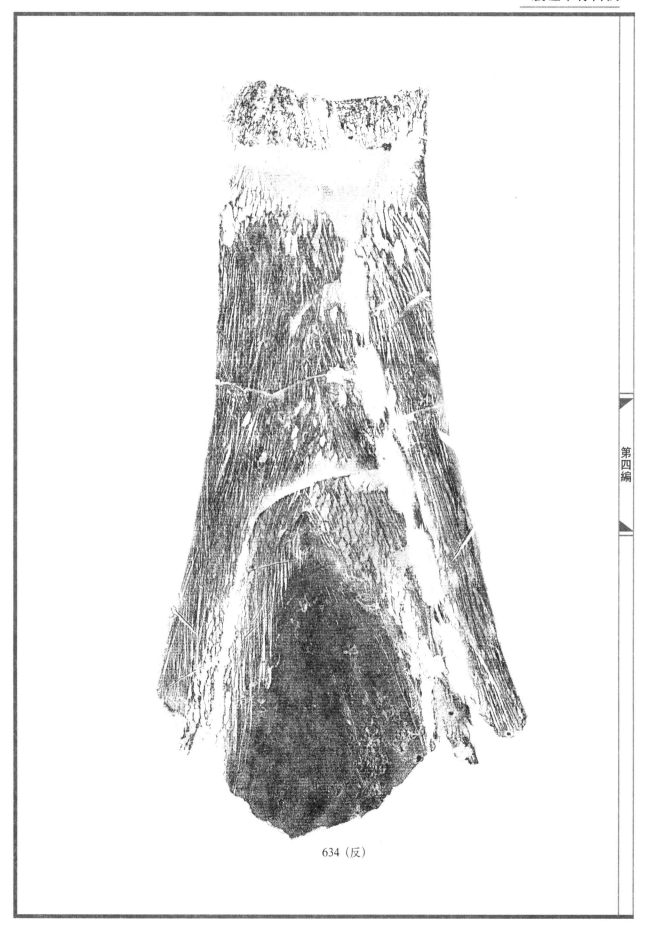

634（反）

第
四
編

635（正）　　　　　　635（反）　　　　　　636

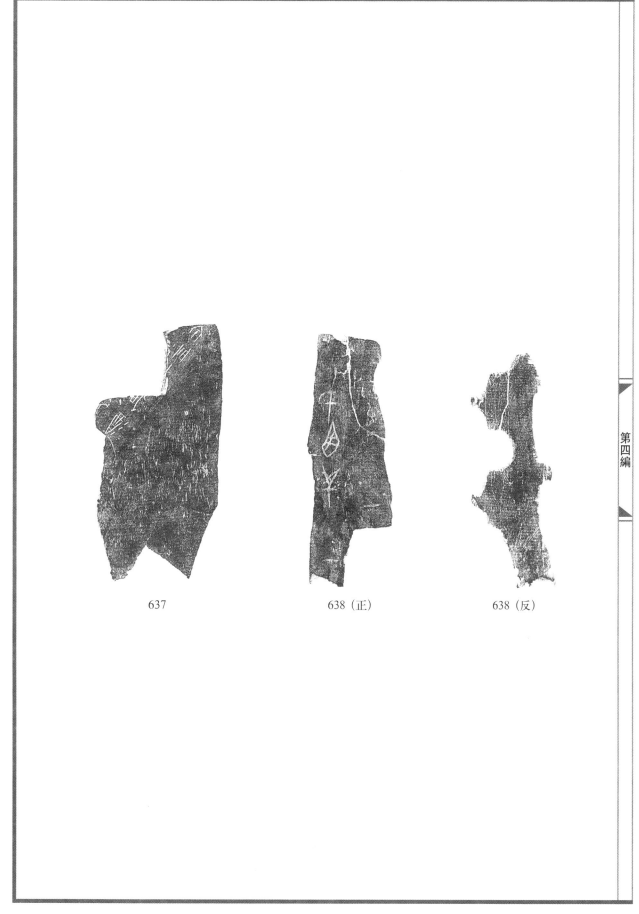

637　　　　　　　　638（正）　　　　　　　638（反）

639

640

641

642

643（正）　　　　　　　　　643（反）

644　　　　　　　　　　645

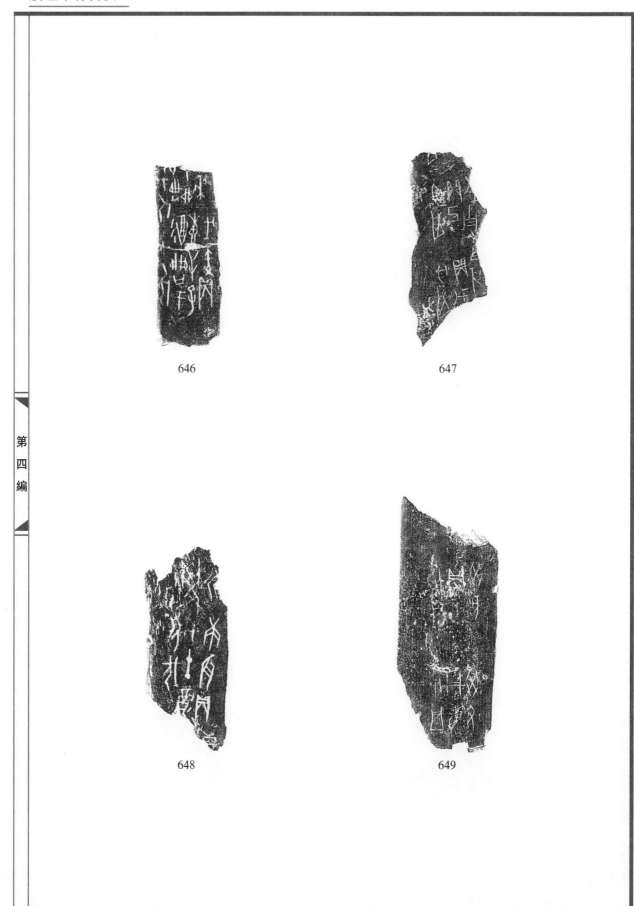

646

647

648

649

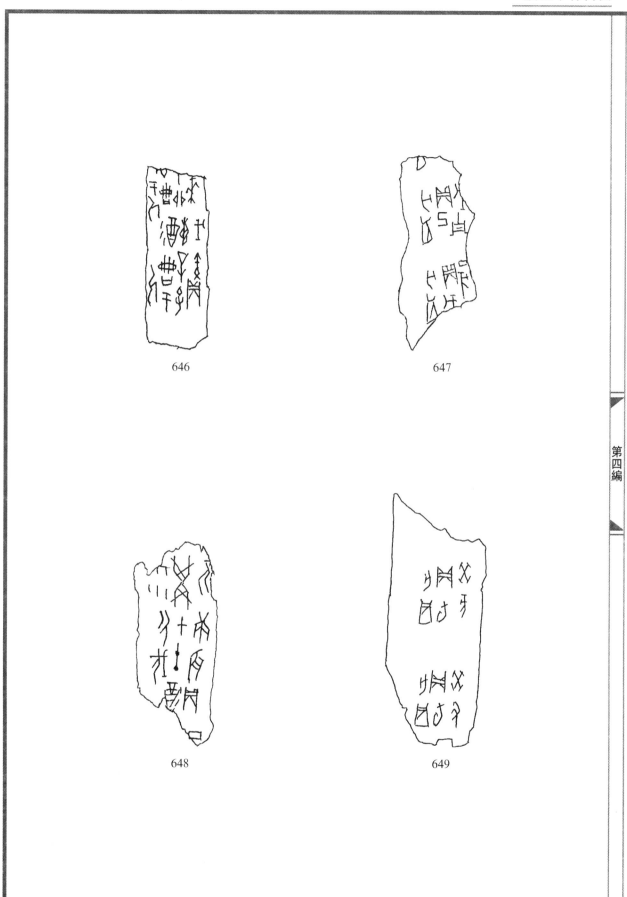

646

647

648

649

650

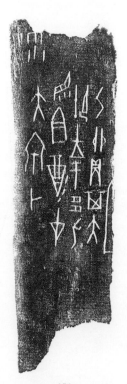

651

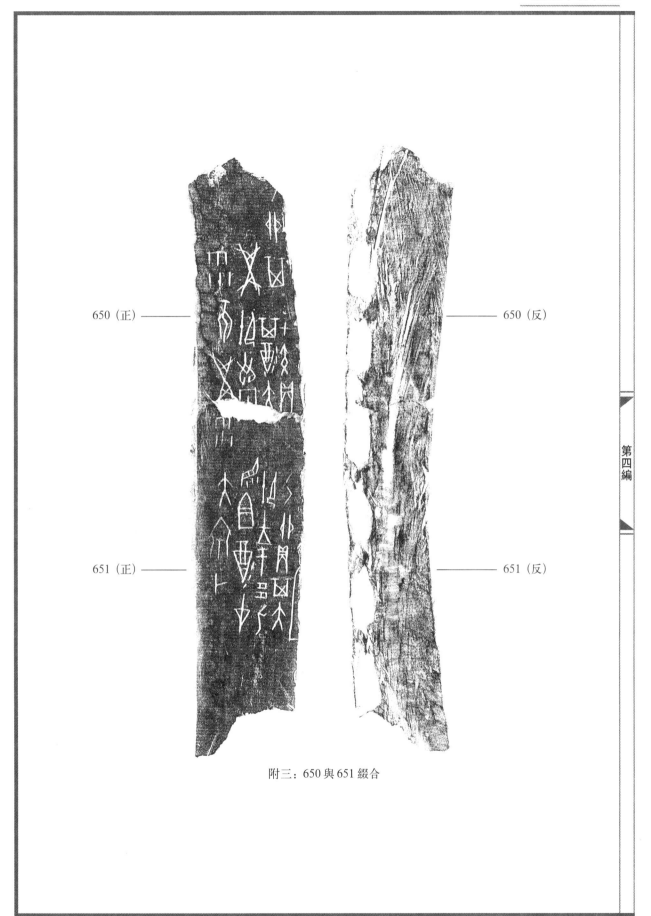

650（正）

650（反）

651（正）

651（反）

附三：650與651綴合

652（正）

652（反）

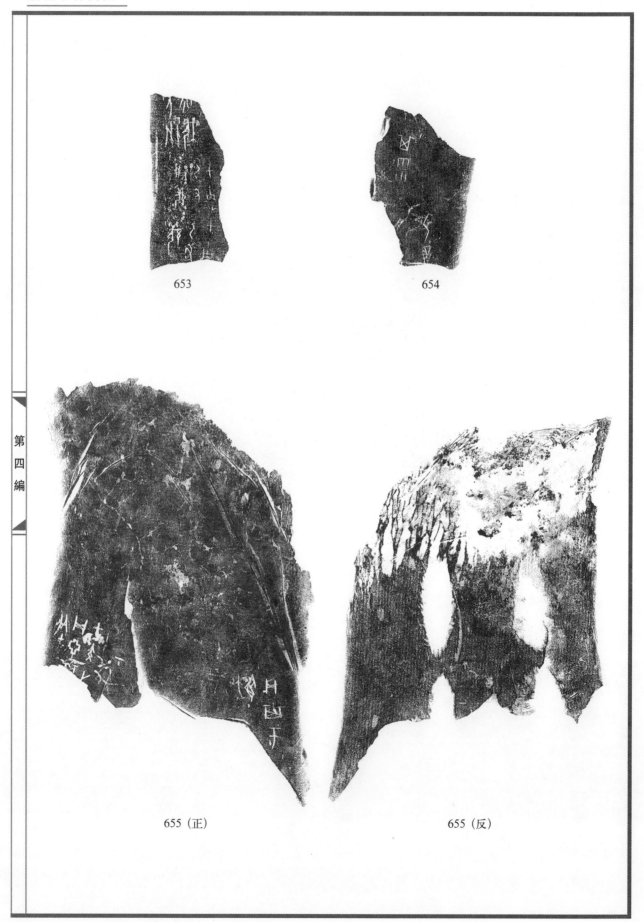

653

654

655（正）

655（反）

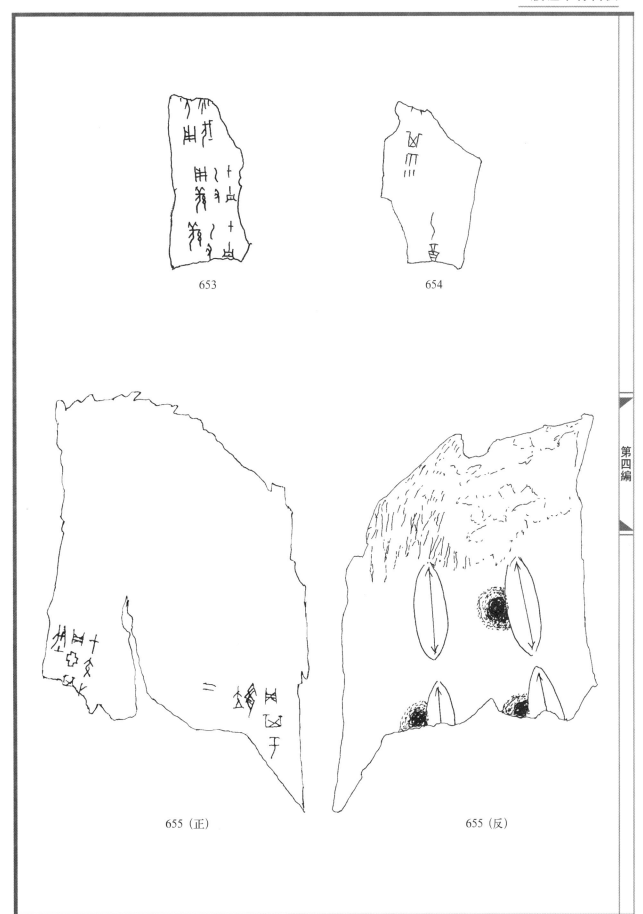

653

654

655（正）

655（反）

656

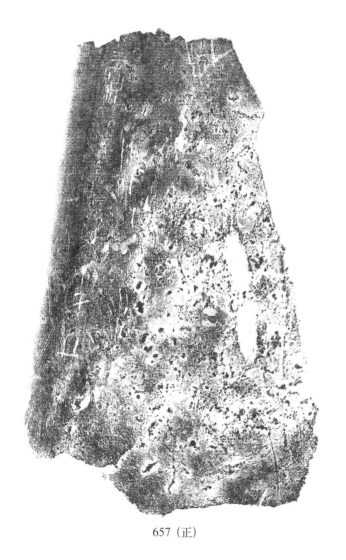

657（正）

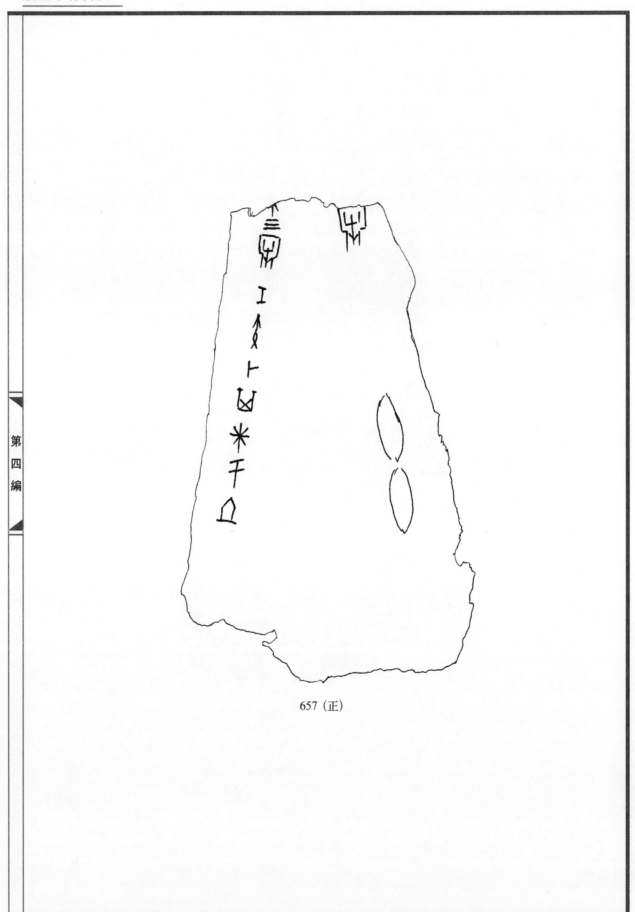

657（正）

658

第四編

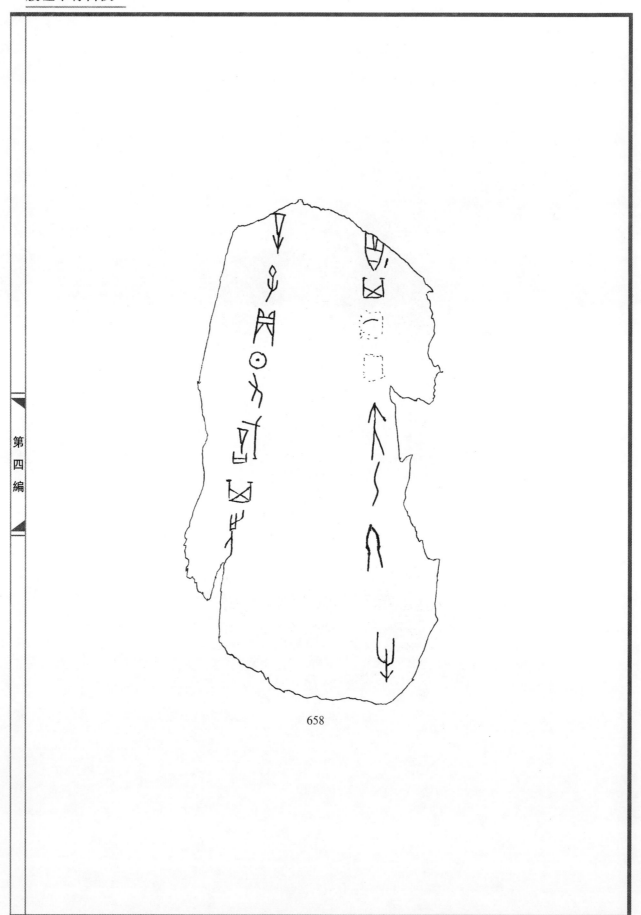

658

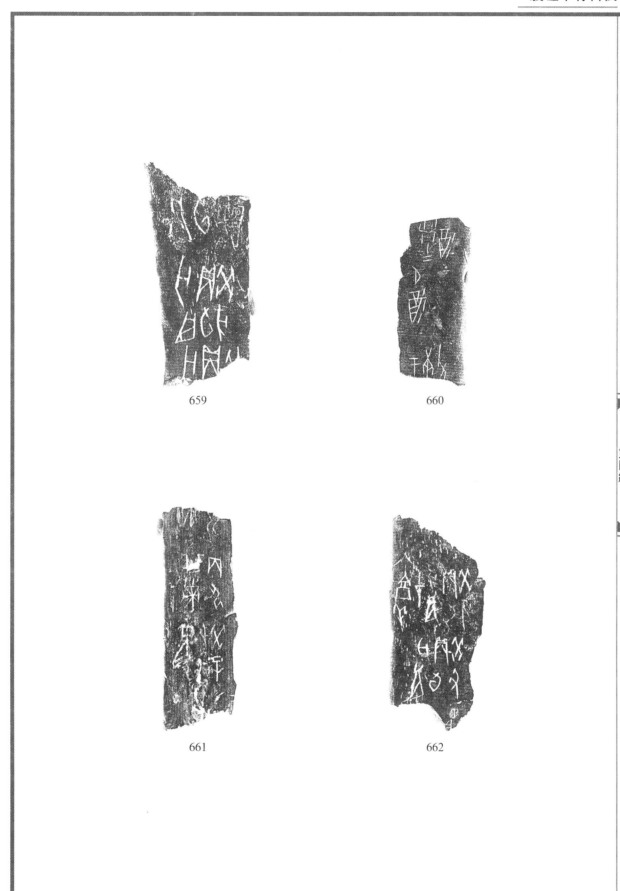

659

660

661

662

663（正）

664（正）

665

666

667

668

669

670

671

672

673

674

675

676

第四編

677（正）

678

679

680

681

682

683

684

685

686

687

688

第五編

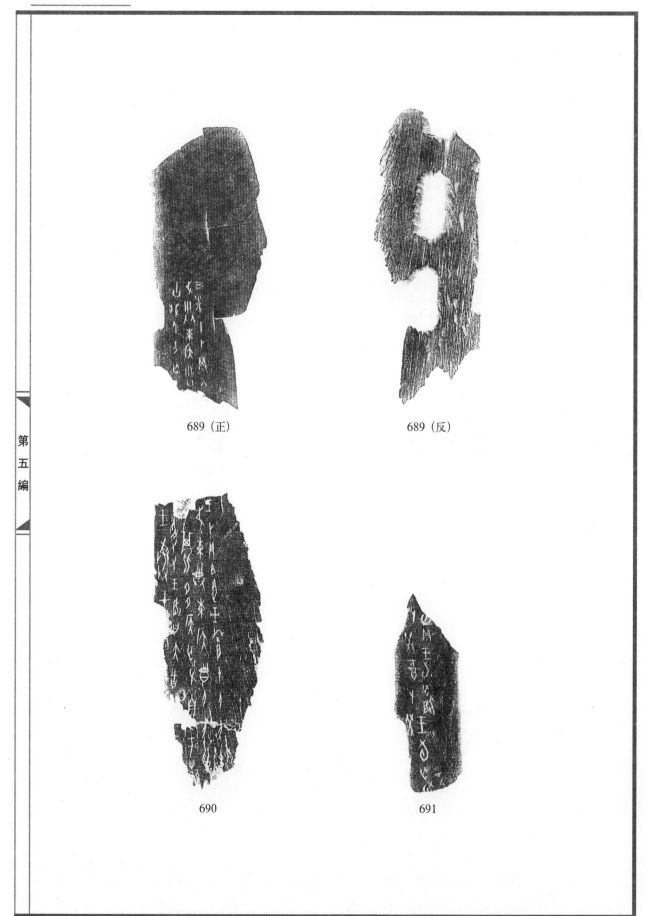

第五編

689（正）   689（反）

690   691

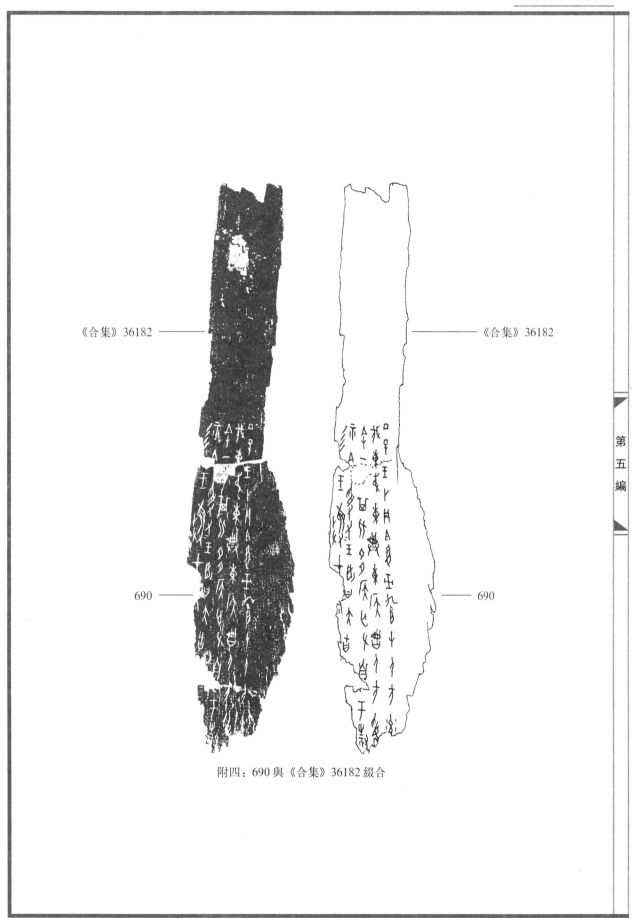

《合集》36182

《合集》36182

690

690

第五編

附四：690與《合集》36182綴合

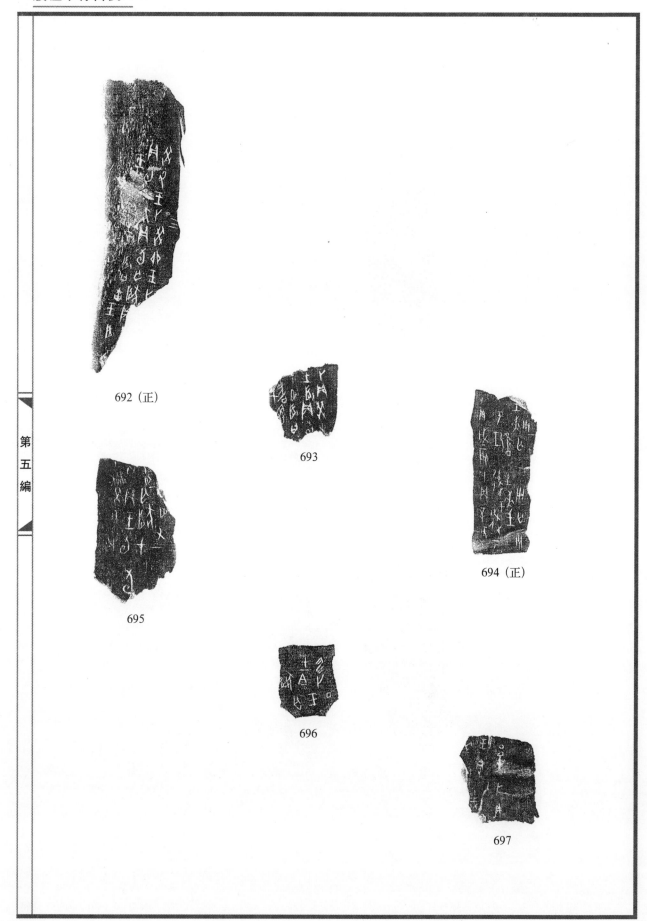

692（正）

693

694（正）

695

696

697

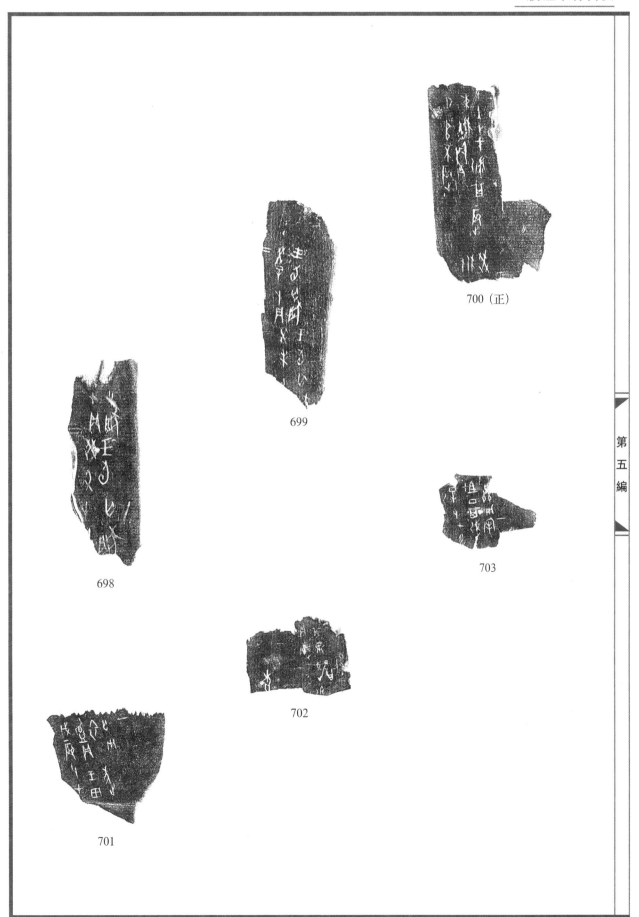

700（正）

699

698

703

702

701

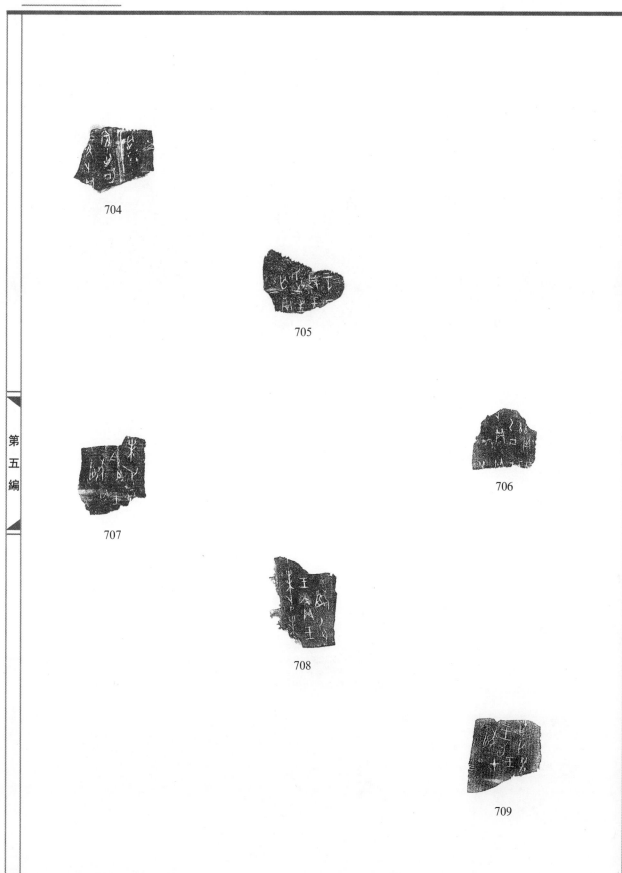

704

705

第五編

706

707

708

709

710

711

712

713

714

715

716

717

718

719

720

721

722

723

724（正）

724（反）

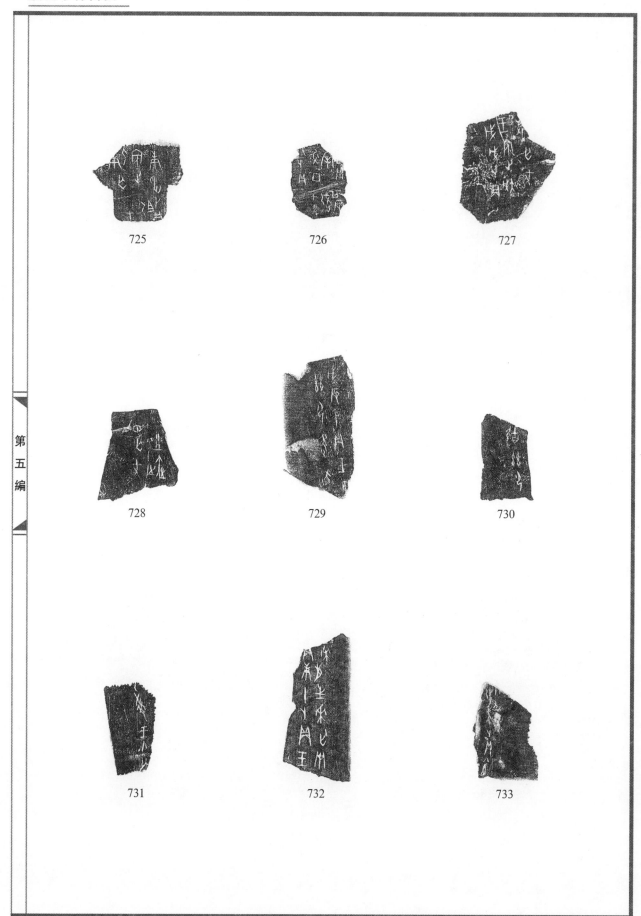

725 726 727

728 729 730

731 732 733

734

735

736（正）

737

738

739

740

741

742

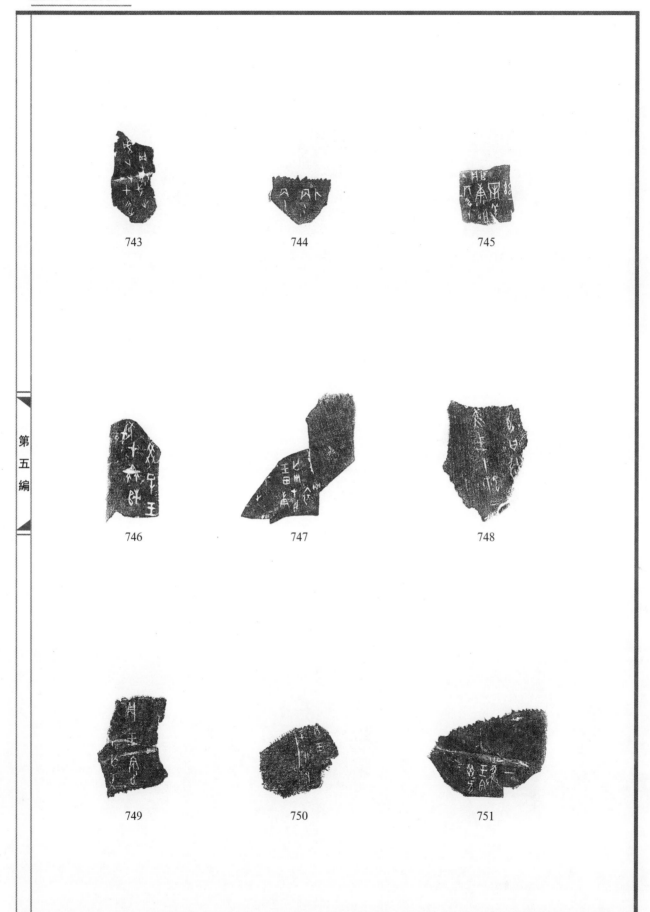

743

744

745

746

747

748

749

750

751

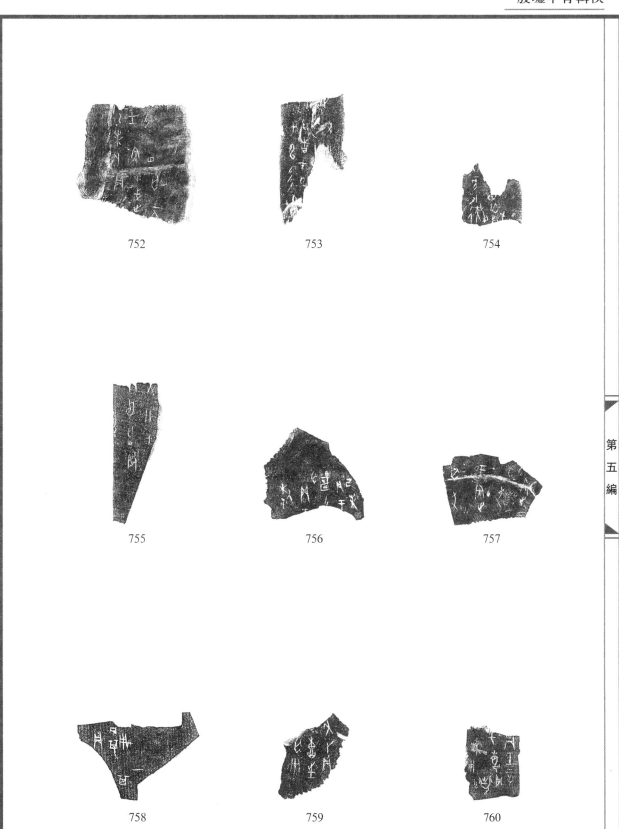

752   753   754

755   756   757

758   759   760

761

762

763

764

765

766

767

768

769

770

771

772

773

774

775

776

777

778

第五編

779

780

781

782

783

784

785

786

787

788

789

790

791

792

793

794

第五編

第五編

795

796

797

798

799

800

801

802

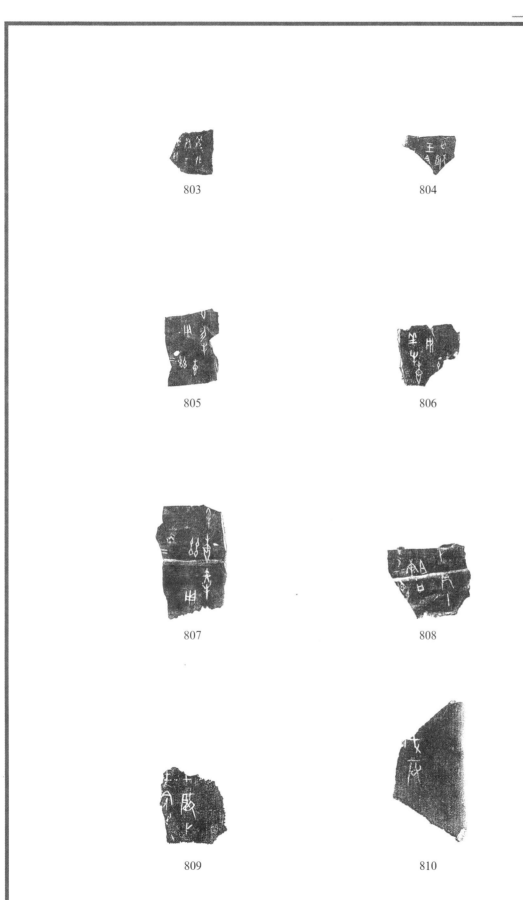

803

804

805

806

807

808

809

810

811（正）　　　　　　　811（反）

812　　　　　　　813　　　　　　　814

815　　　　　　　816　　　　　　　817

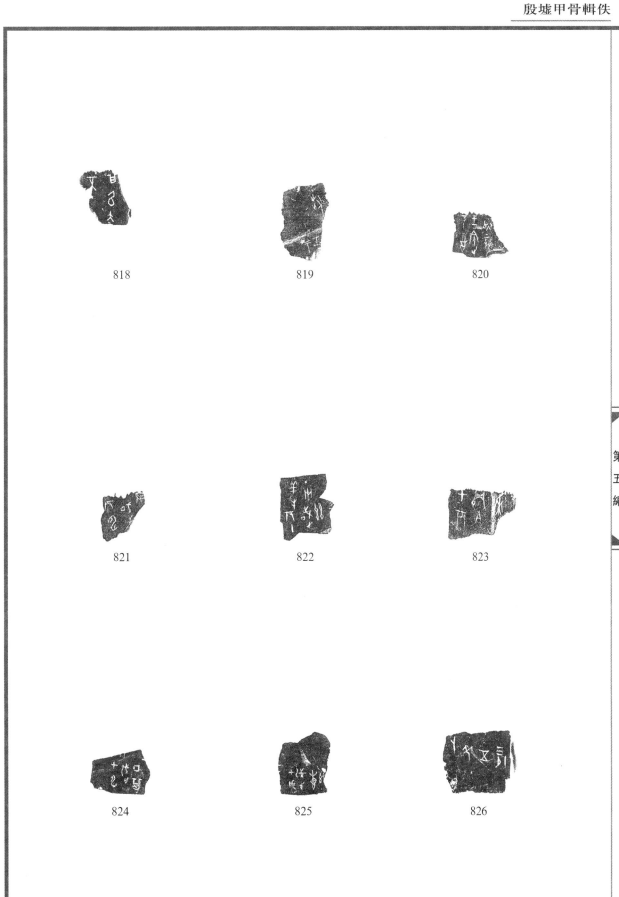

818

819

820

821

822

823

824

825

826

第五編

827

828

829

830

831

832

833

834

835

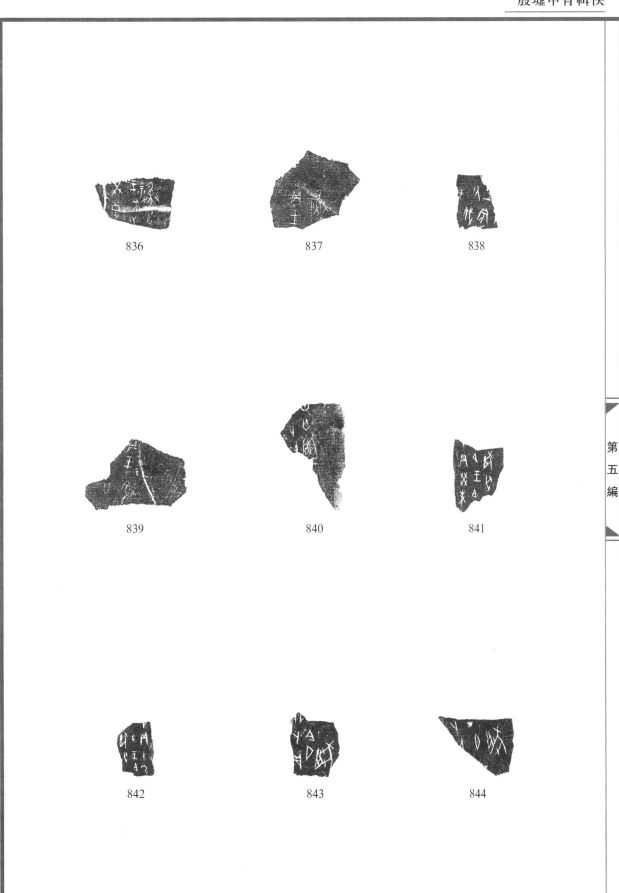

836   837   838

839   840   841

842   843   844

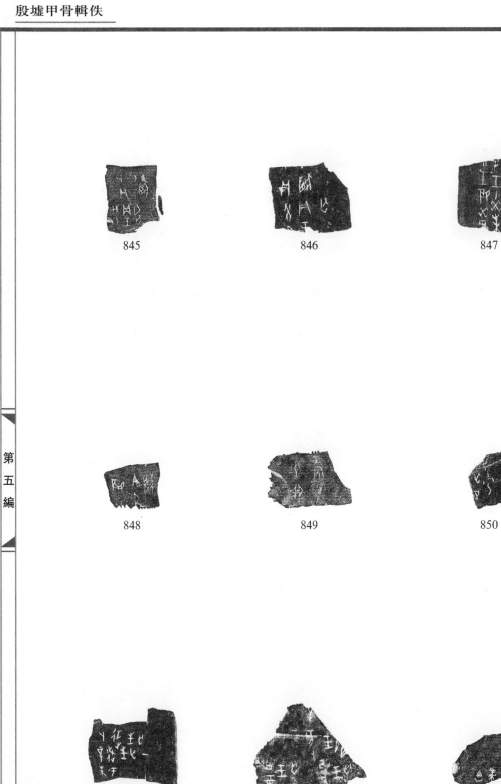

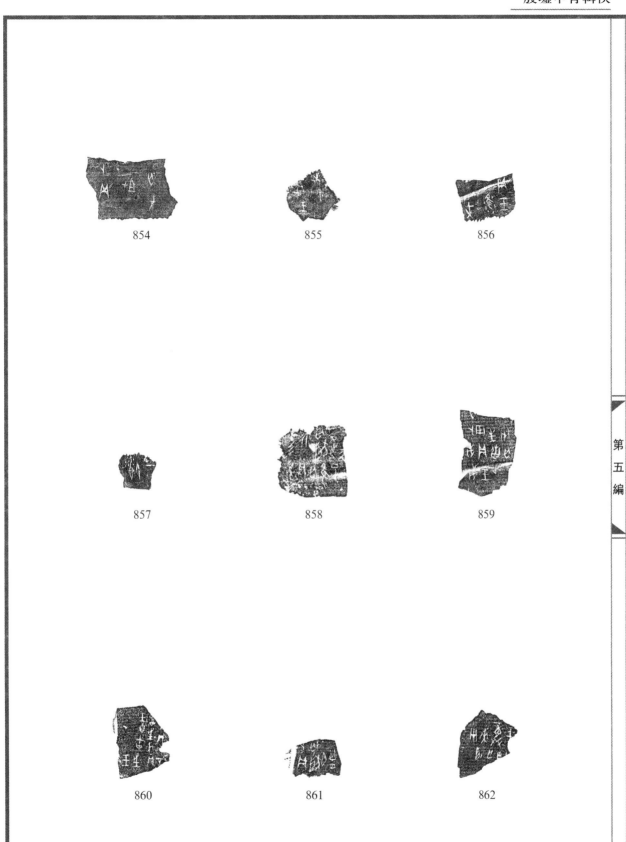

854　　　　　855　　　　　856

857　　　　　858　　　　　859

860　　　　　861　　　　　862

第五編

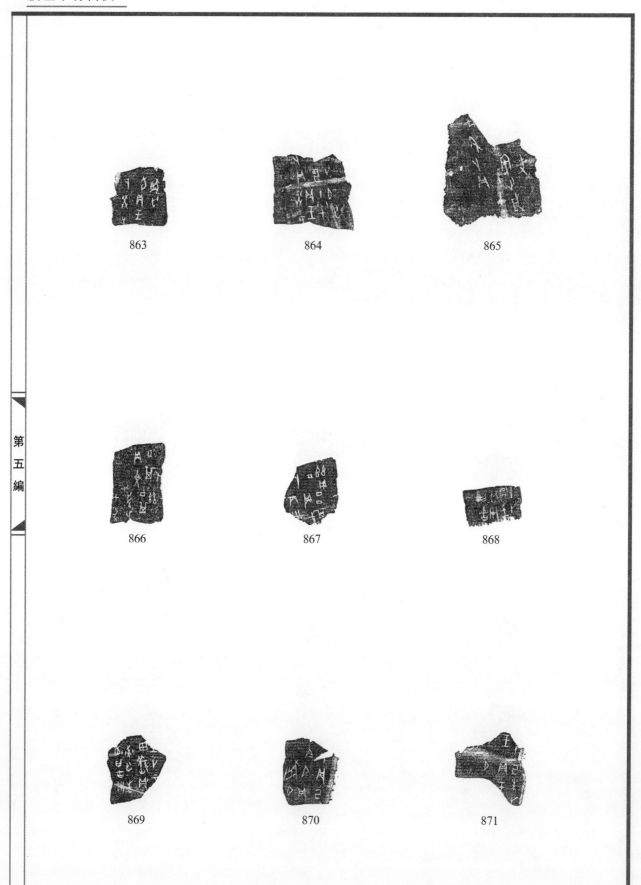

863

864

865

866

867

868

869

870

871

872

873

874

875

876

877

878

879

880

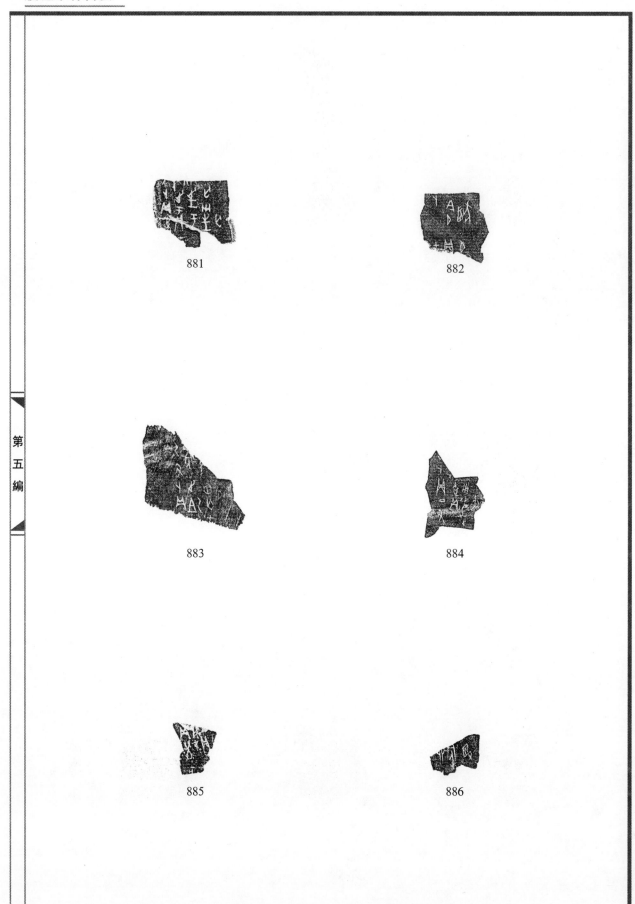

881

882

883

884

885

886

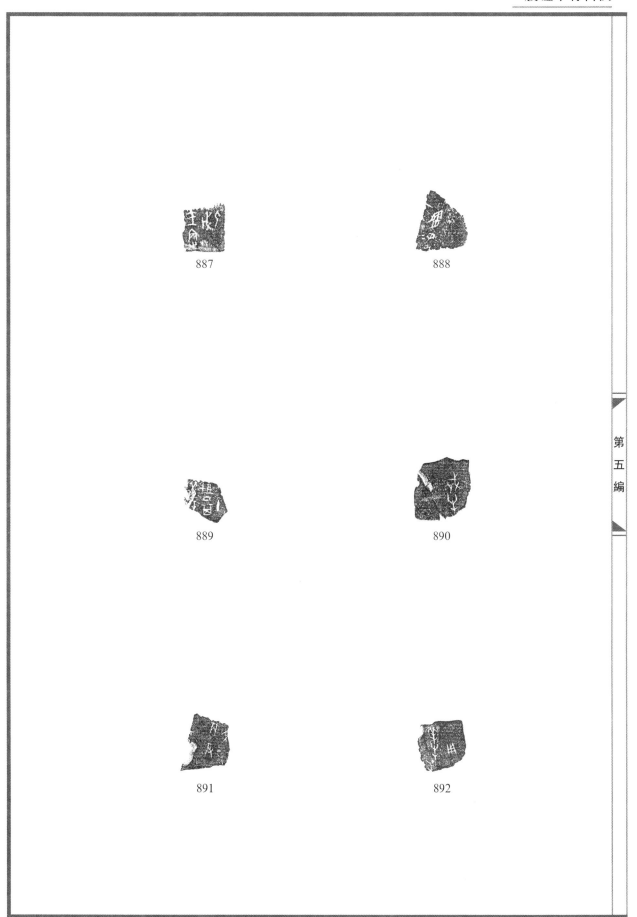

887

888

889

890

891

892

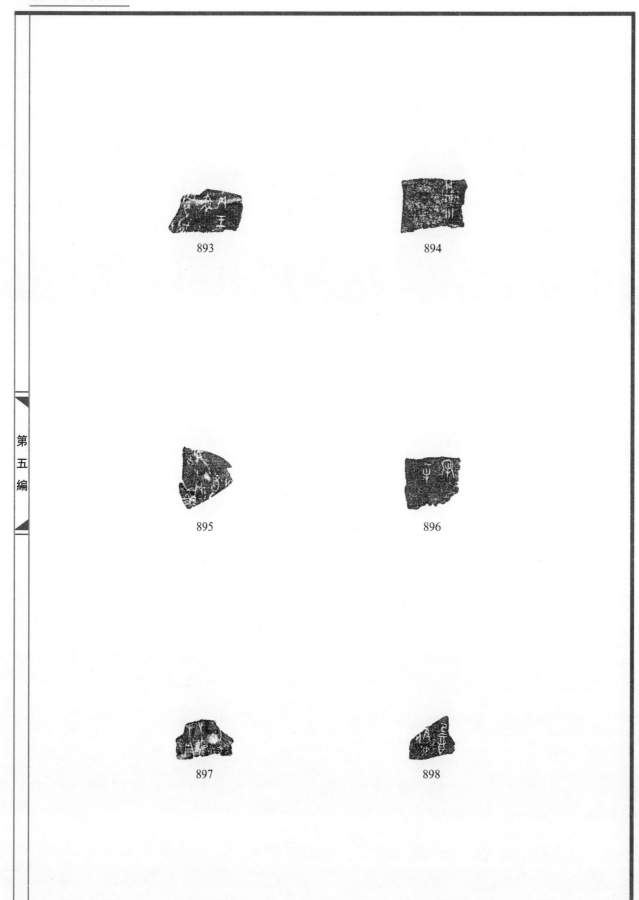

899

900

901

902

903

904

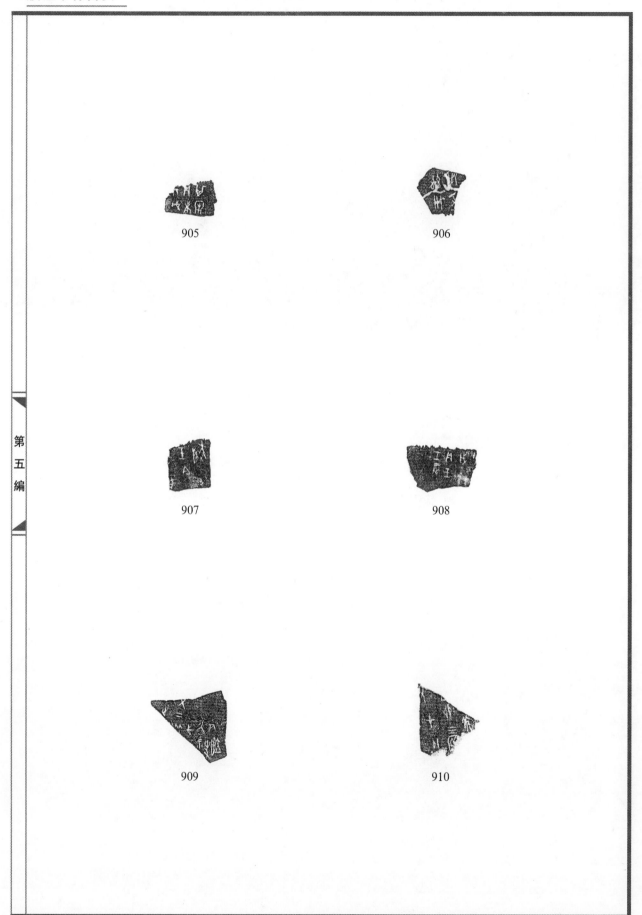

905

906

907

908

909

910

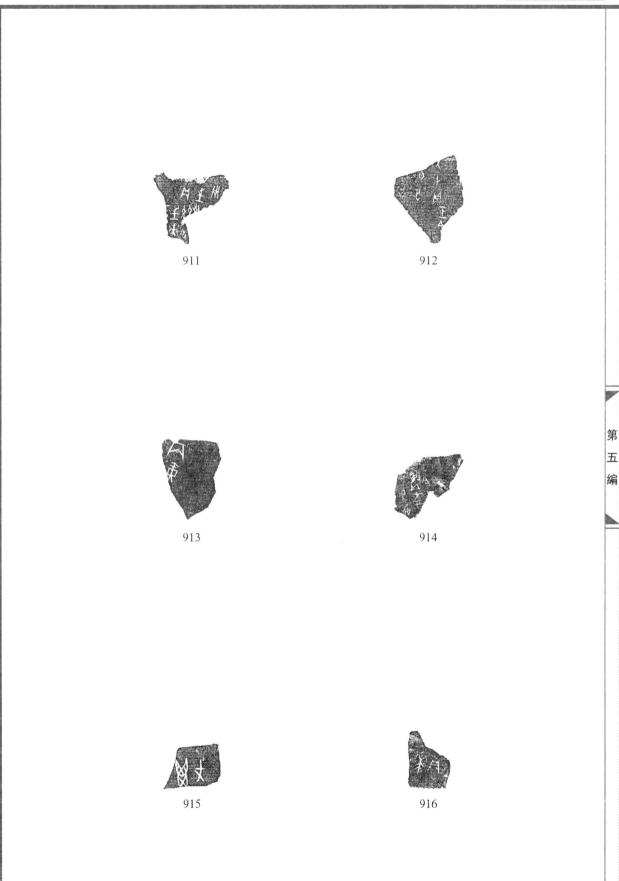

911

912

913

914

915

916

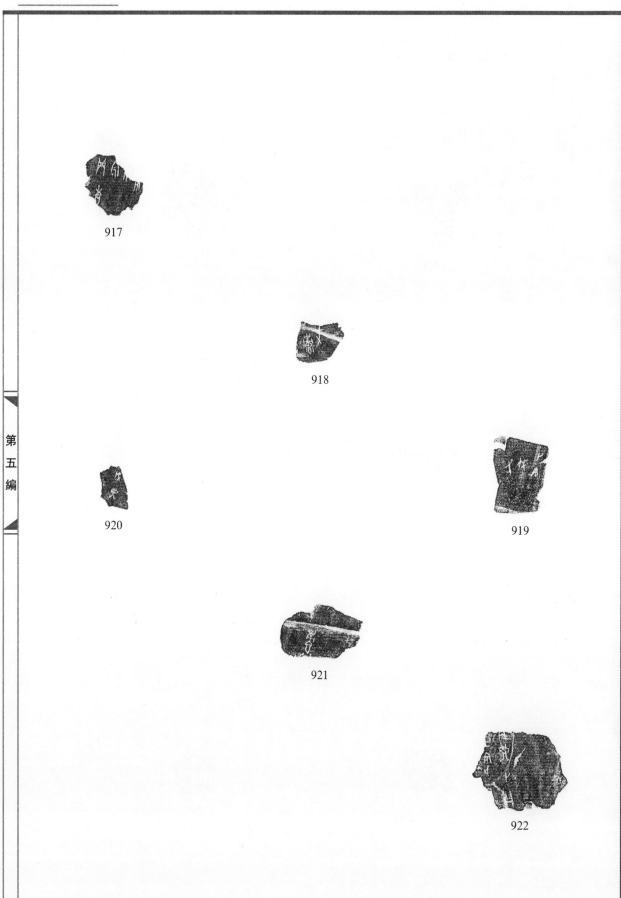

第五編

917

918

920

919

921

922

923

924

925

926

927

928

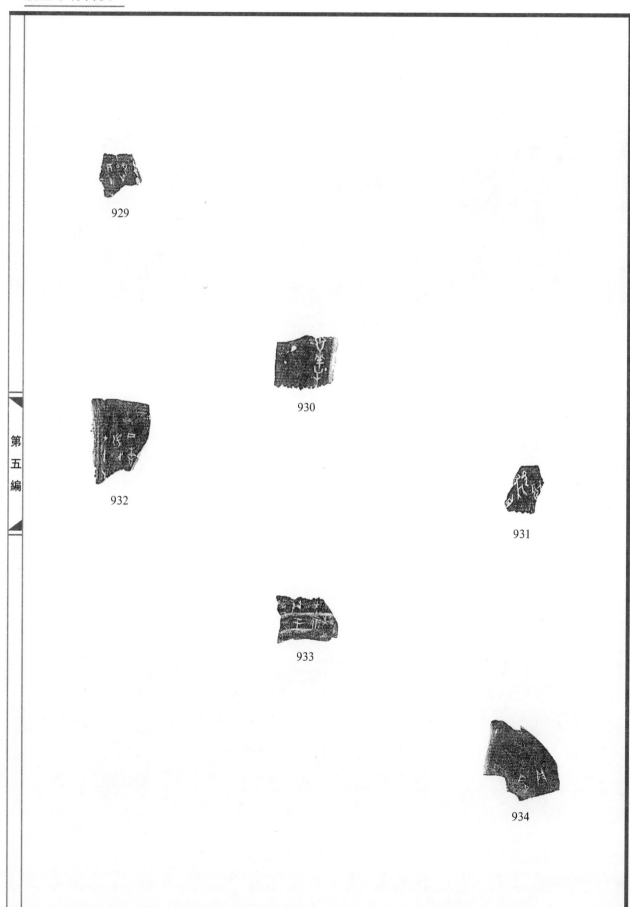

929

930

932

931

933

934

第
五
編

935

936

938

937

939

第五編

940

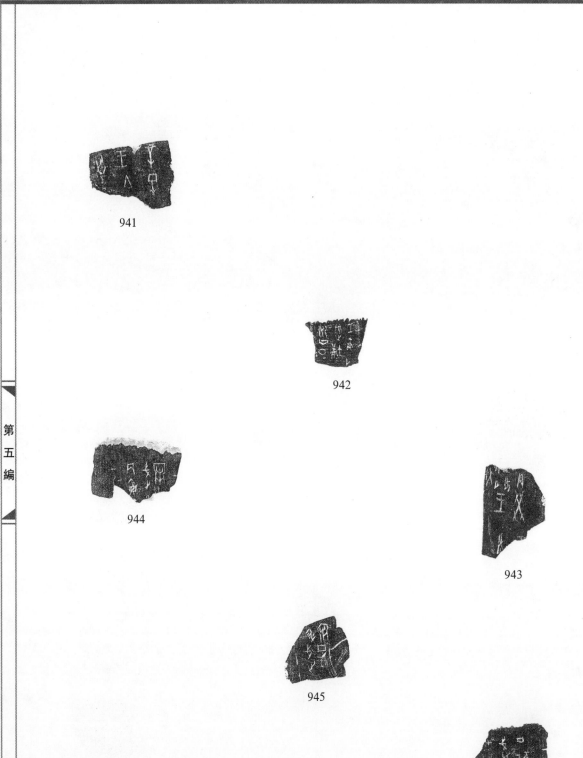

941

942

944

943

945

946

947

948

950

949

951

952

第五編

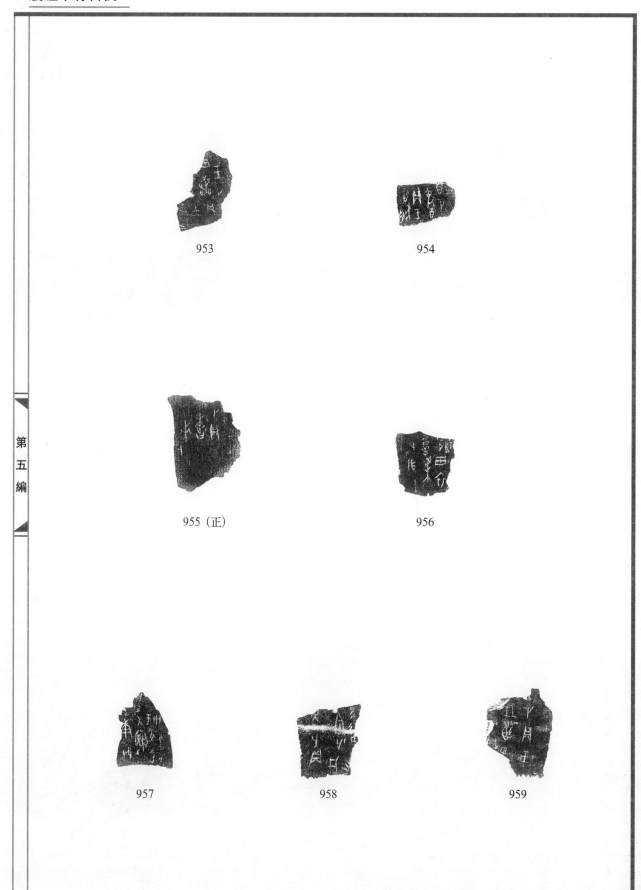

953

954

955（正）

956

957

958

959

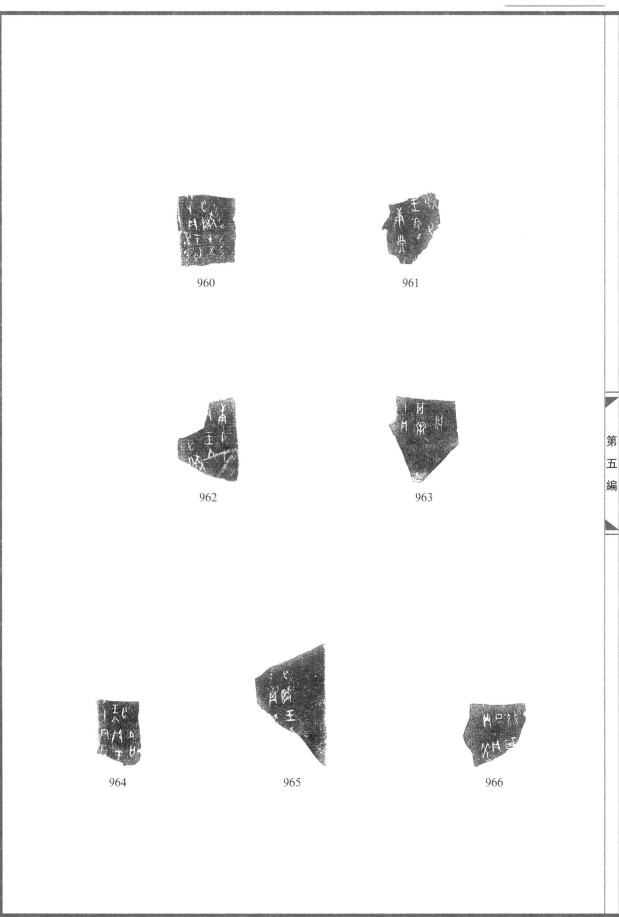

960

961

962

963

964

965

966

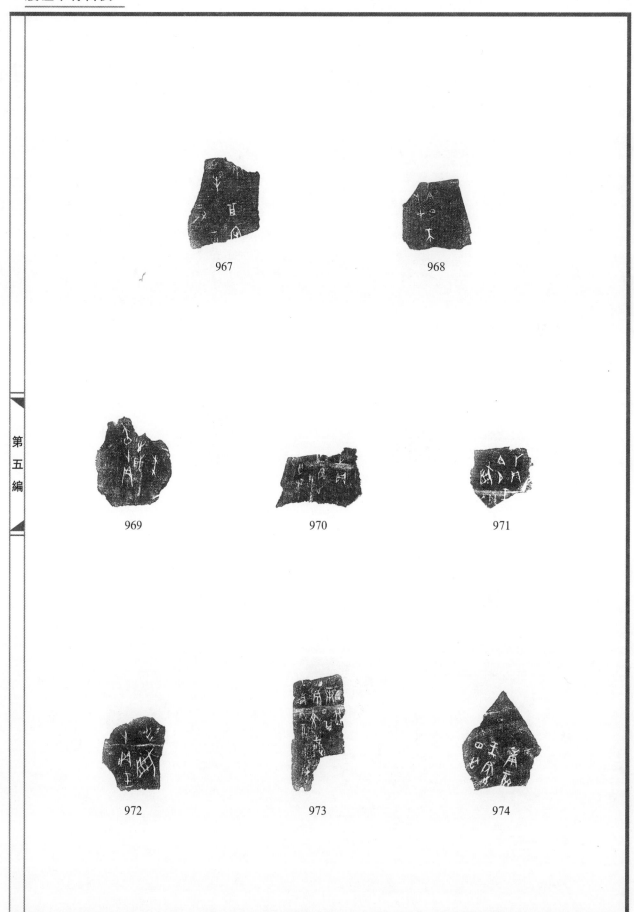

第五編

975

976

977（正）

977（反）

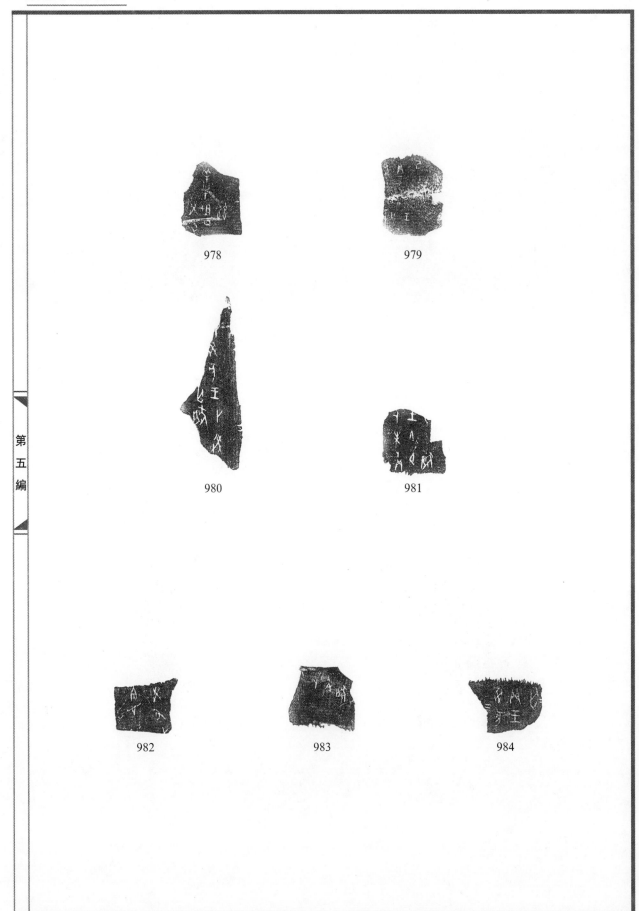

978

979

980

981

982

983

984

985

986

987

988

989

990

991

992

993

994

995

996

997

998

999

1000

1001

1002

1003

1004

1005

1006

1007

1008

第五編

1

2

3

4

附
録

5（正）

5（反）

6（正）

6（反）

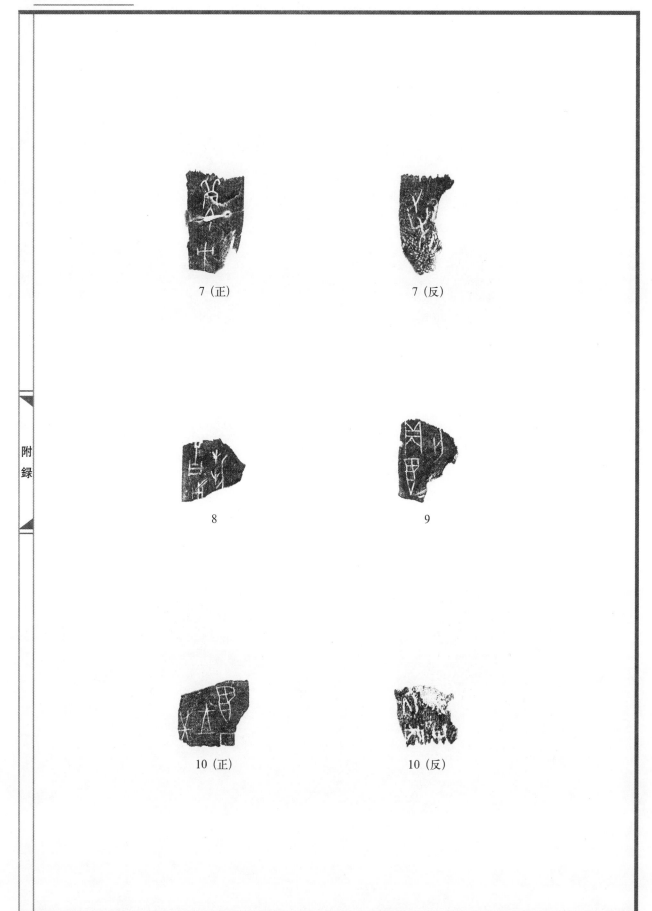

7（正）　　　　　　　　7（反）

8　　　　　　　　9

10（正）　　　　　　10（反）

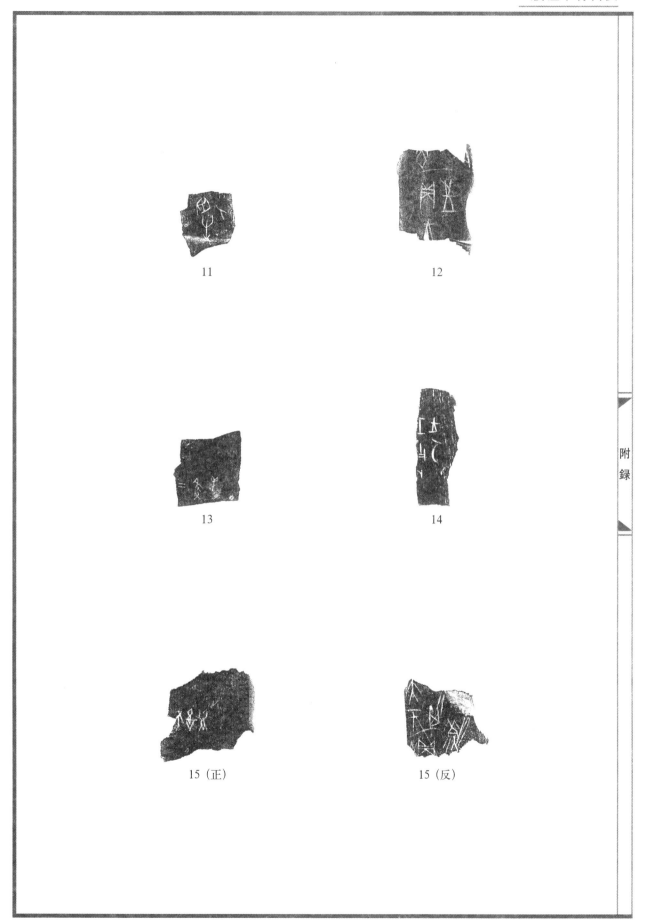

11

12

13

14

15（正）

15（反）

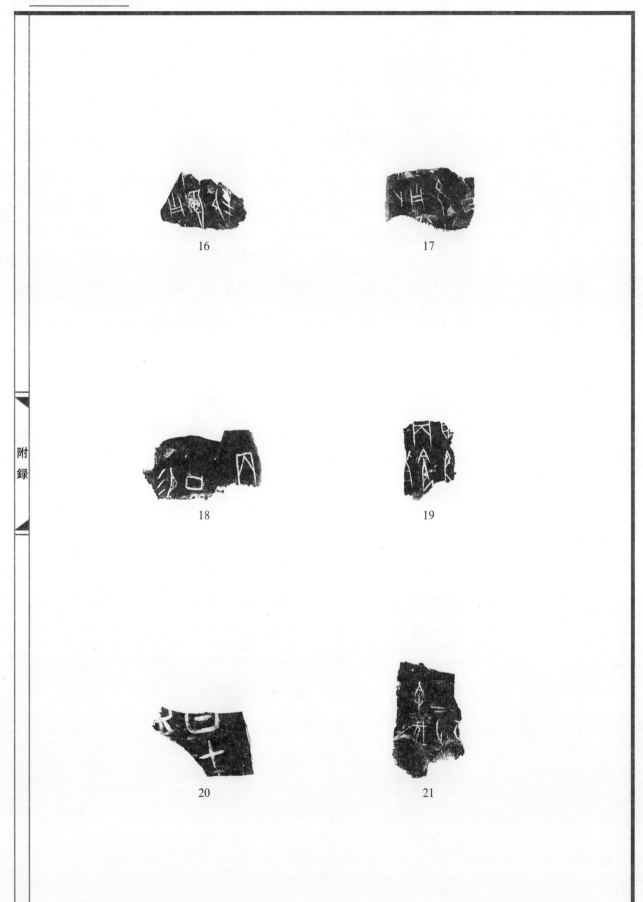

16

17

18

19

20

21

22

23

24

25

26

27

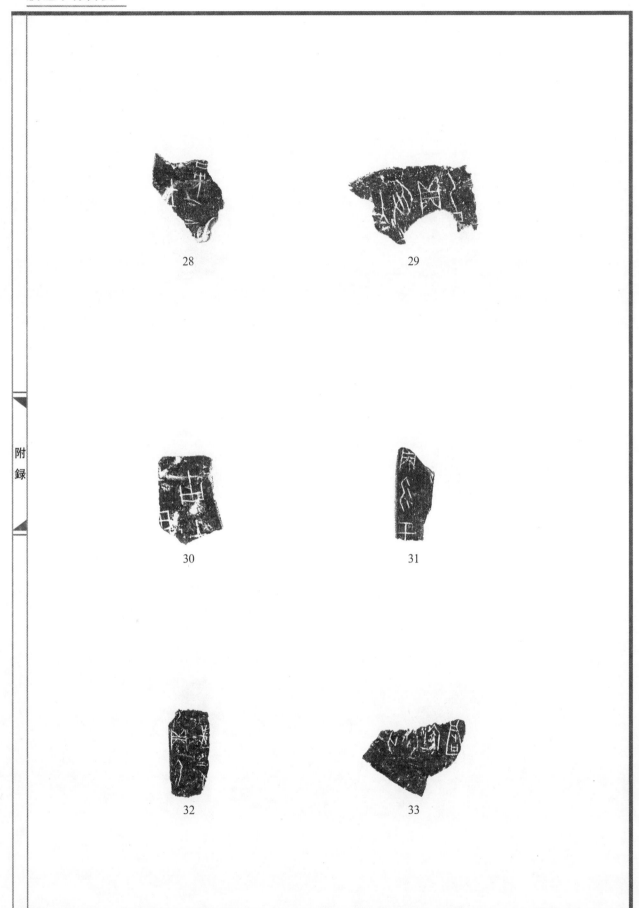

28

29

30

31

32

33

34

35

36

37

38

39

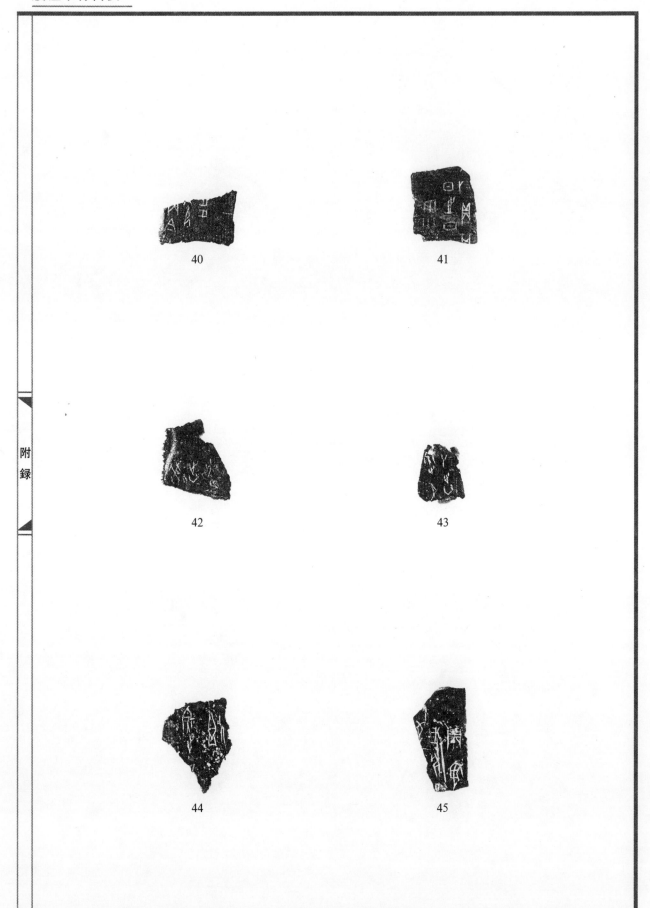

40

41

42

43

44

45

46

47

48

49

50

51

附録

52

53

54

55

56

57

58

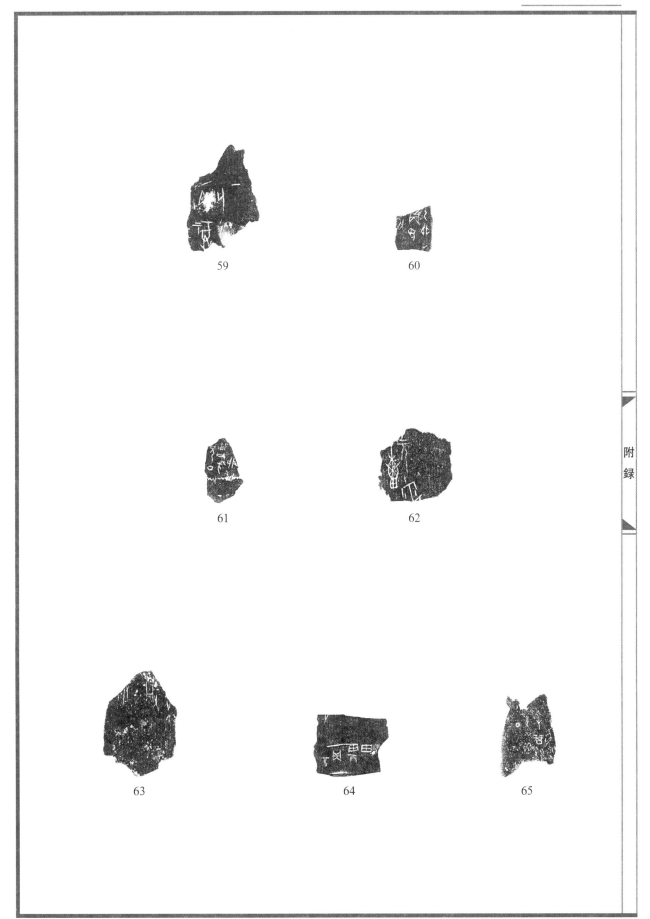

59

60

61

62

63

64

65

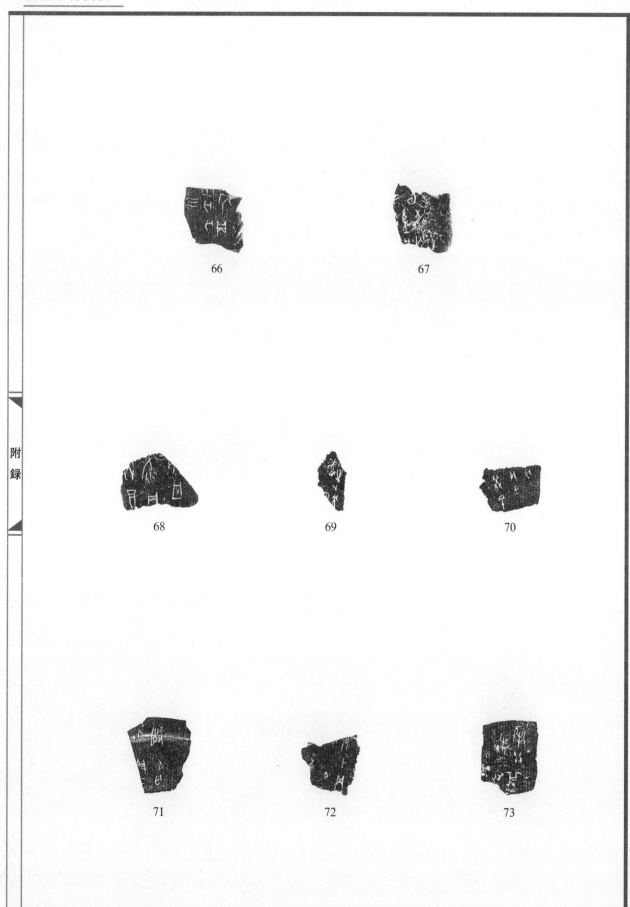

66

67

68

69

70

71

72

73

附

録

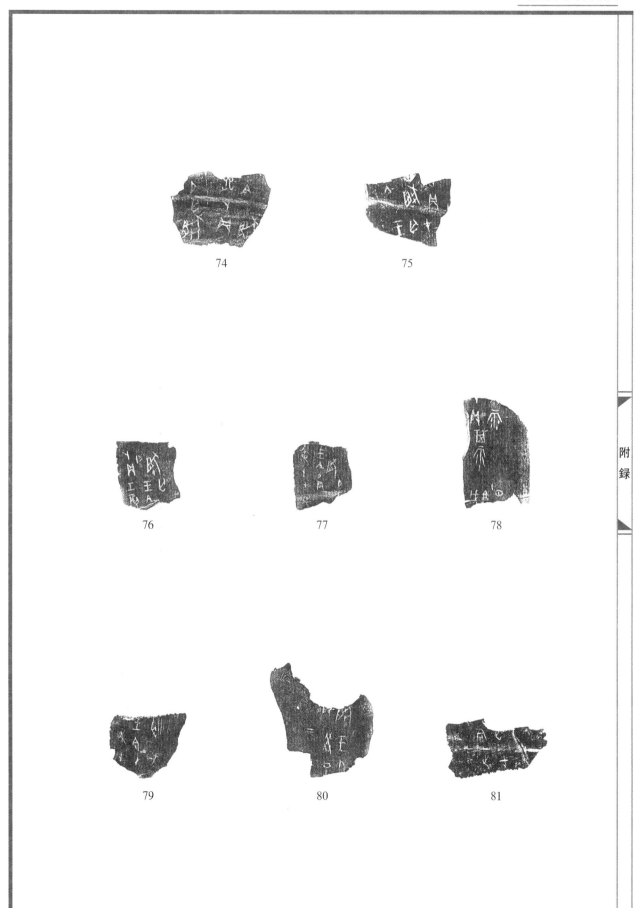

74

75

76

77

78

79

80

81

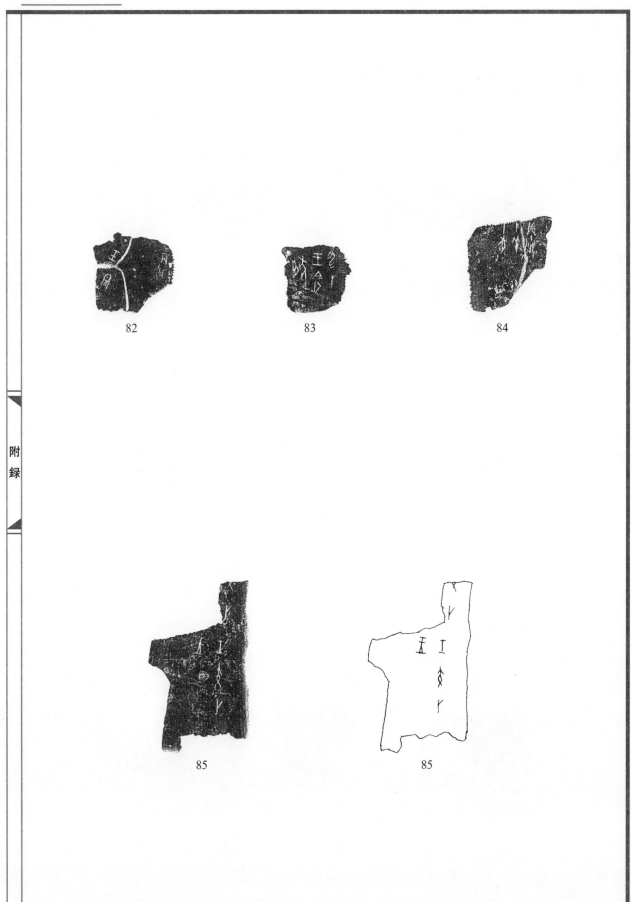

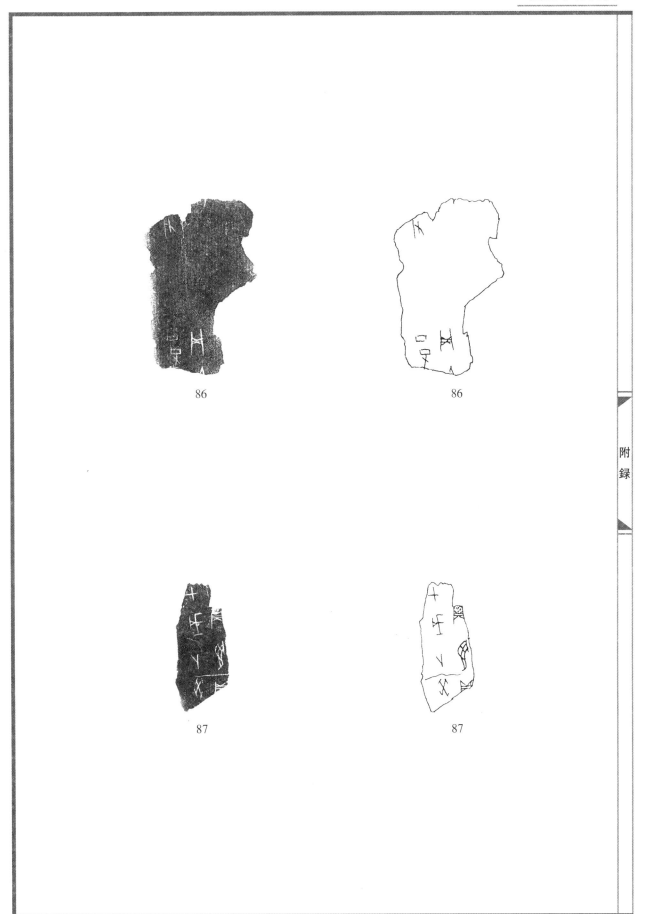

86 86

87 87

88（正）

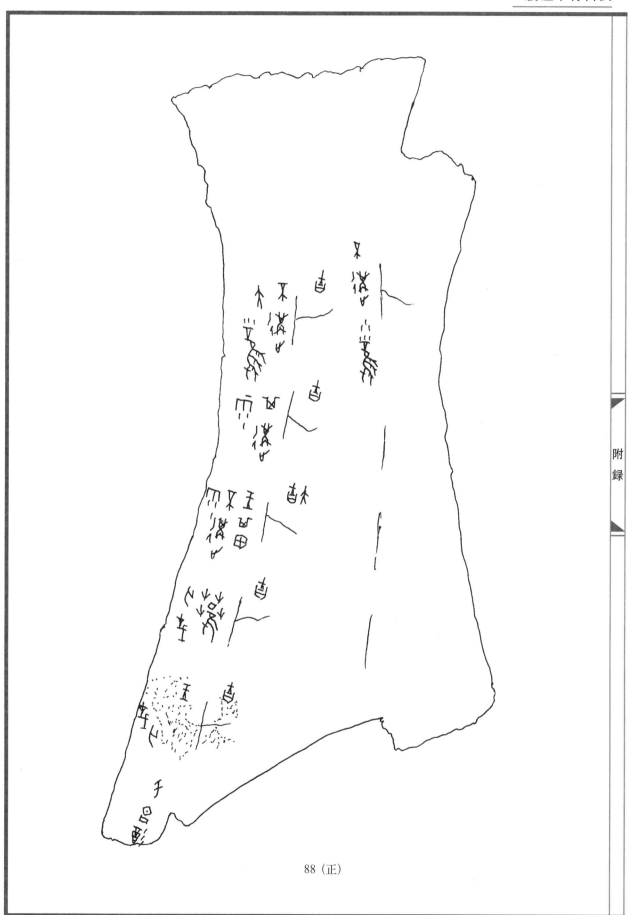

88（正）

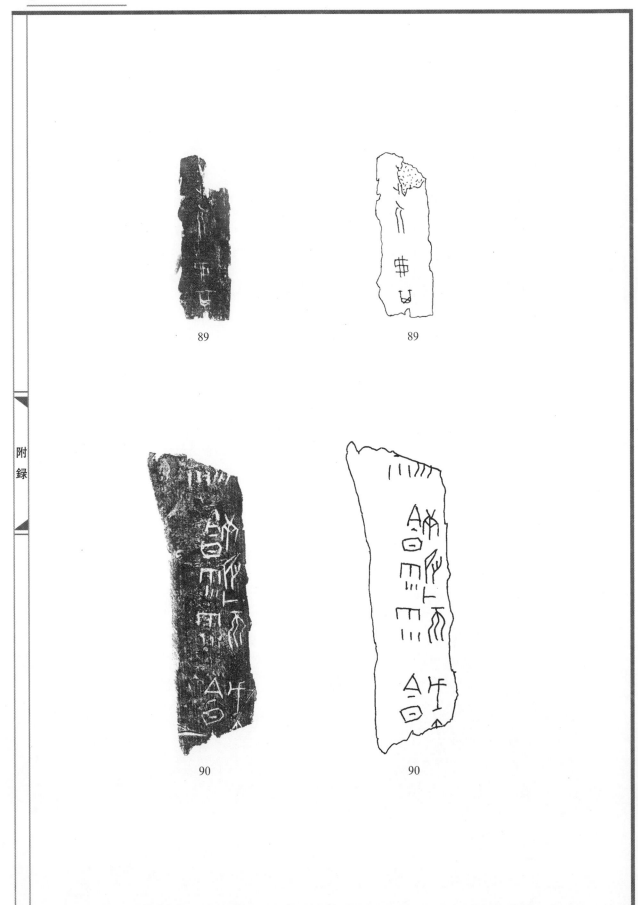

89　　　　　　　　89

90　　　　　　　　90

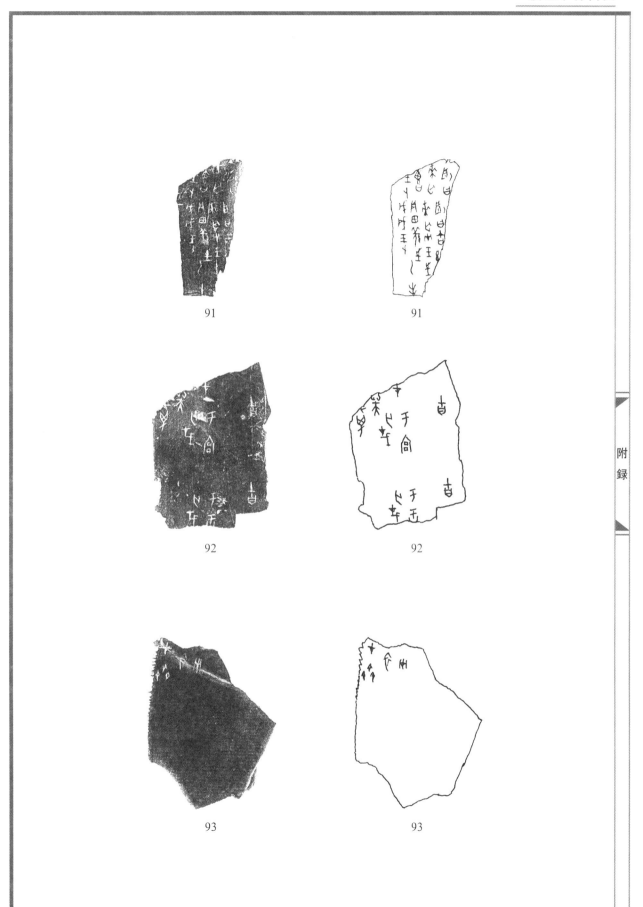

91 91

92 92

93 93

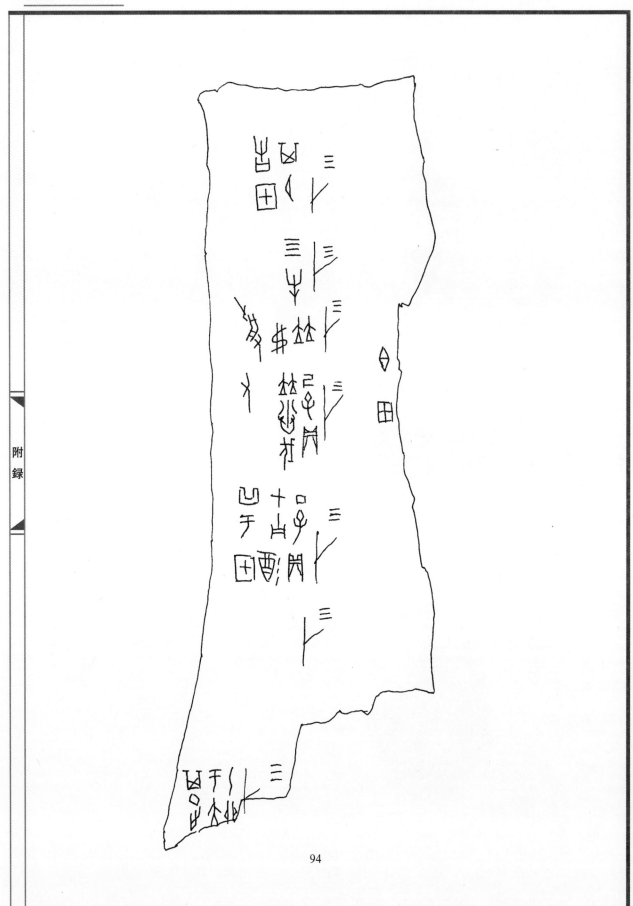

94

圖
版

1（正）

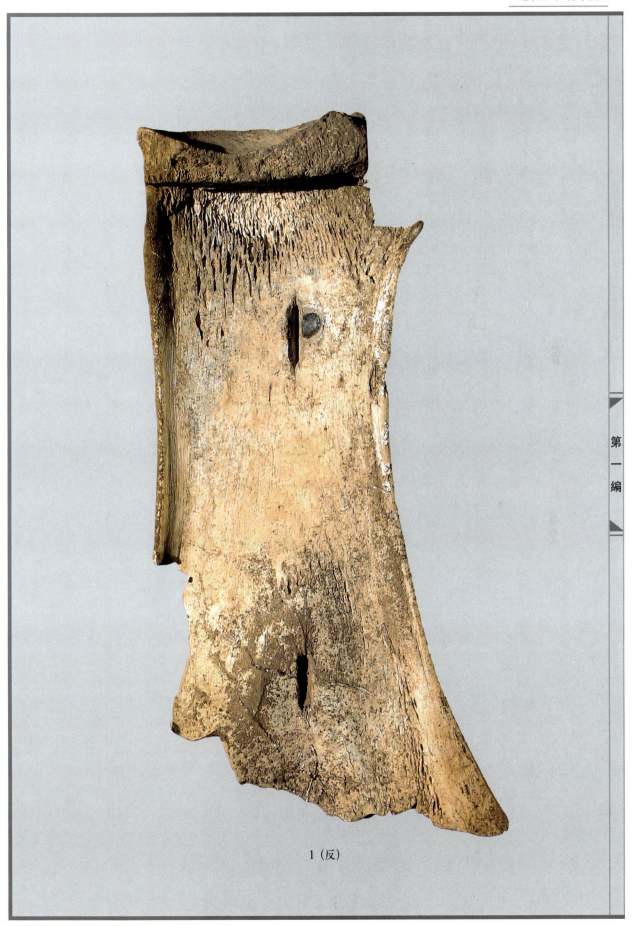

1（反）

第一編

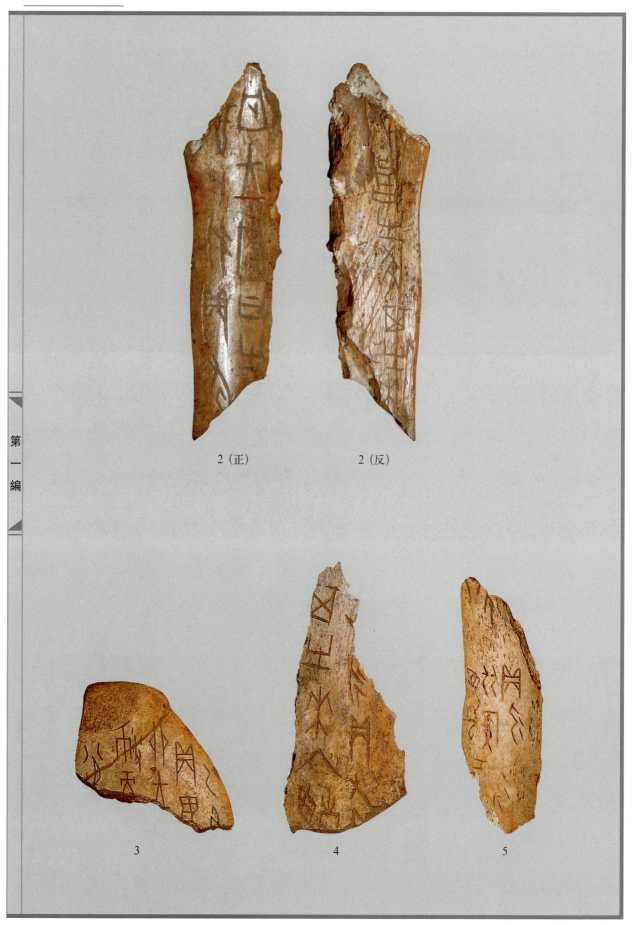

2（正）　　　　　　2（反）

3　　　　　　　　4　　　　　　　　5

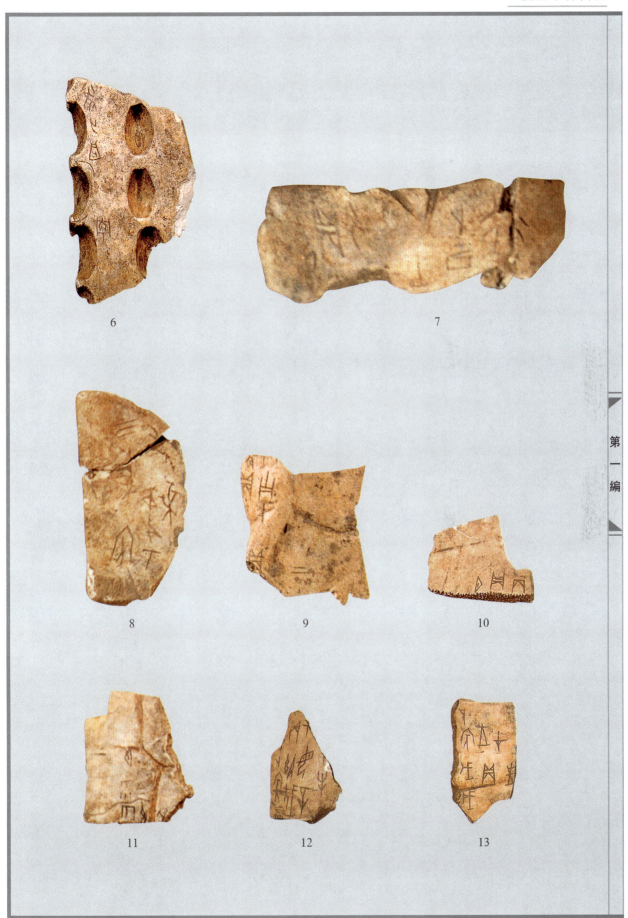

6

7

8

9

10

11

12

13

第一編

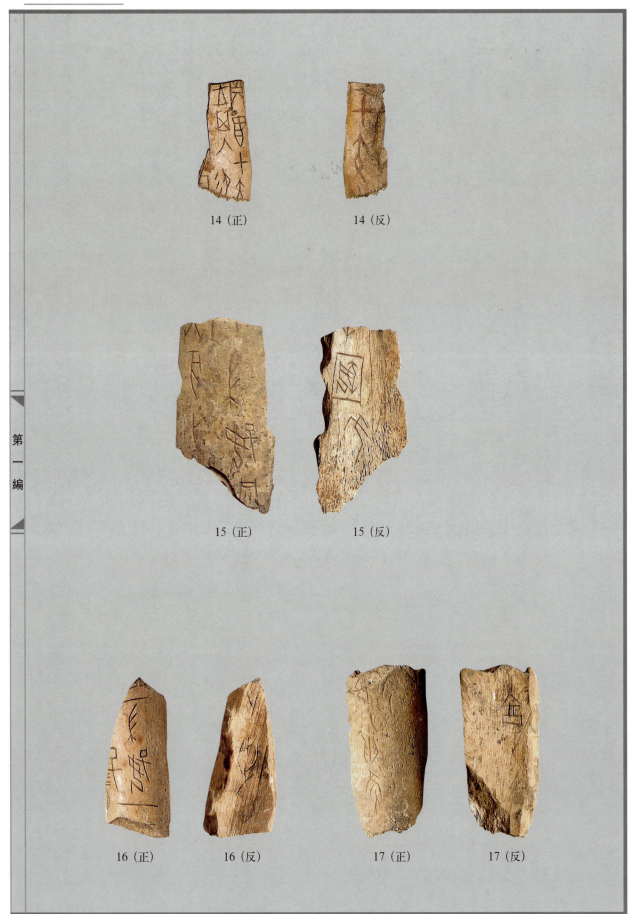

14（正）　　　　　　14（反）

15（正）　　　　　　15（反）

16（正）　　16（反）　　17（正）　　17（反）

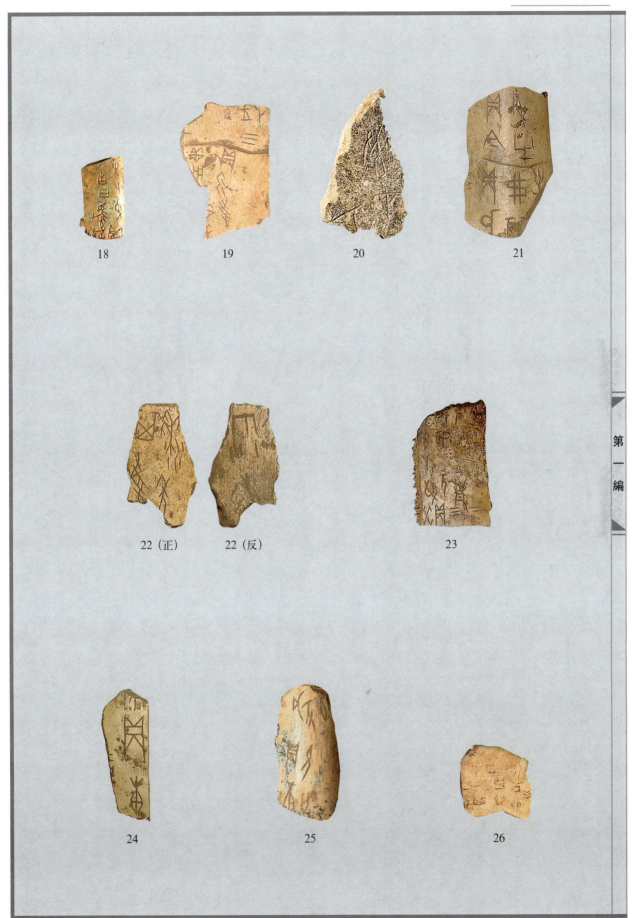

18　　　　　　　19　　　　　　20　　　　　　21

22（正）　　22（反）　　　　　　　　23

24　　　　　　　25　　　　　　　26

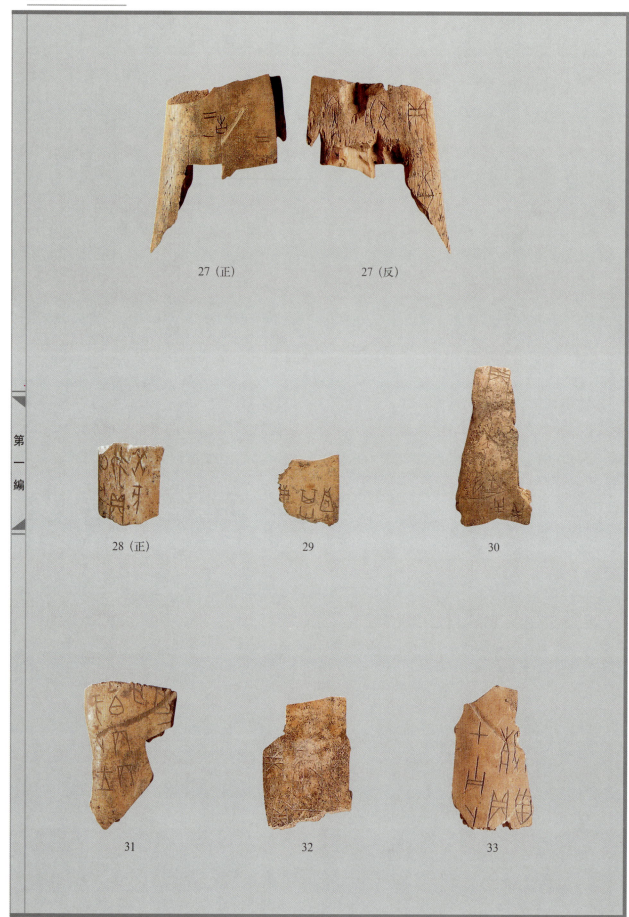

27（正）　　　　　　　27（反）

第
一
編

28（正）　　　　　　　29　　　　　　　　　30

31　　　　　　　　32　　　　　　　　33

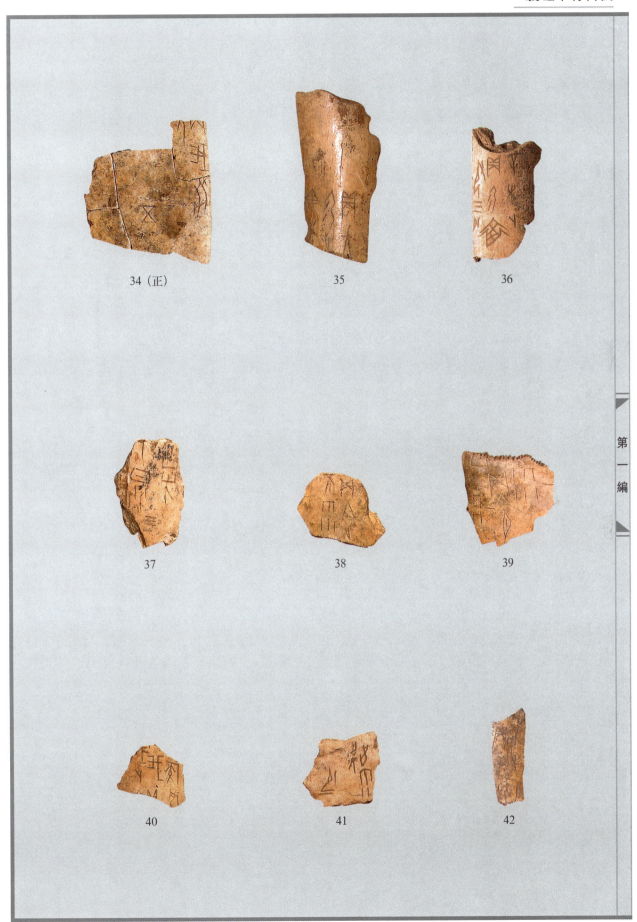

34（正）

35

36

37

38

39

40

41

42

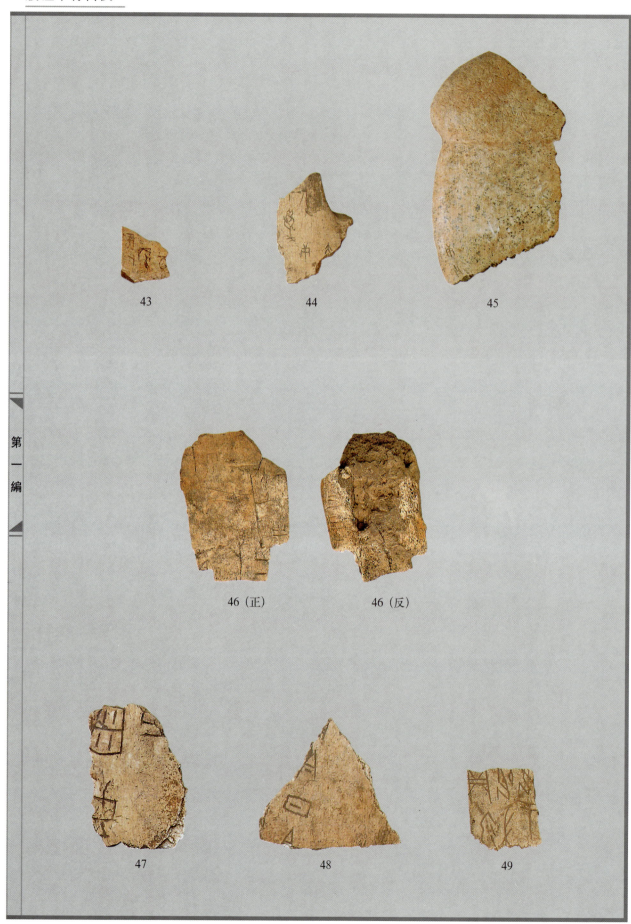

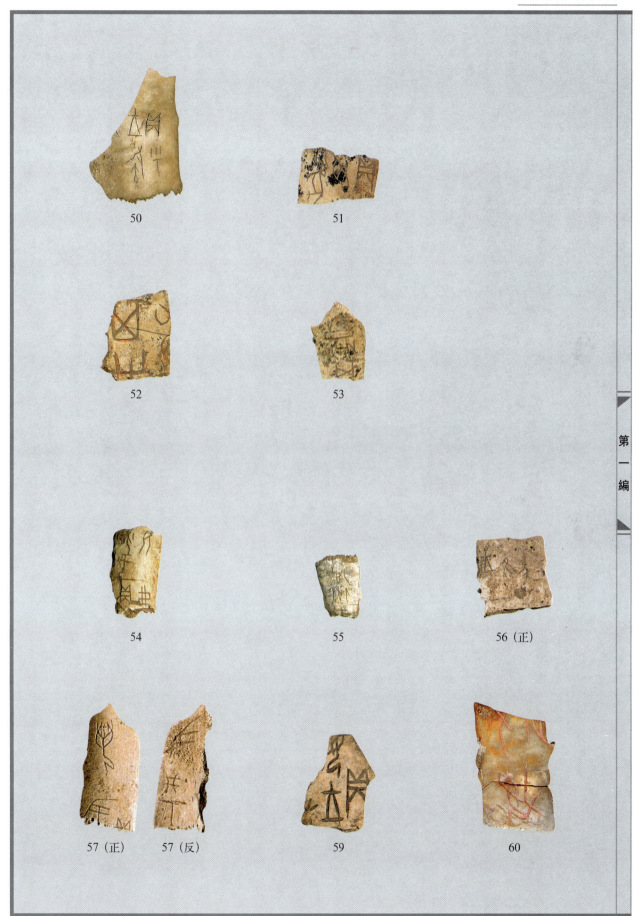

50

51

52

53

54

55

56（正）

57（正）   57（反）

59

60

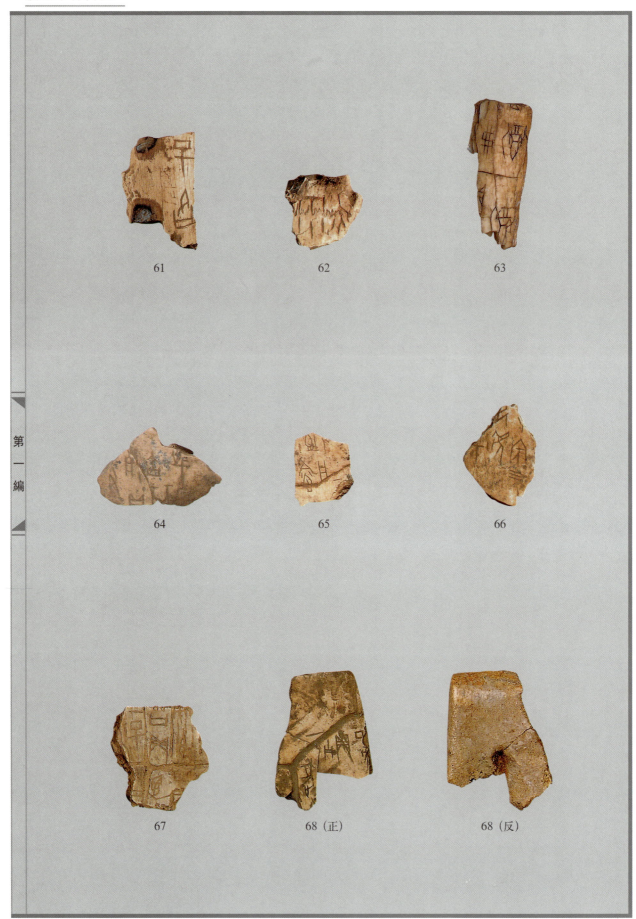

61

62

63

64

65

66

67

68（正）

68（反）

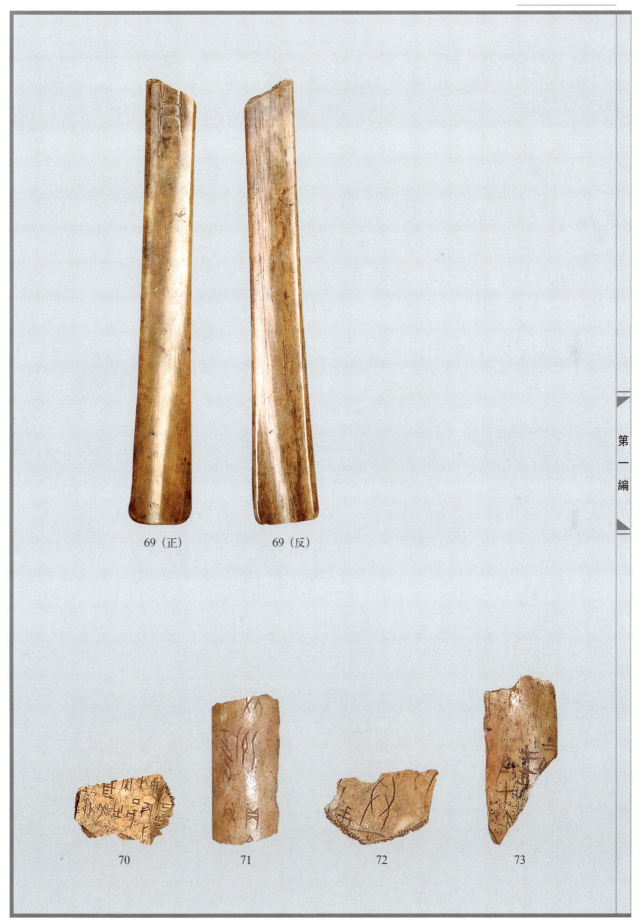

69（正）　　　69（反）

70　　　71　　　72　　　73

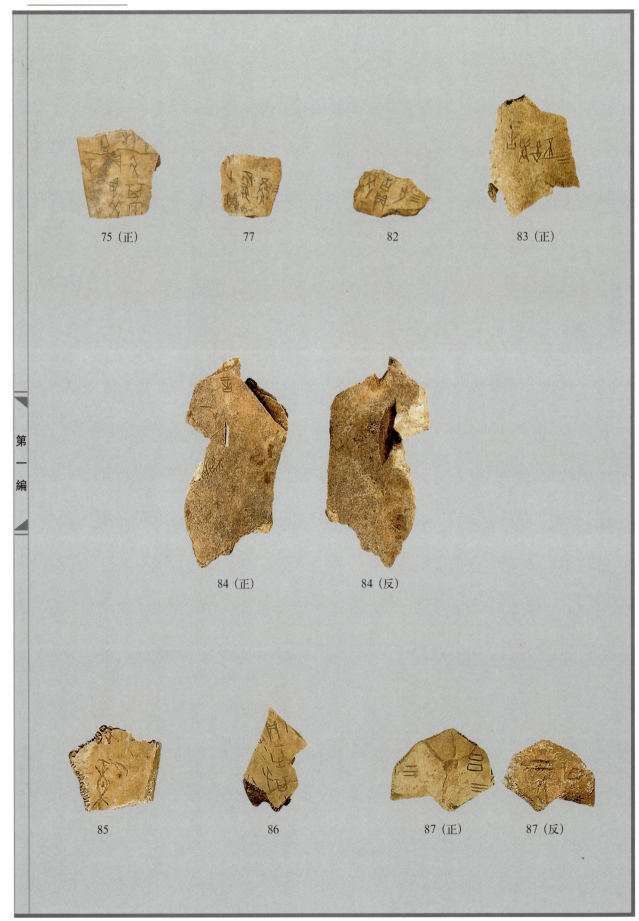

75（正）　　　　77　　　　　82　　　　　83（正）

84（正）　　　　84（反）

85　　　　　　86　　　　　87（正）　　87（反）

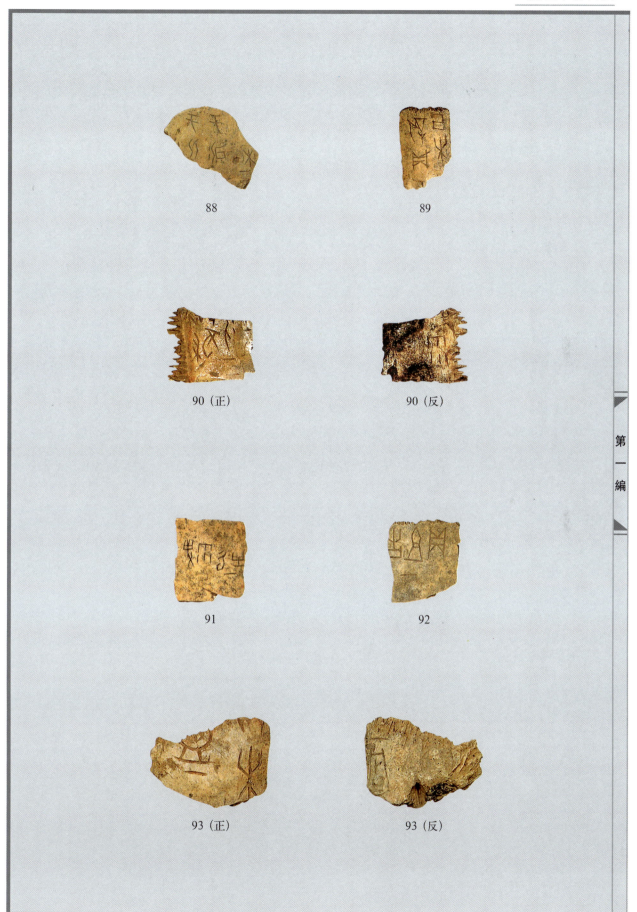

88

89

90（正）

90（反）

91

92

93（正）

93（反）

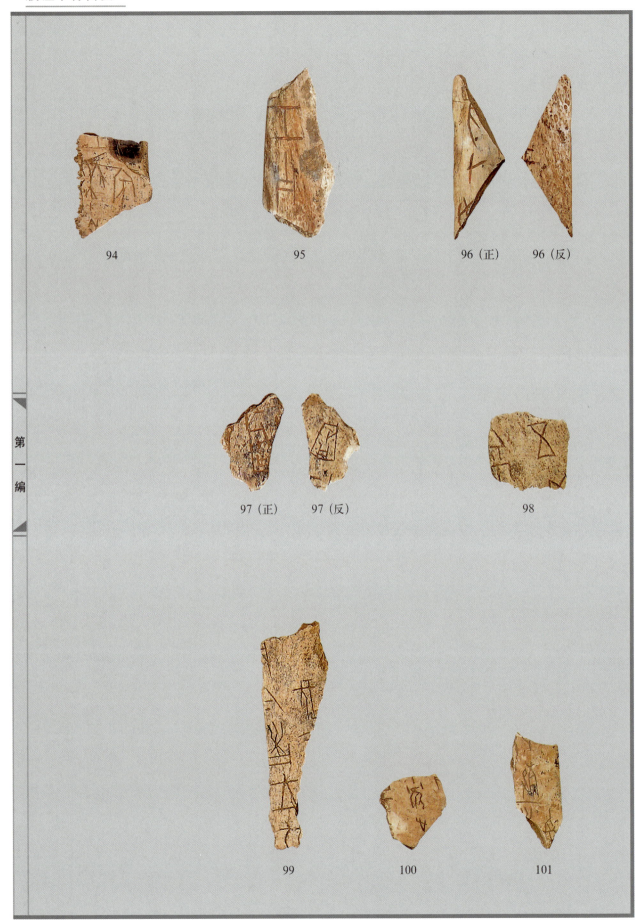

94   95   96（正）   96（反）

97（正）   97（反）   98

99   100   101

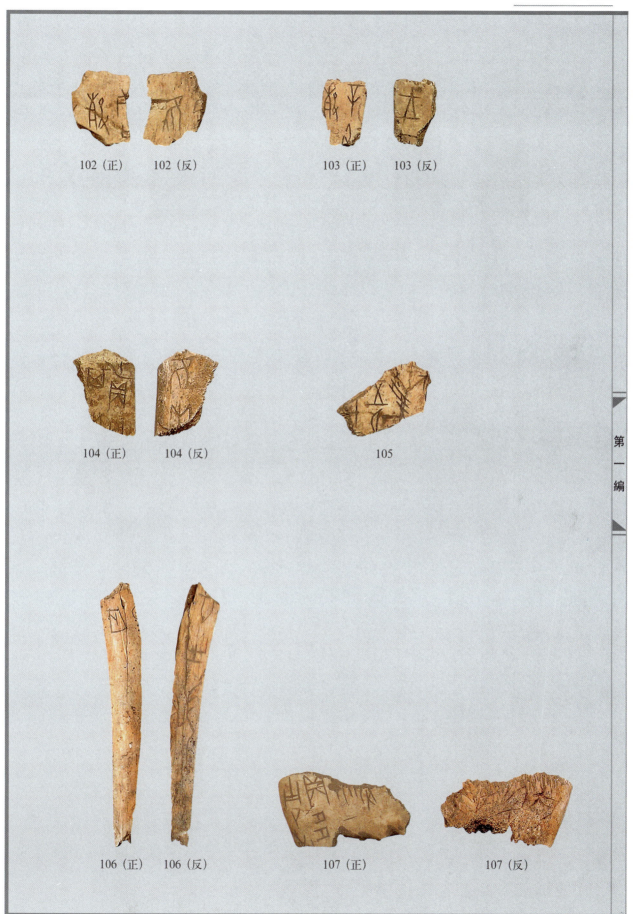

102（正）　　102（反）　　　　　103（正）　　103（反）

104（正）　　104（反）　　　　　　105

第一編

106（正）　106（反）　　　　　107（正）　　　　107（反）

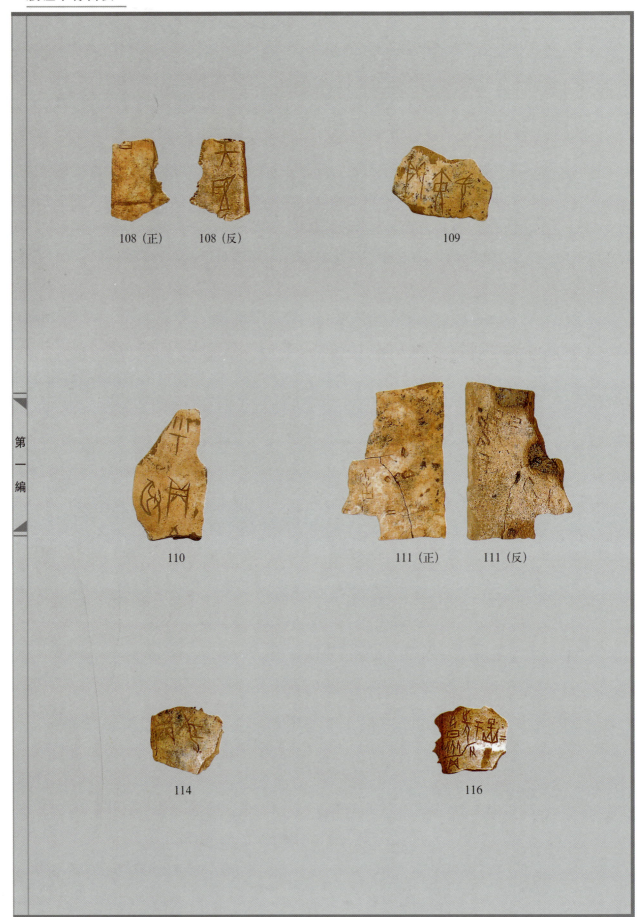

108（正）　　108（反）　　　　　　　109

110　　　　　　　111（正）　　111（反）

114　　　　　　　　116

第
一
編

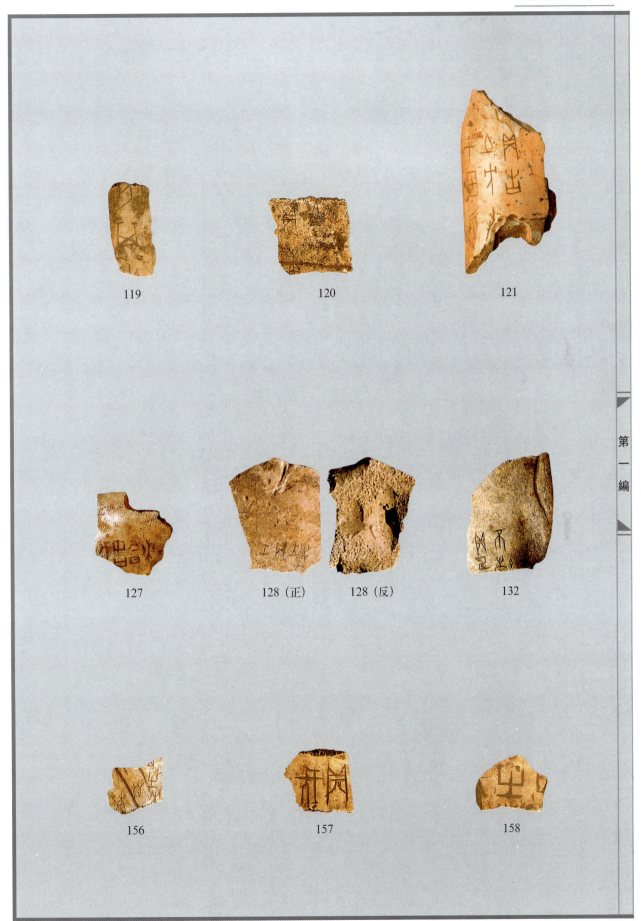

119　　　　　　120　　　　　　121

127　　　　128（正）　　128（反）　　132

156　　　　　　157　　　　　　158

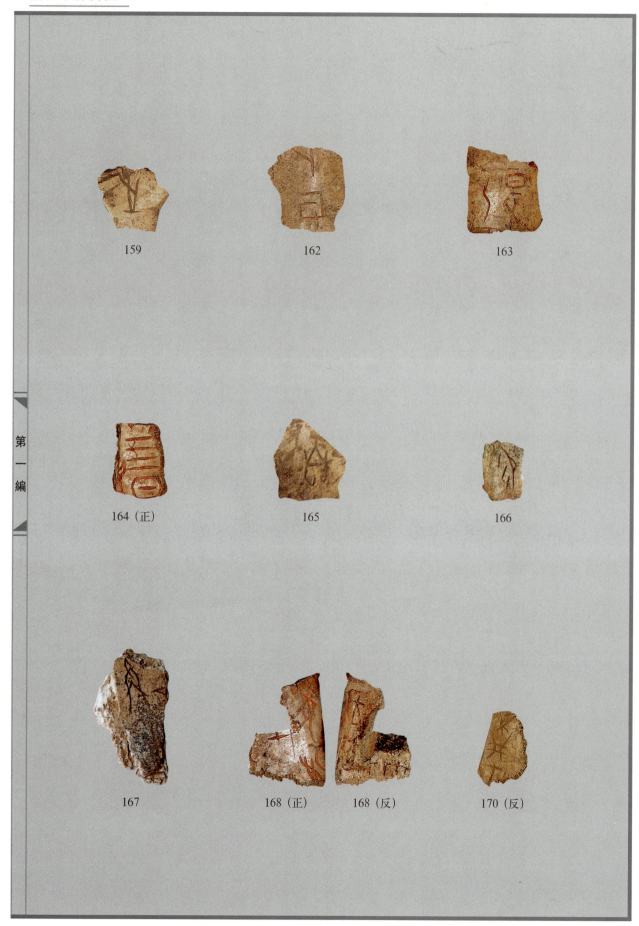

159

162

163

164（正）

165

166

167

168（正）

168（反）

170（反）

第
一
編

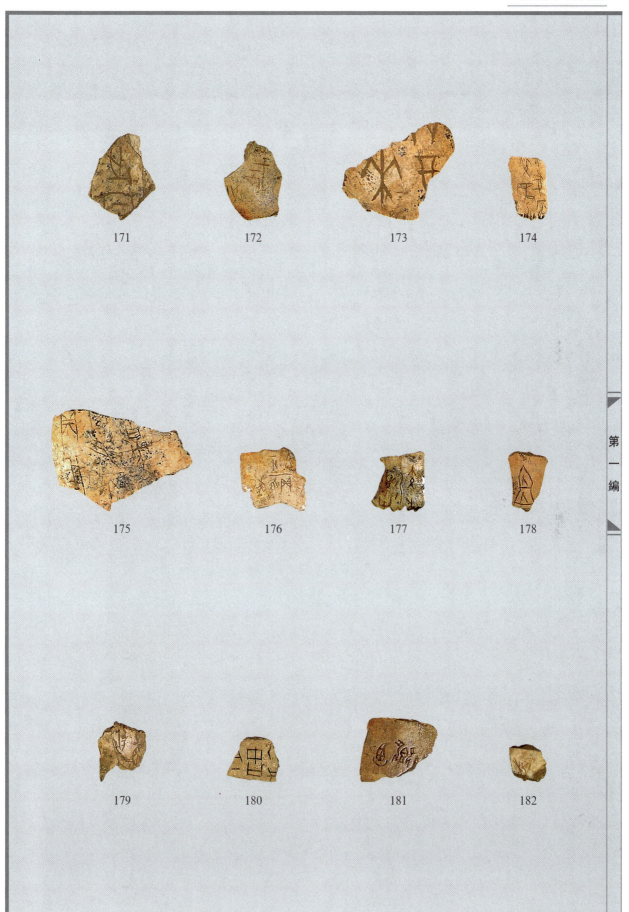

171 172 173 174

175 176 177 178

179 180 181 182

第一編

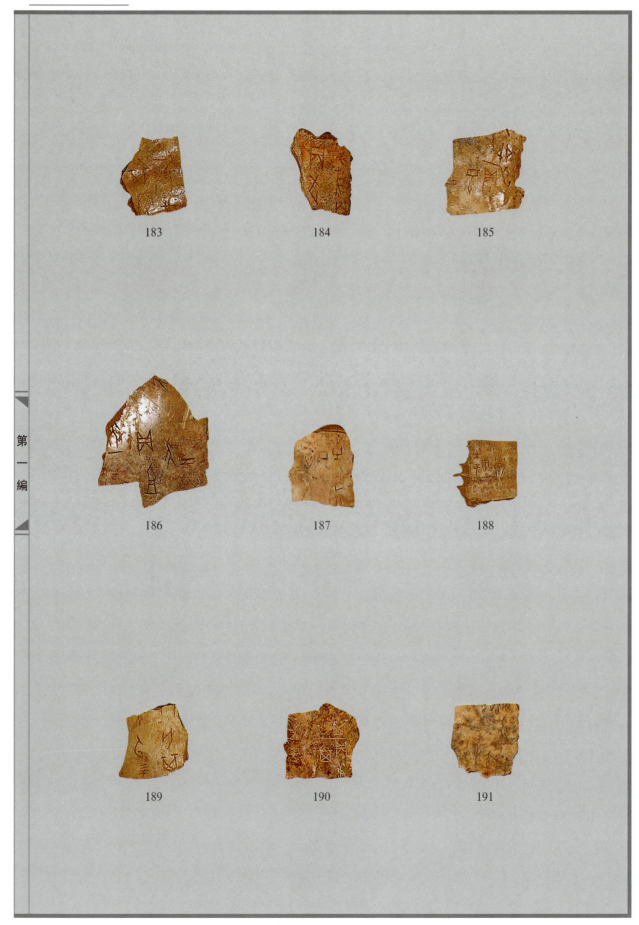

183

184

185

186

187

188

189

190

191

第一編

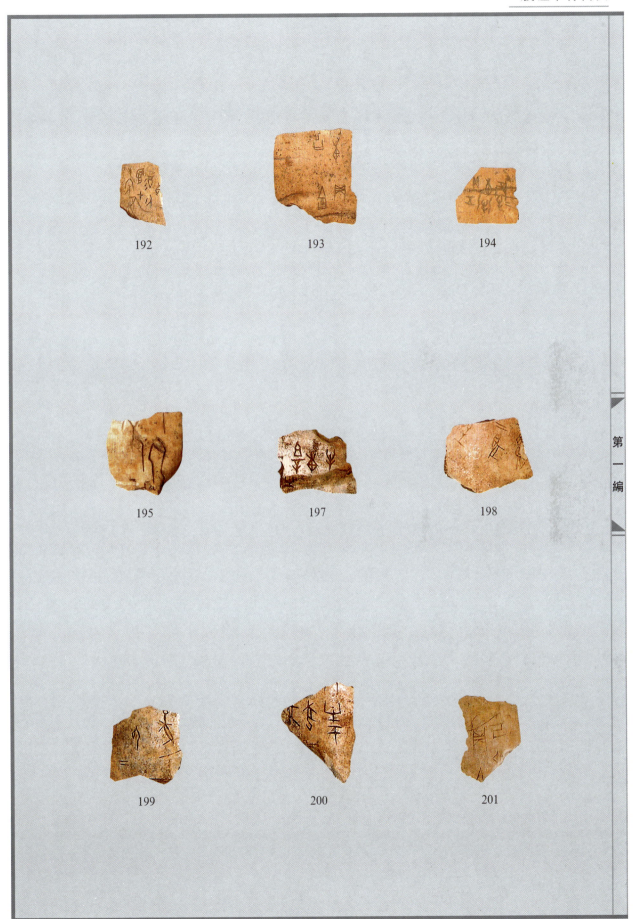

192   193   194

195   197   198

199   200   201

202

203

205

第一編

206

207

208

209

210

211

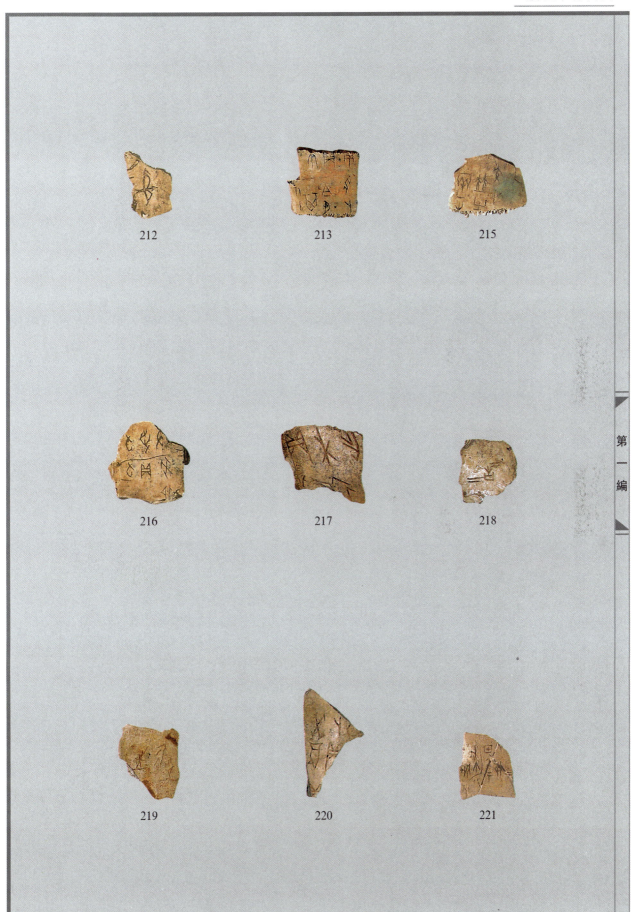

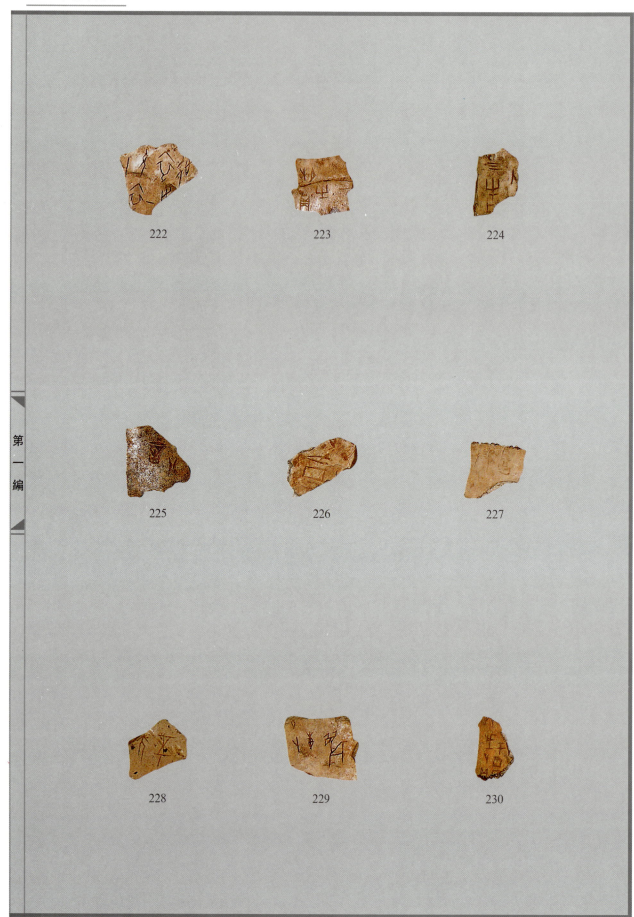

第一編

222

223

224

225

226

227

228

229

230

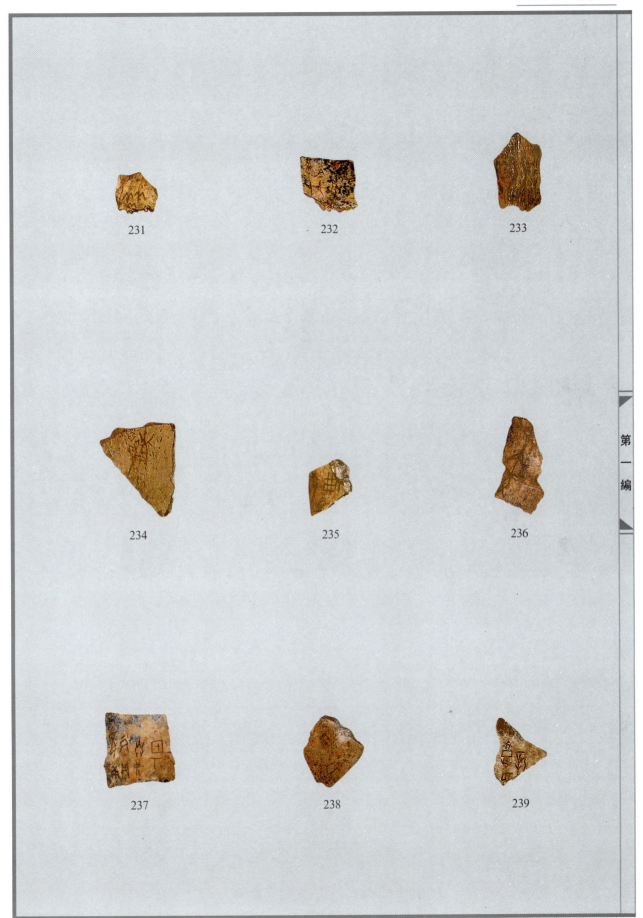

231

232

233

234

235

236

237

238

239

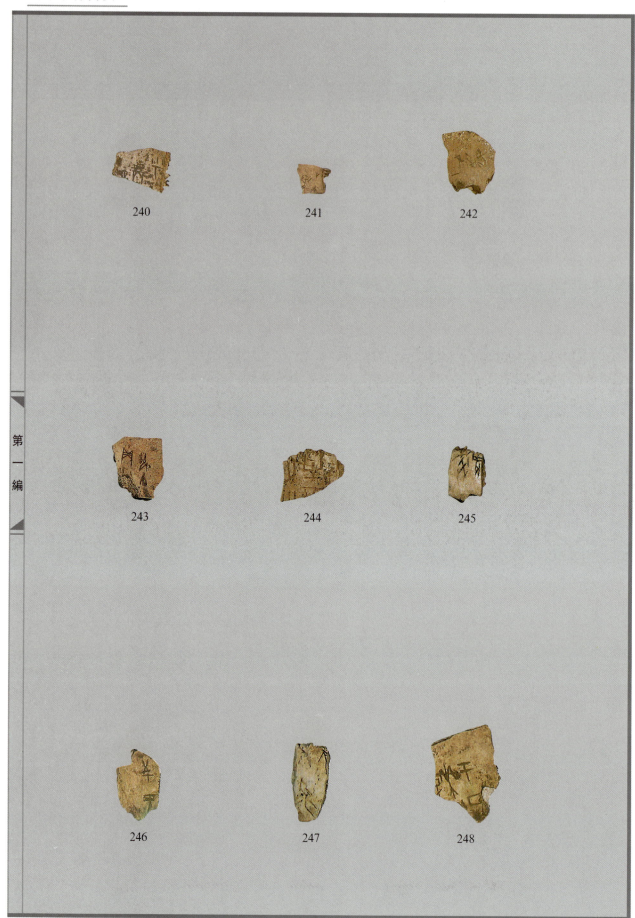

240

241

242

243

244

245

246

247

248

第
一
編

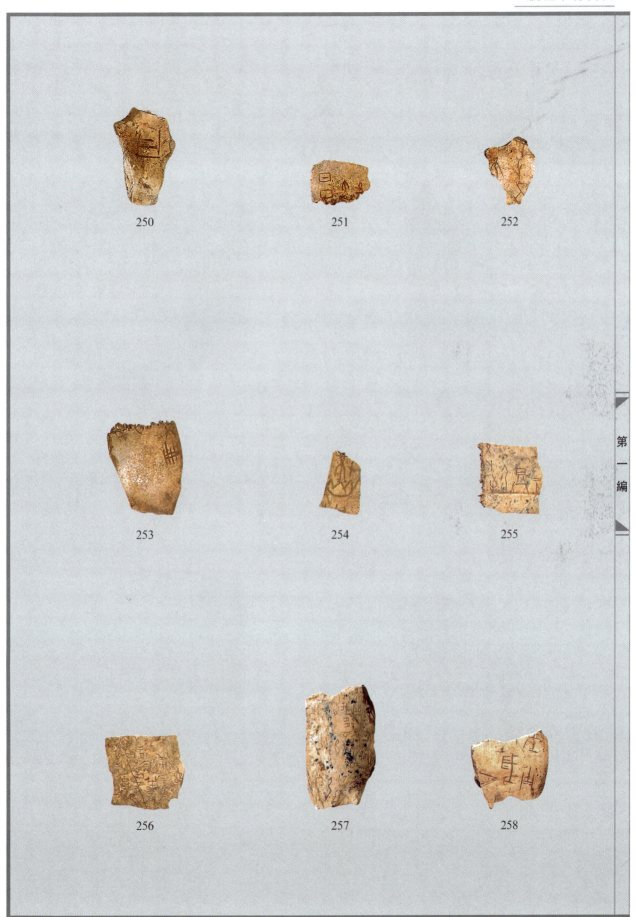

250

251

252

253

254

255

256

257

258

259

260

261

262

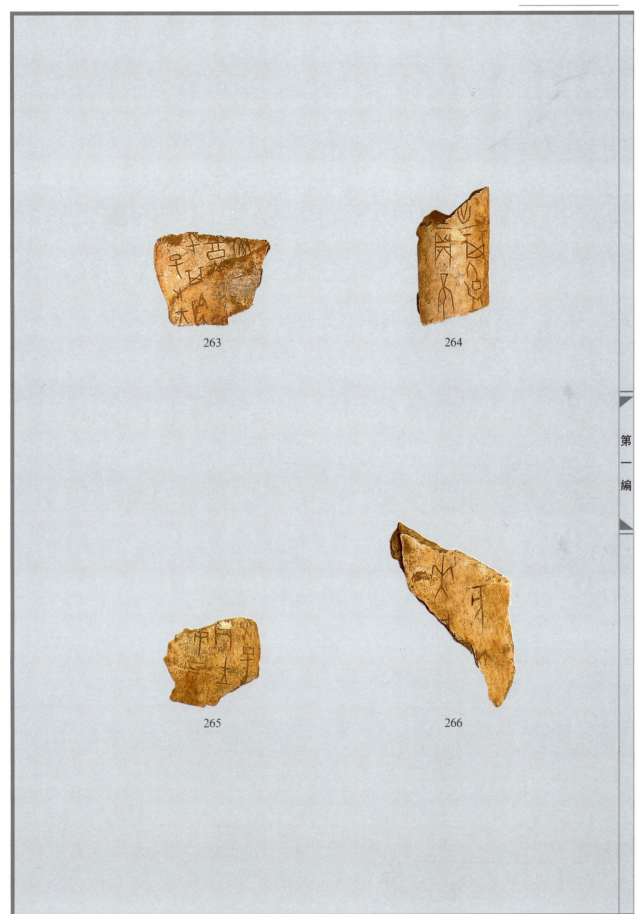

263

264

265

266

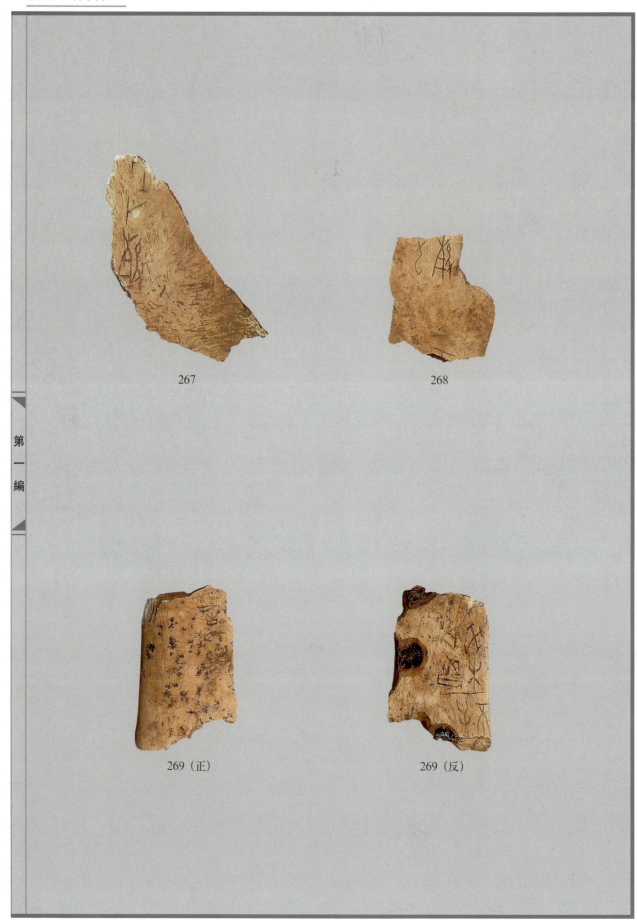

267

268

第一編

269（正）

269（反）

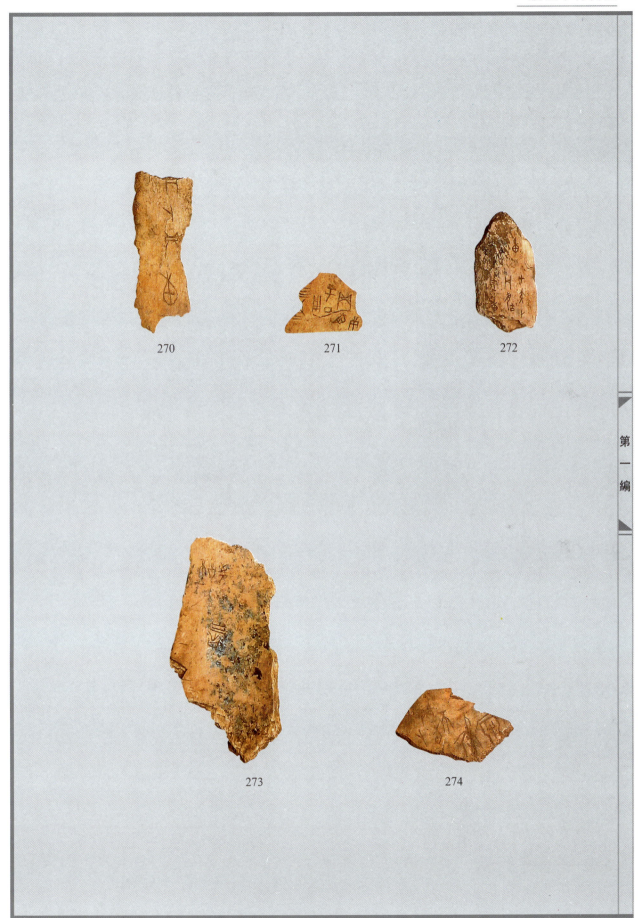

270

271

272

273

274

第
一
編

275（正）　　　275（反）　　　　　　　　276

277（正）　　　277（反）　　　　　　　　278

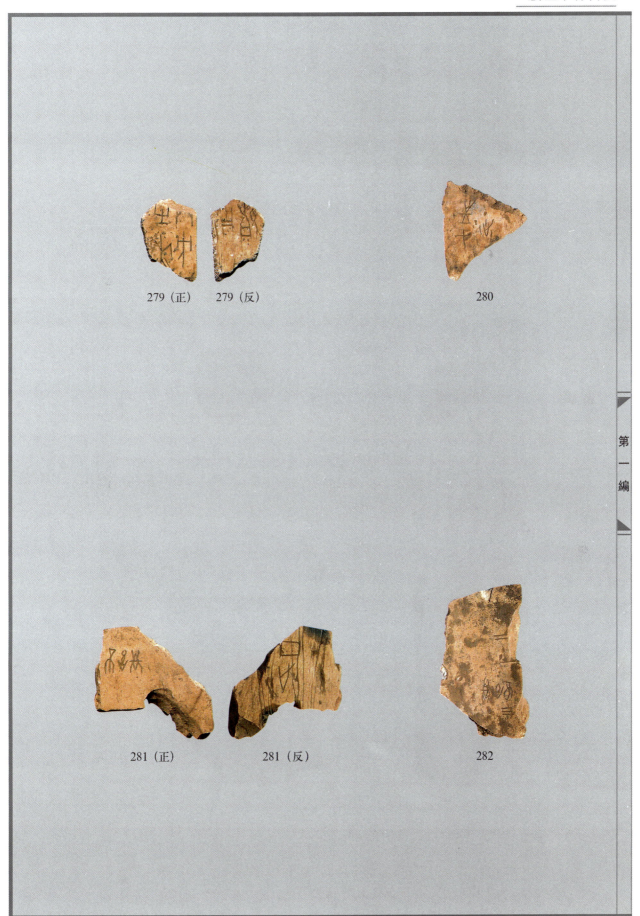

279（正）　　279（反）

280

281（正）　　　281（反）

282

第
一
編

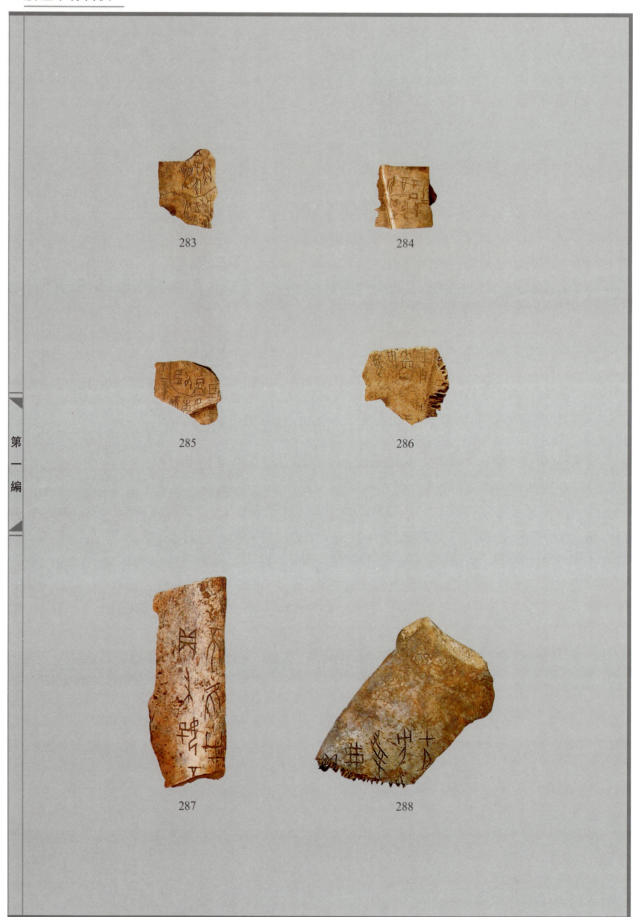

283

284

285

286

287

288

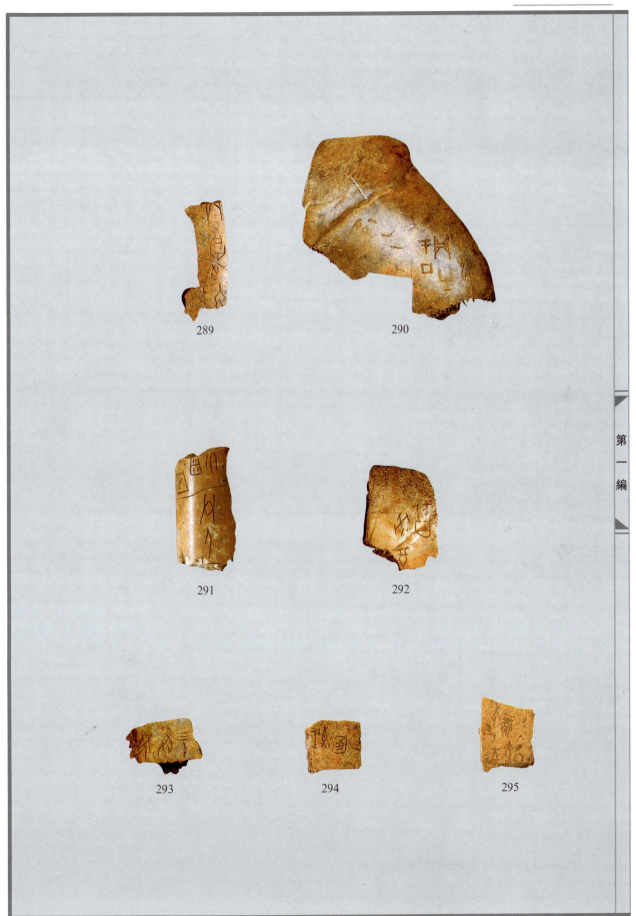

289   290

291   292

293   294   295

第 一 編

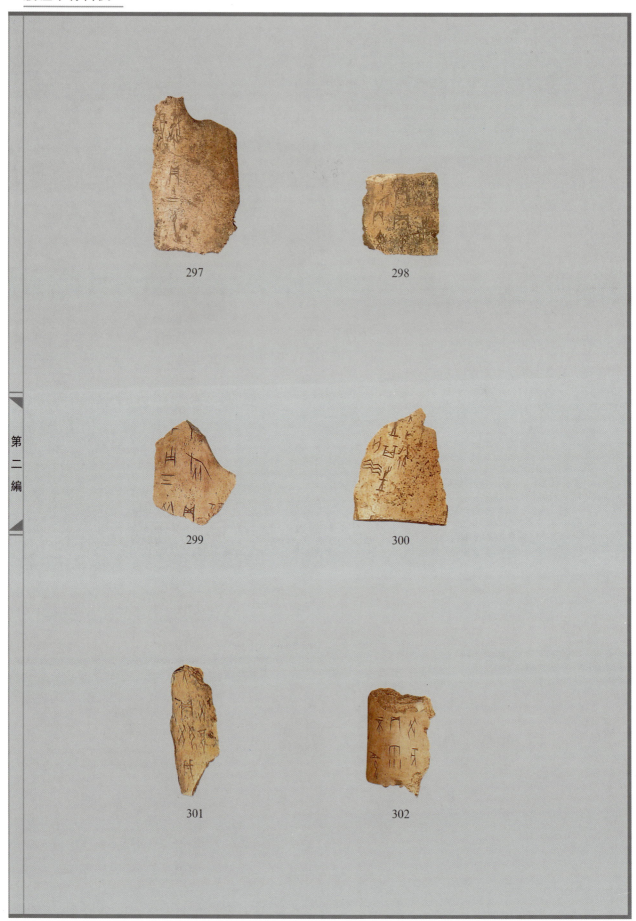

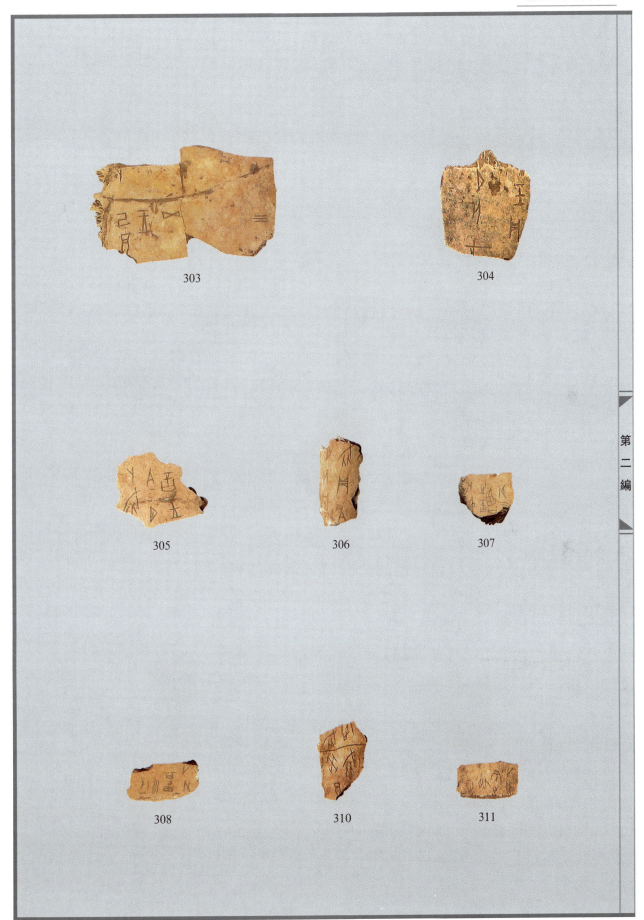

303

304

305

306

307

308

310

311

第
二
編

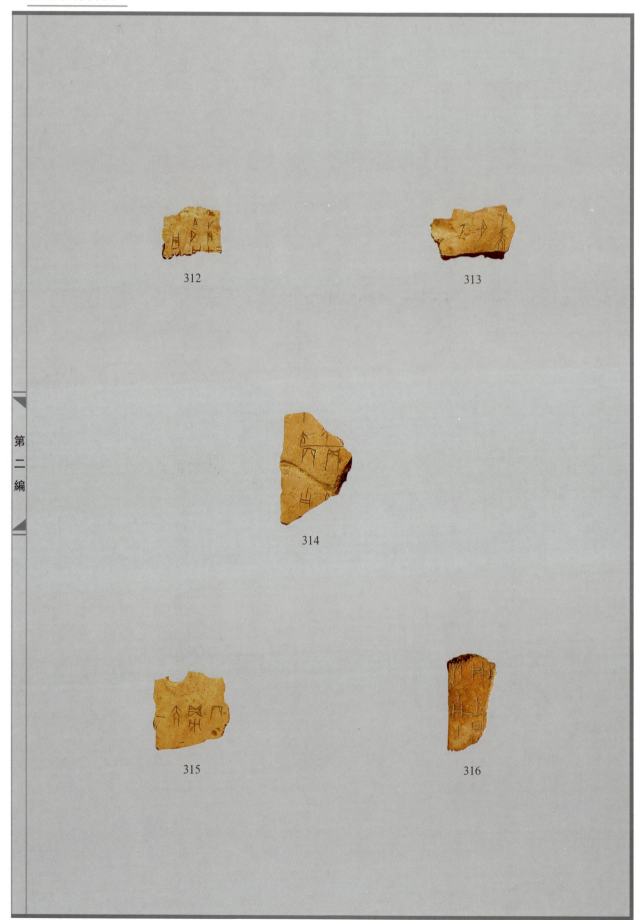

312

313

314

315

316

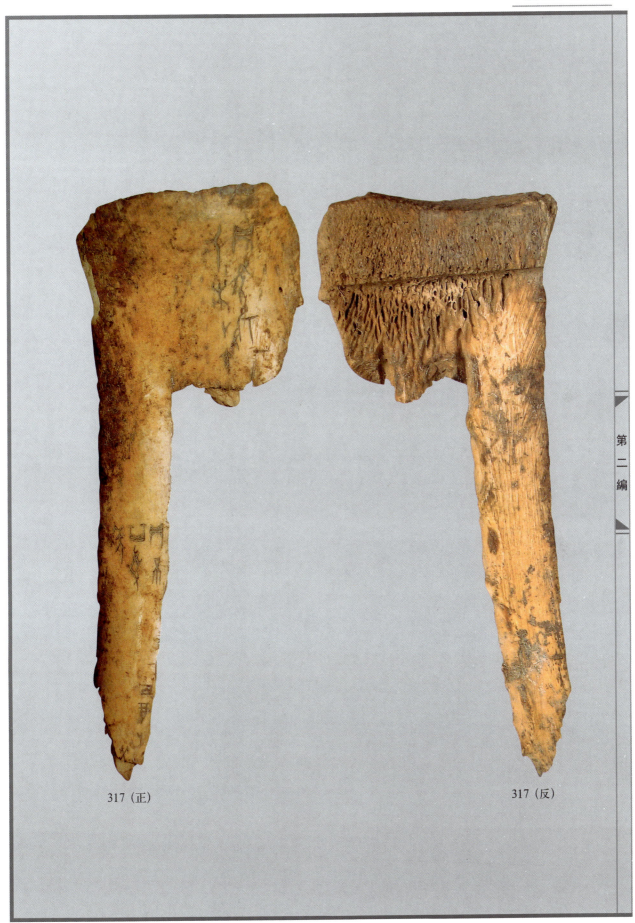

317（正）　　　　　　　　　　　　　　　　　　　317（反）

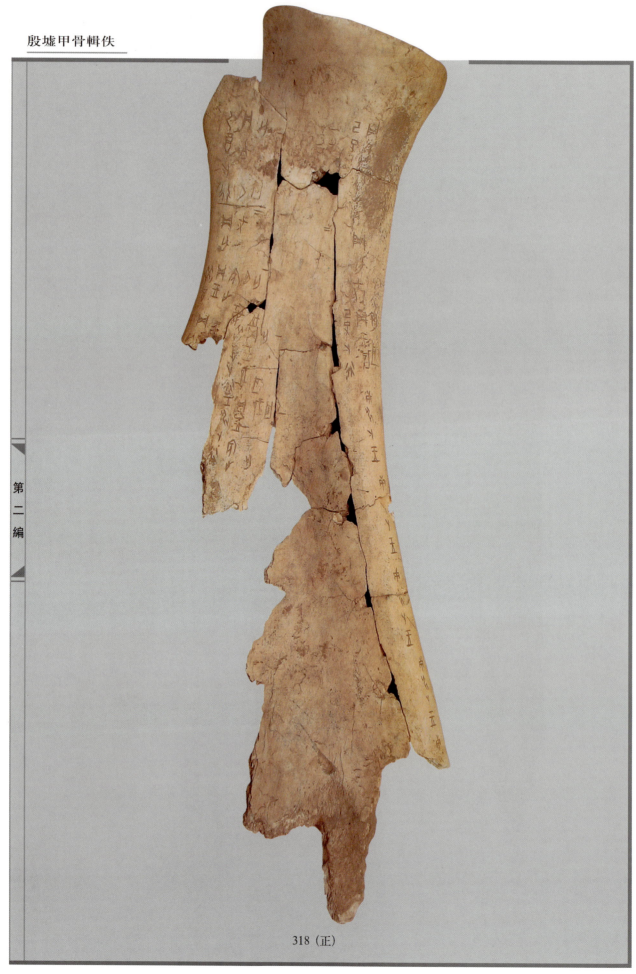

318（正）

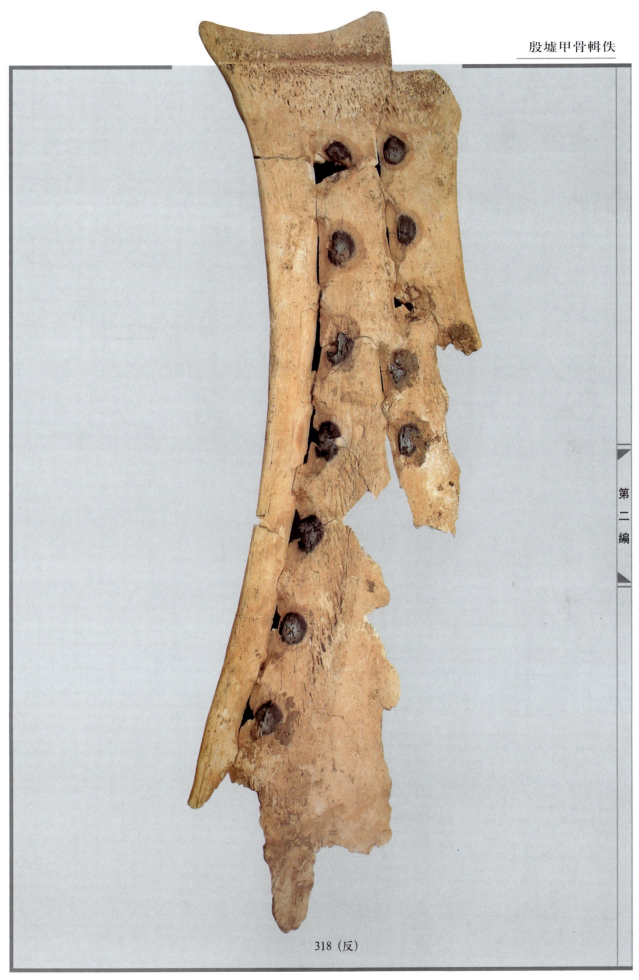

318（反）

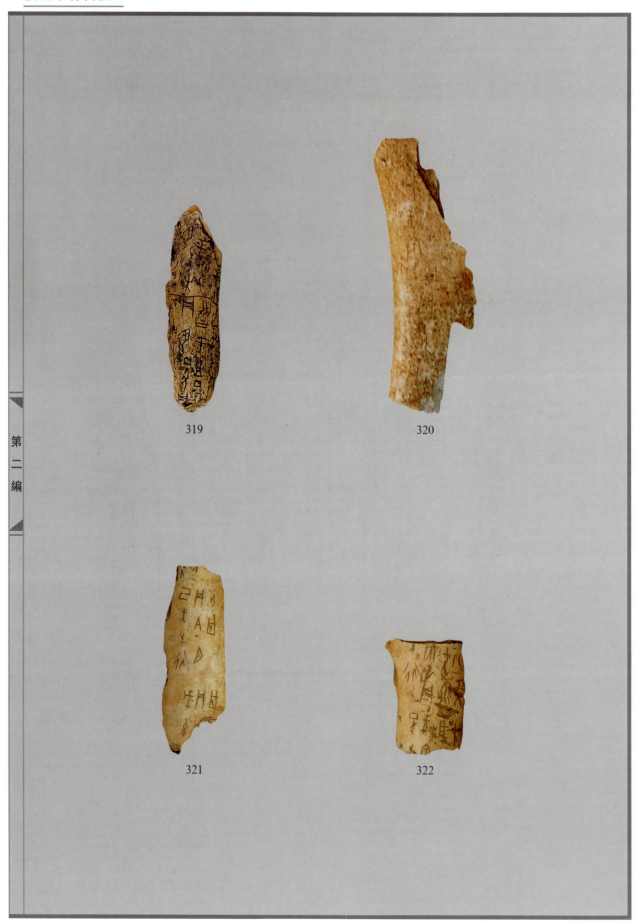

319

320

321

322

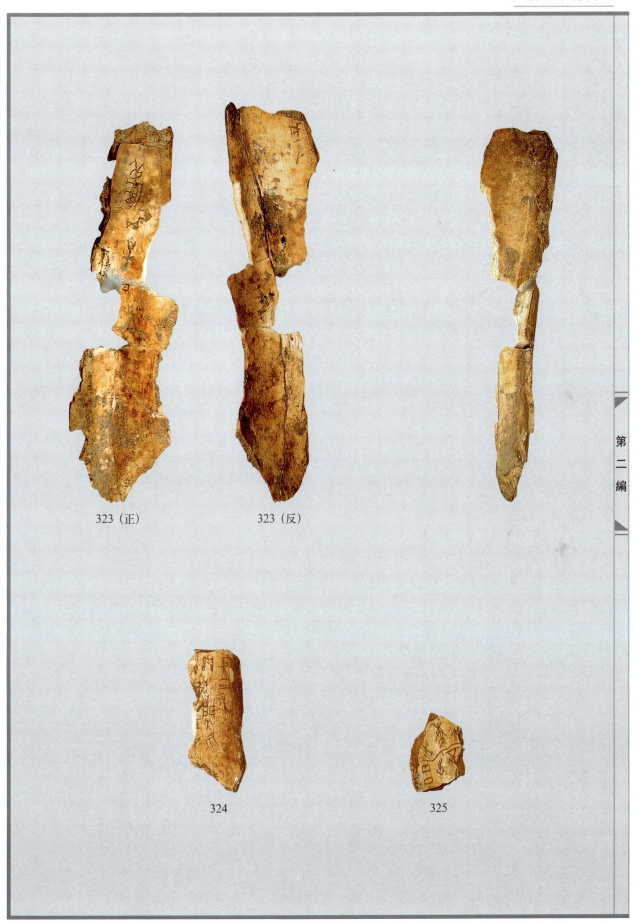

323（正）　　　　　　　323（反）

324　　　　　　　　　325

326   327   328

329　　　　　　　330　　　　　　331

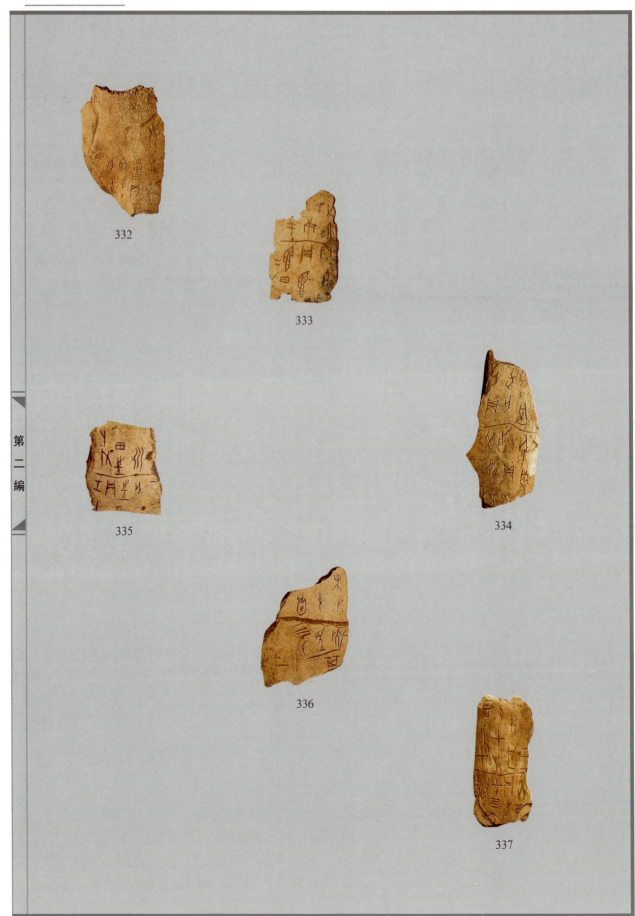

341

346

355

354

356

357

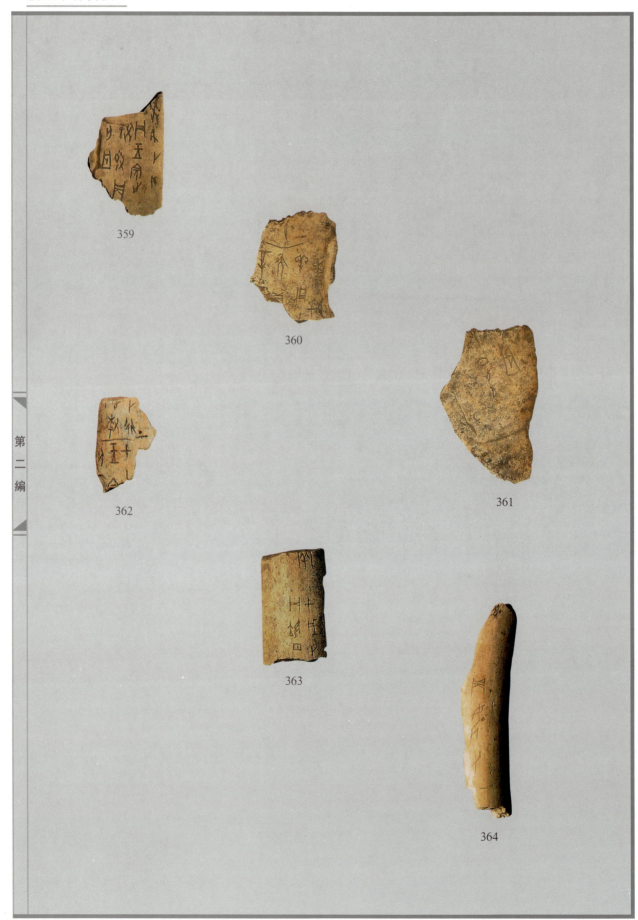

359

360

362

361

363

364

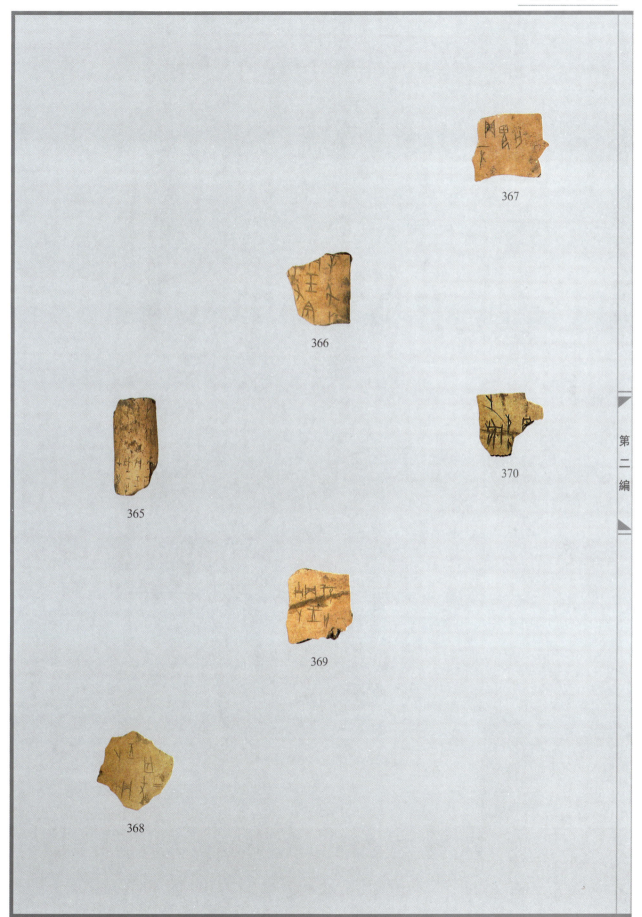

367

366

370

365

369

368

第二編

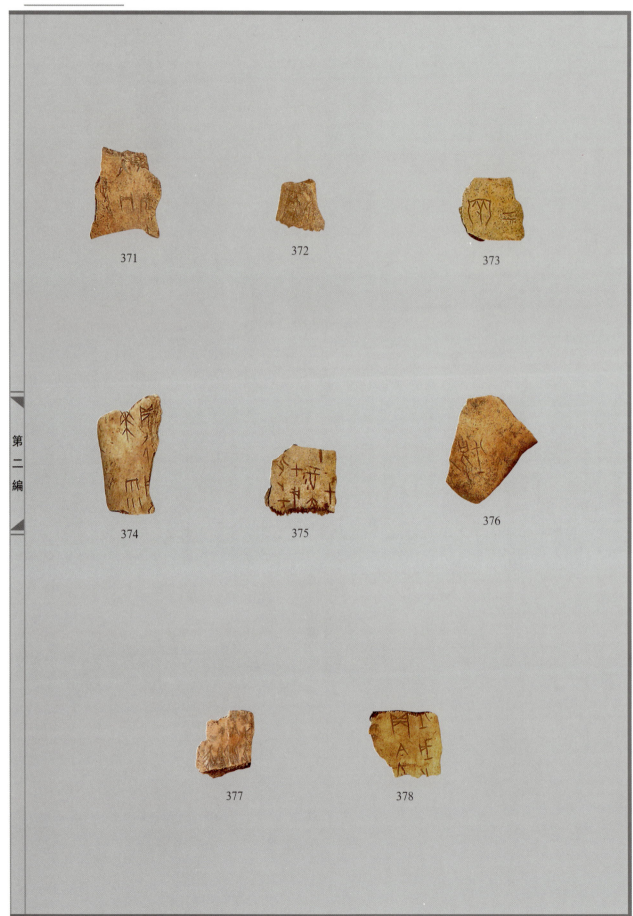

371

372

373

374

375

376

377

378

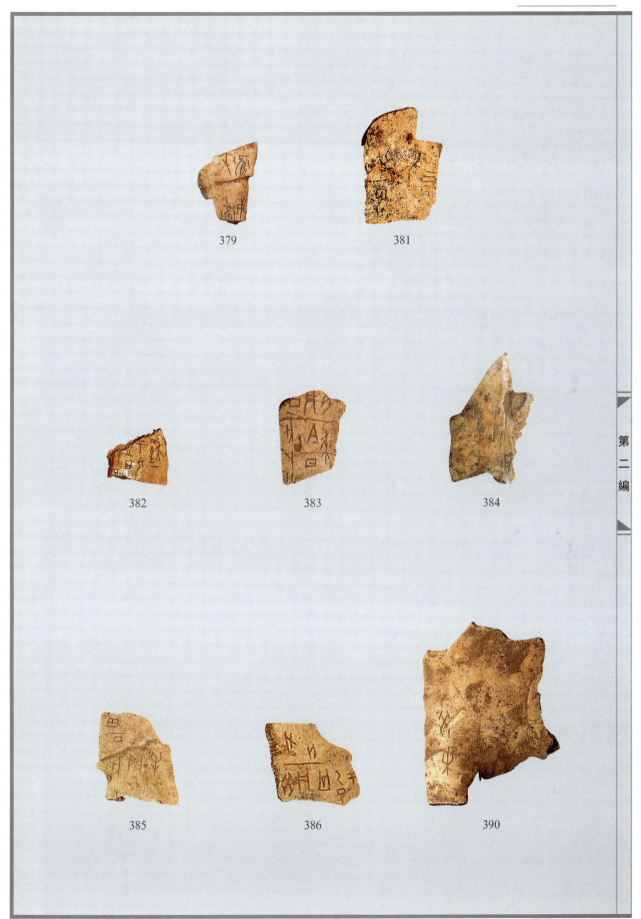

379

381

382

383

384

385

386

390

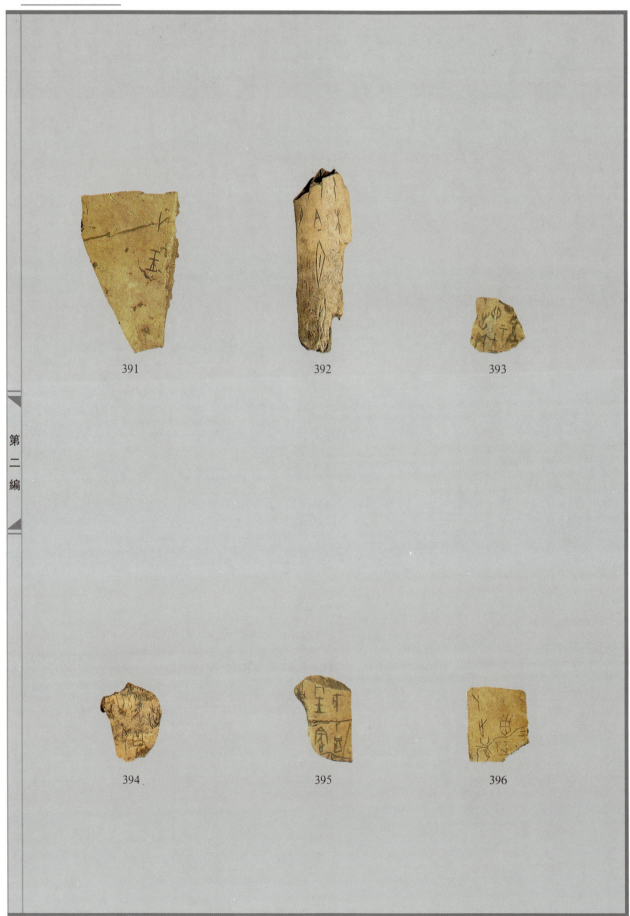

391

392

393

394

395

396

397

398

399

400

401

402

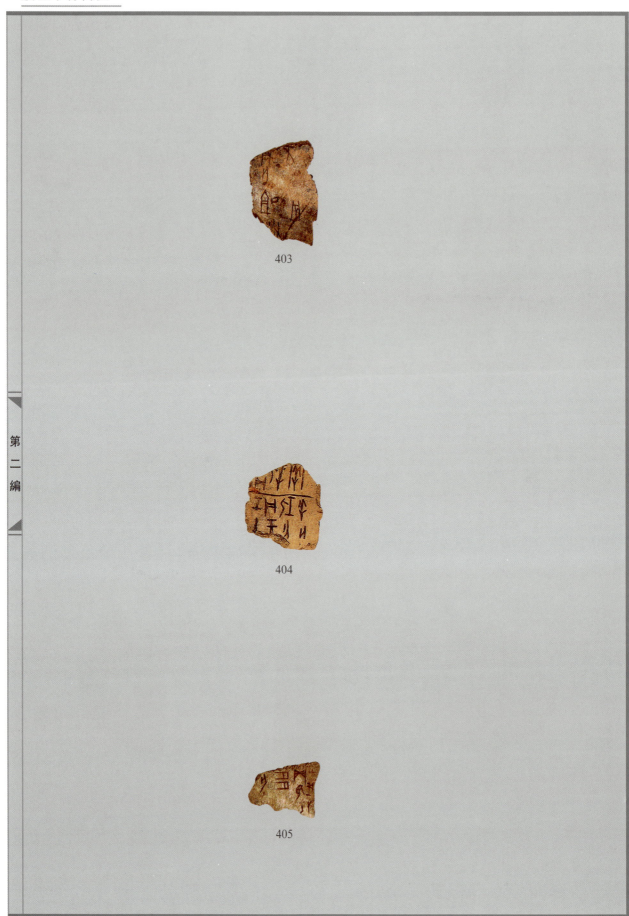

403

404

405

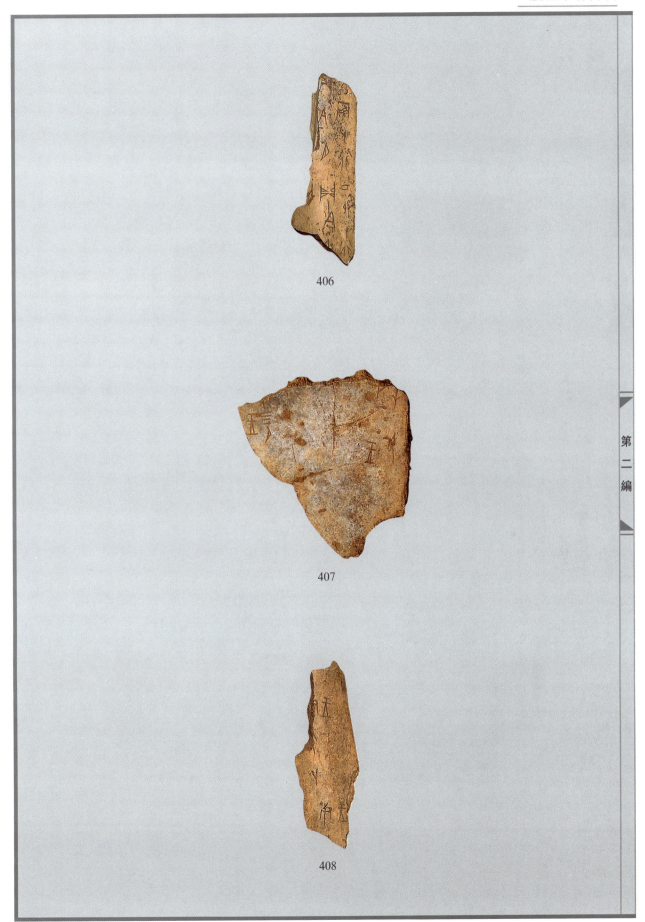

406

407

408

第二編

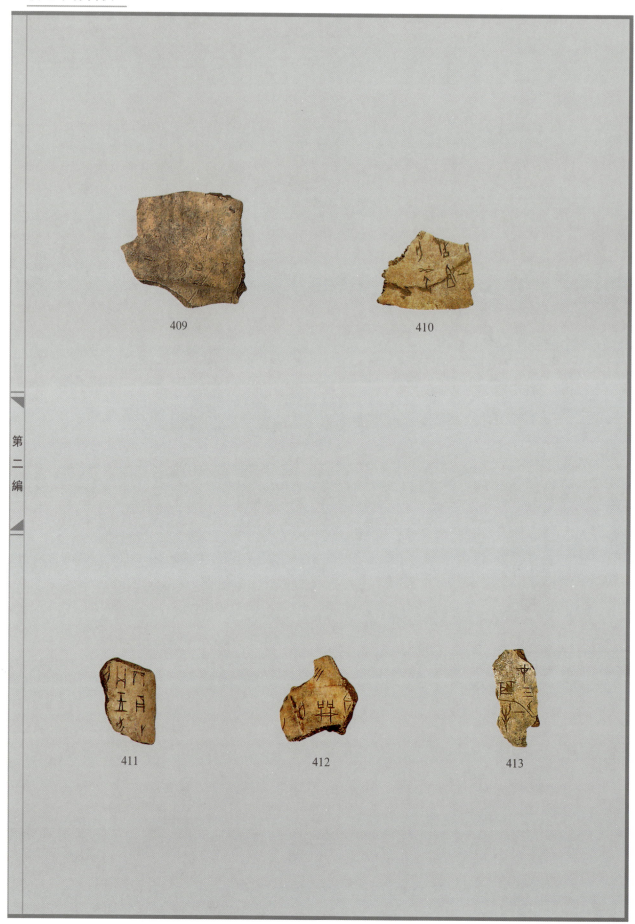

409

410

411

412

413

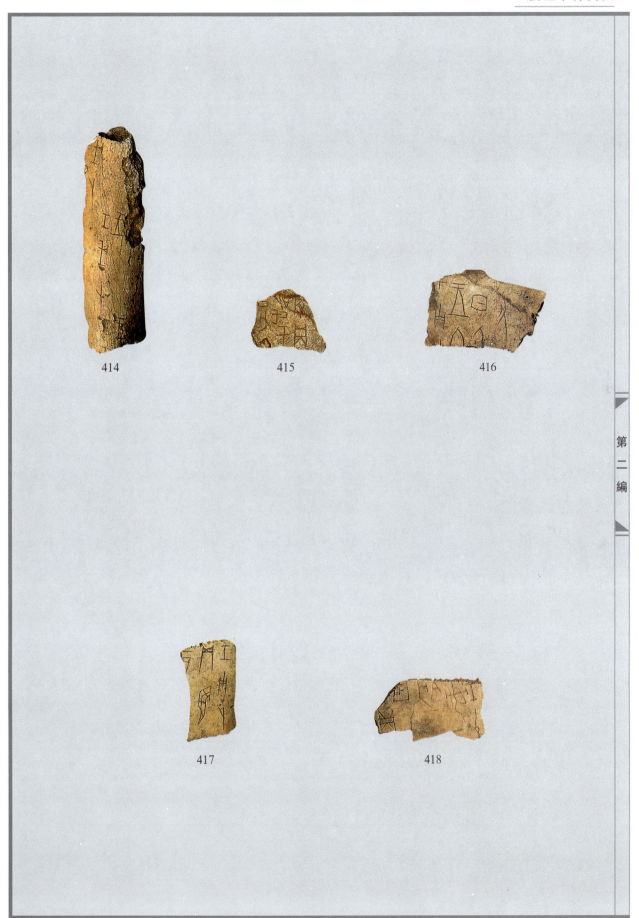

414

415

416

417

418

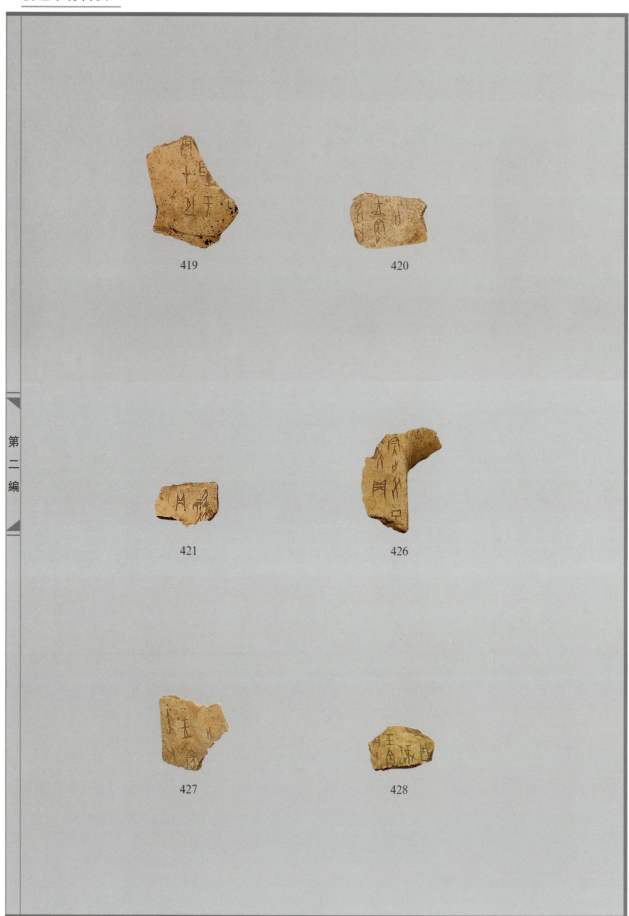

419

420

421

426

427

428

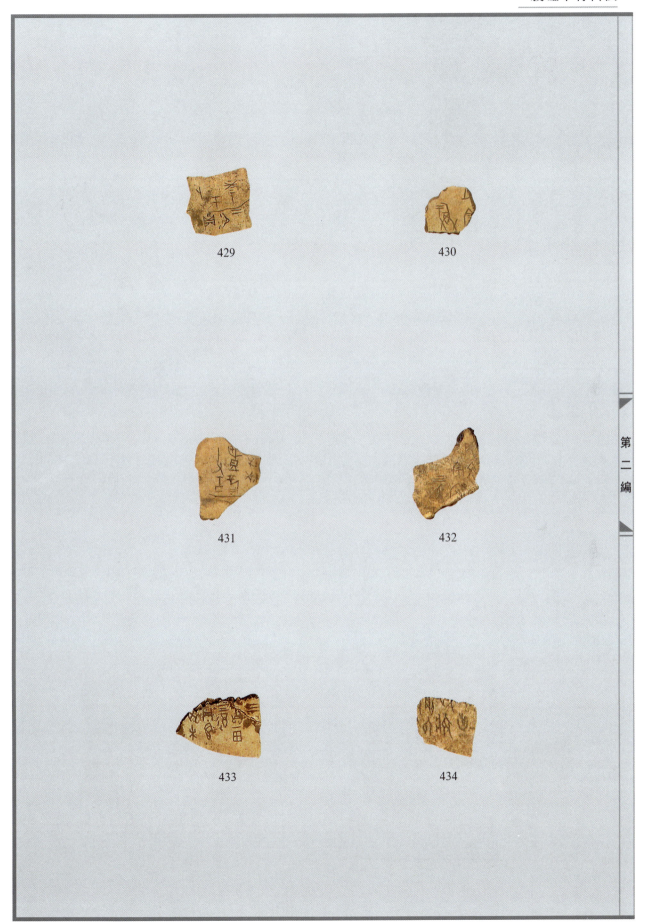

429

430

431

432

433

434

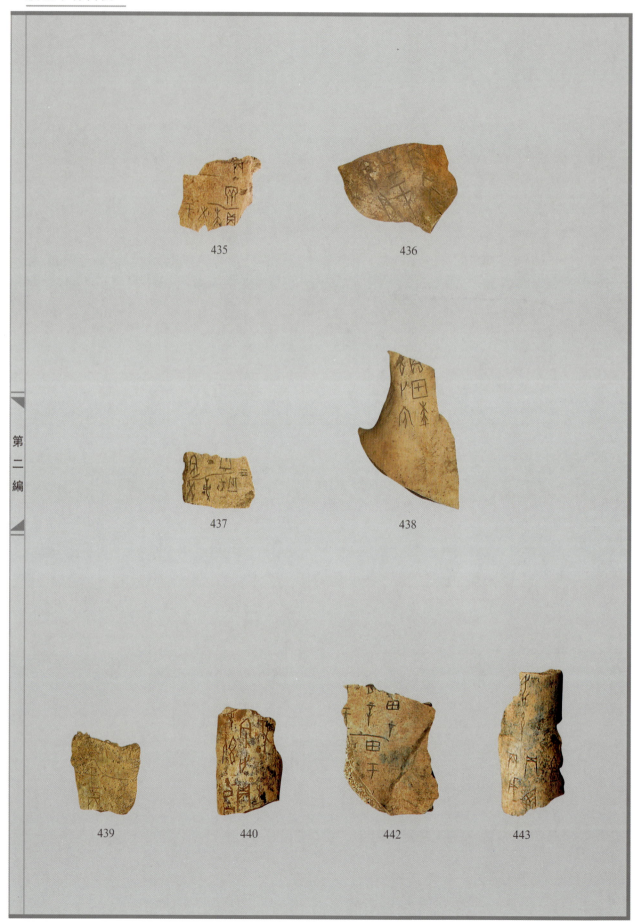

435

436

437

438

439

440

442

443

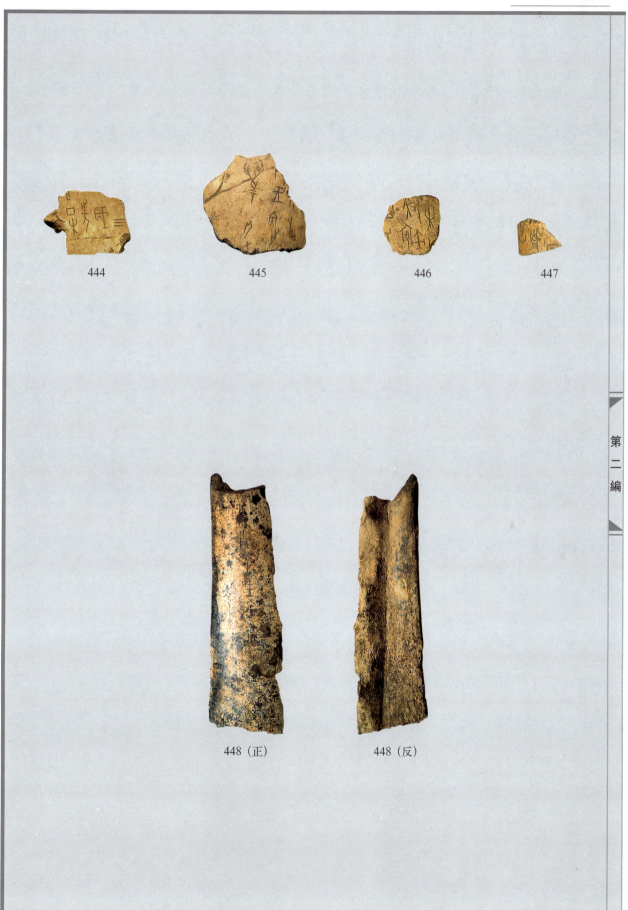

444   445   446   447

448（正）   448（反）

第二編

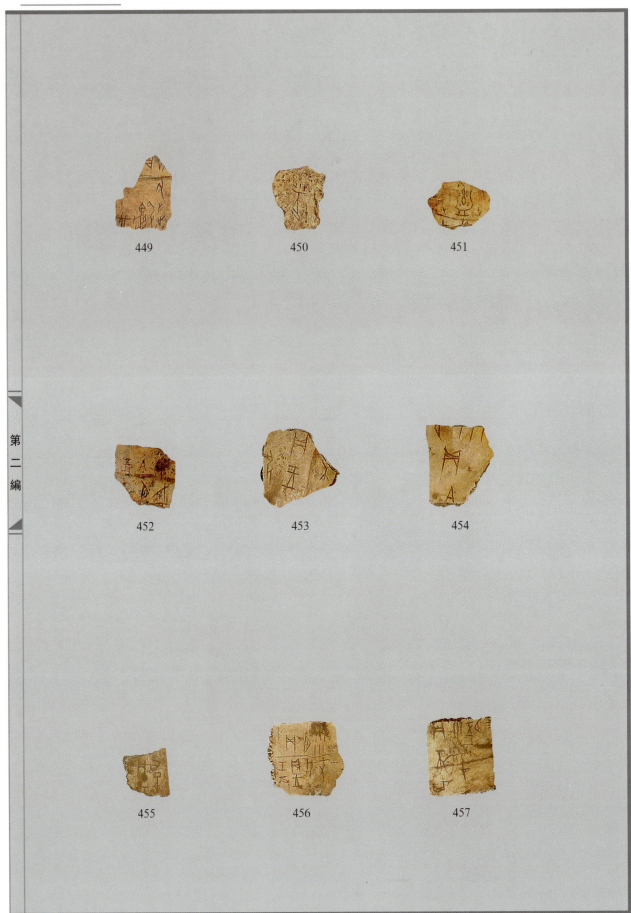

第
二
編

449

450

451

452

453

454

455

456

457

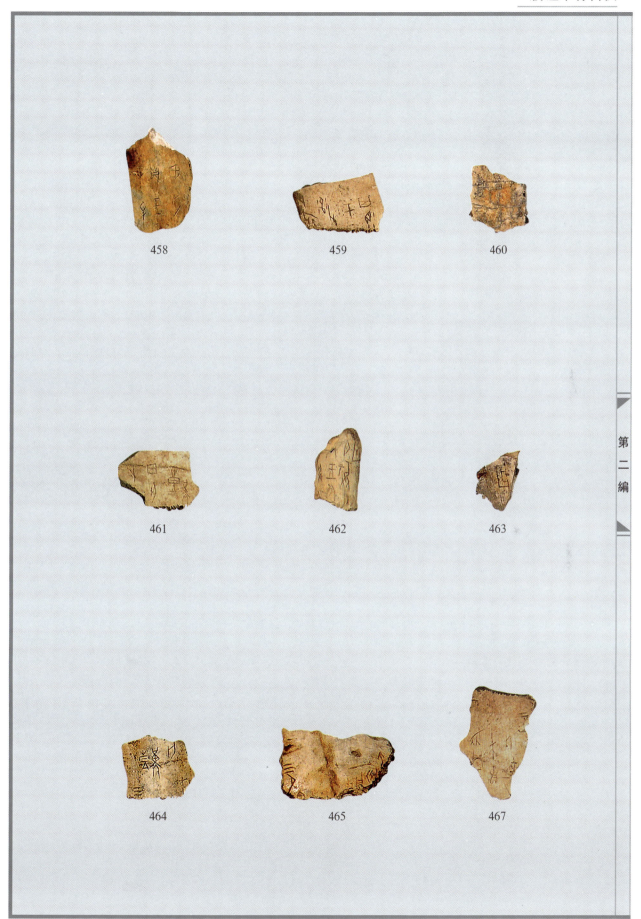

458

459

460

461

462

463

464

465

467

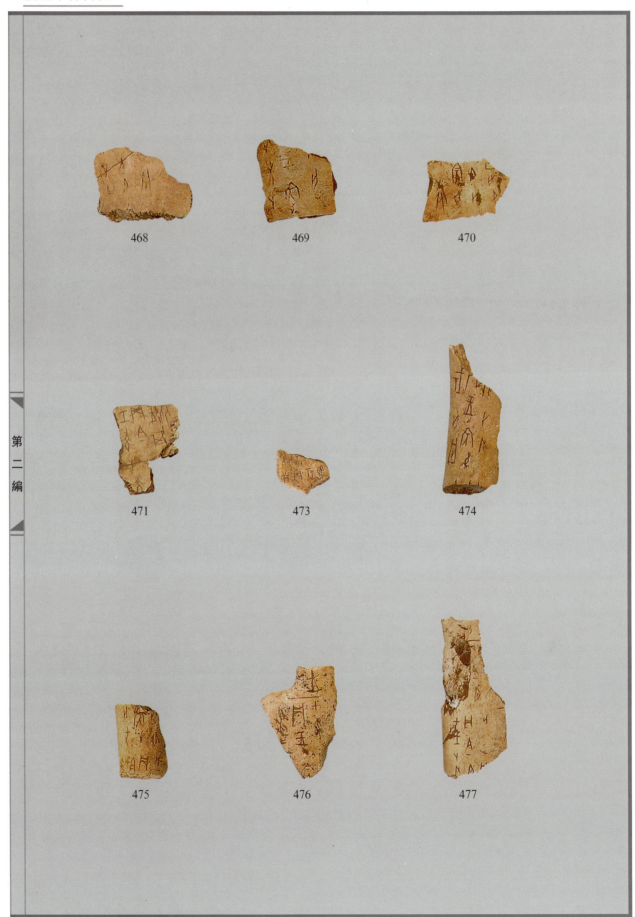

468

469

470

471

473

474

475

476

477

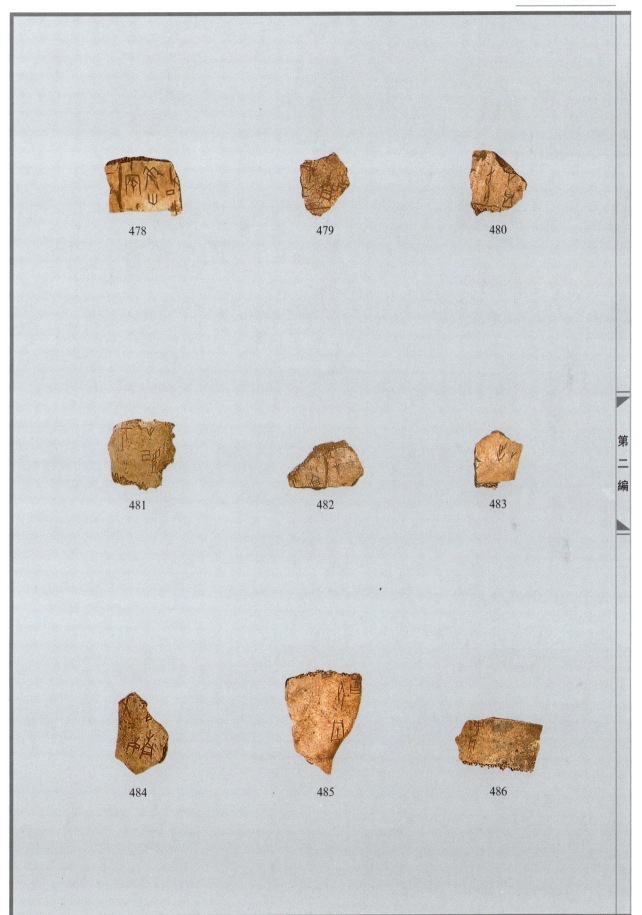

478

479

480

481

482

483

484

485

486

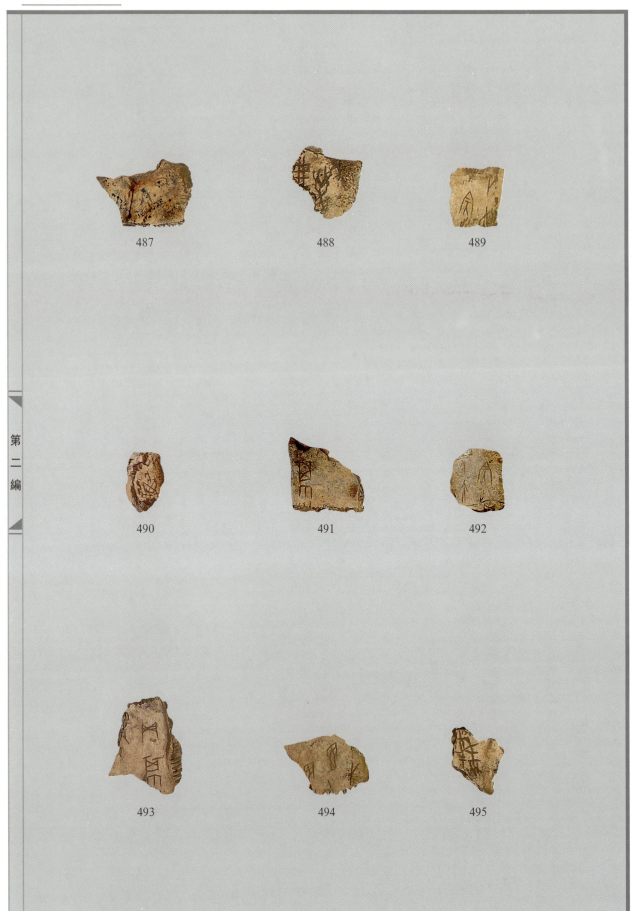

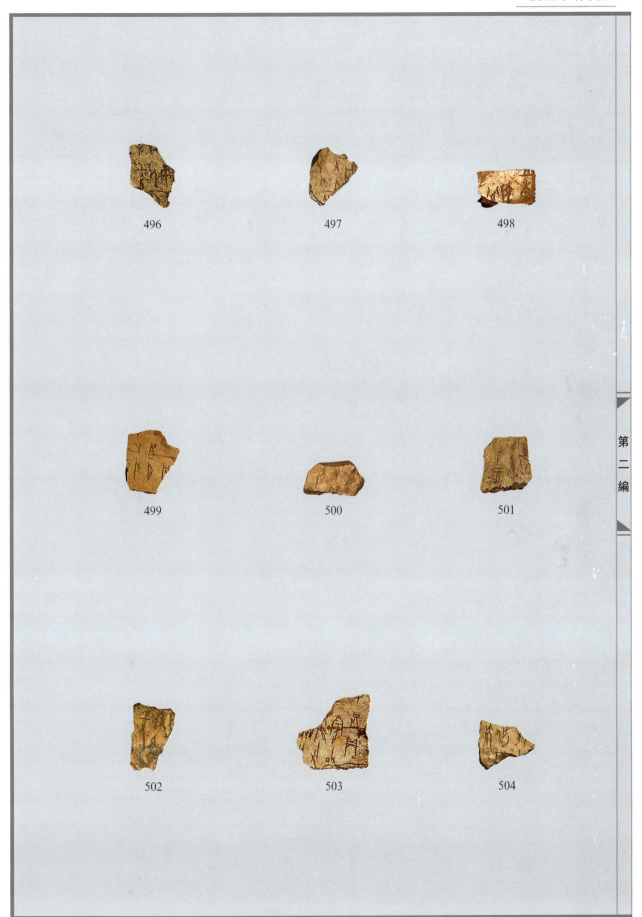

496

497

498

499

500

501

502

503

504

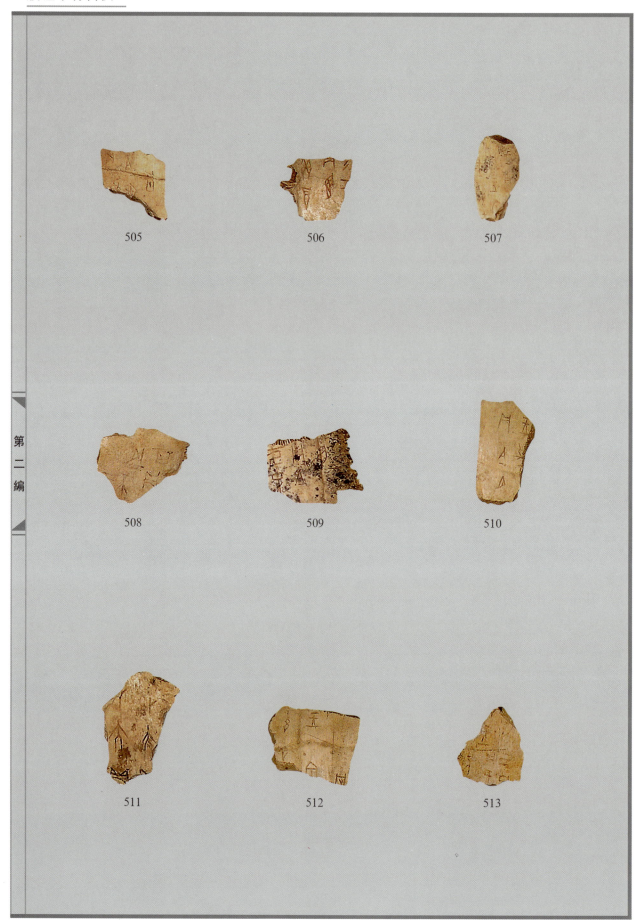

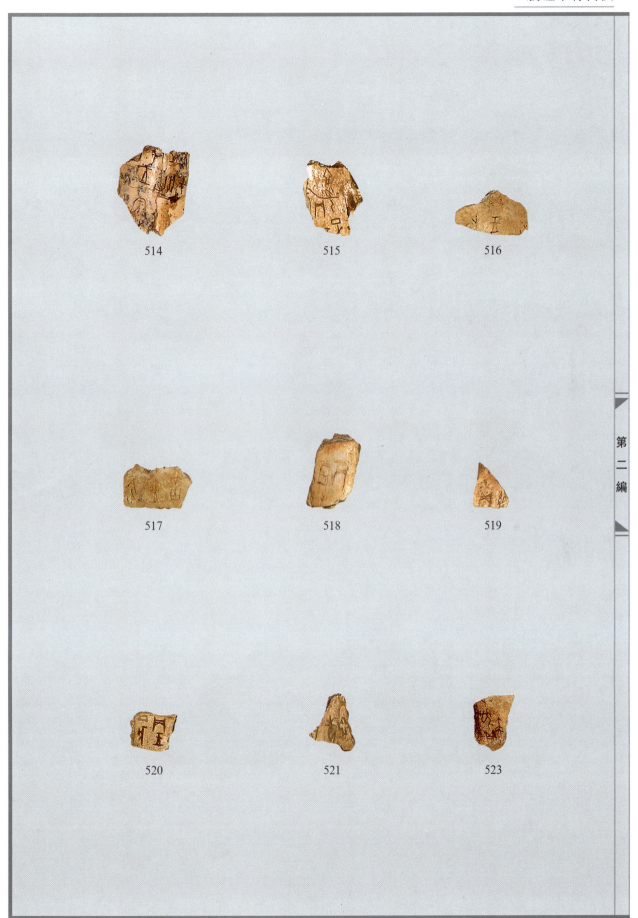

514

515

516

517

518

519

520

521

523

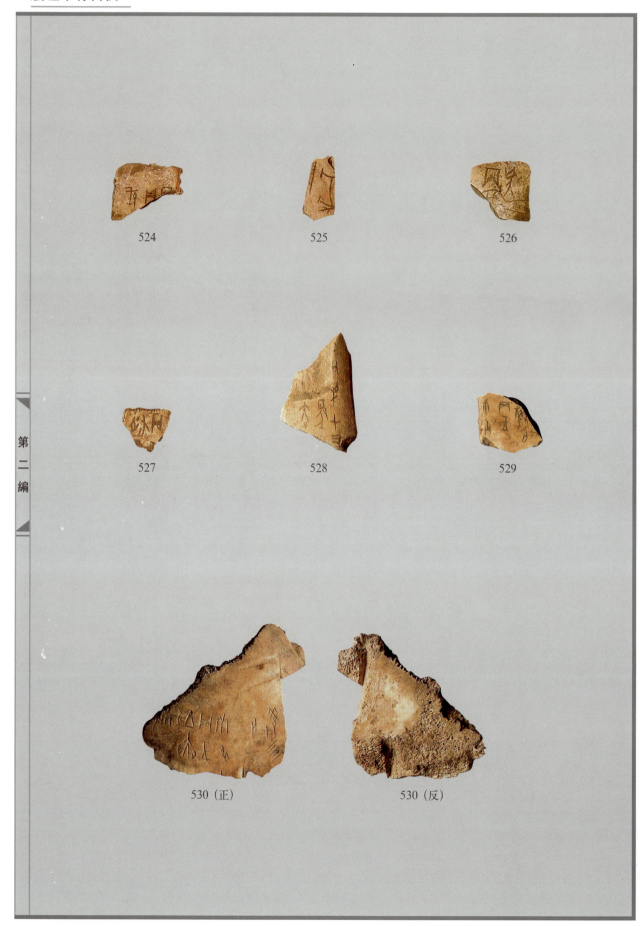

524

525

526

527

528

529

530（正）

530（反）

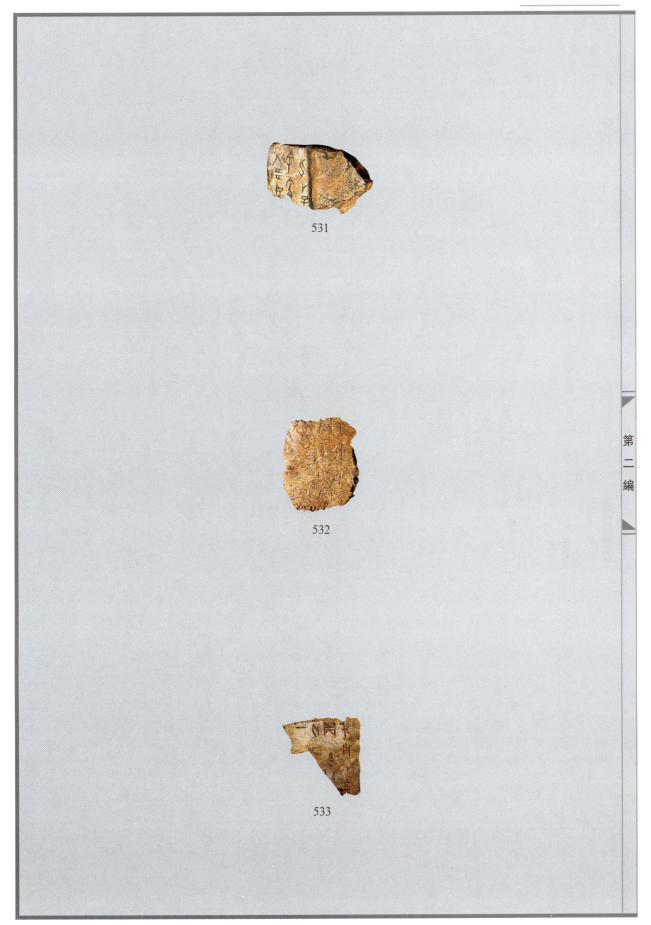

531

532

533

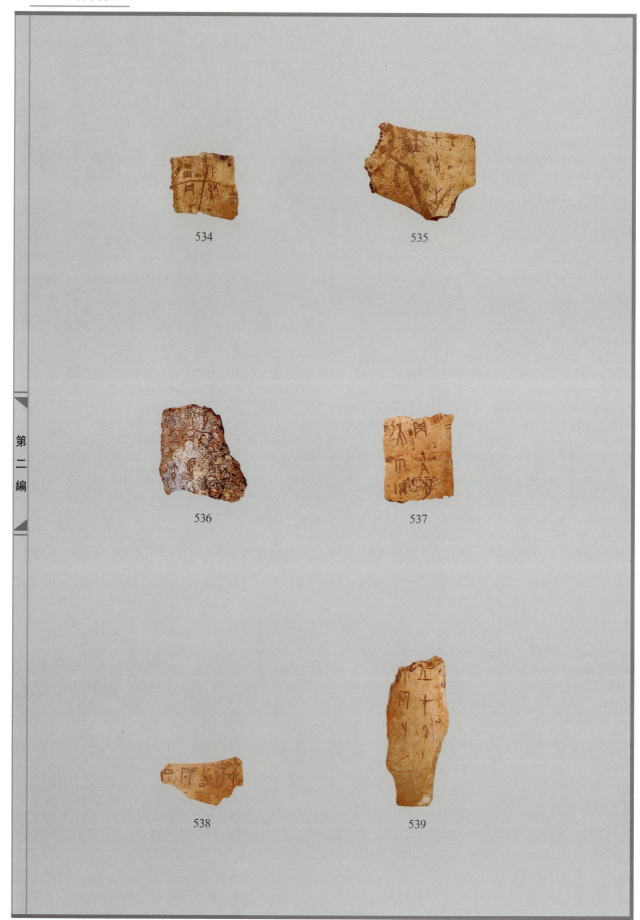

534

535

536

537

538

539

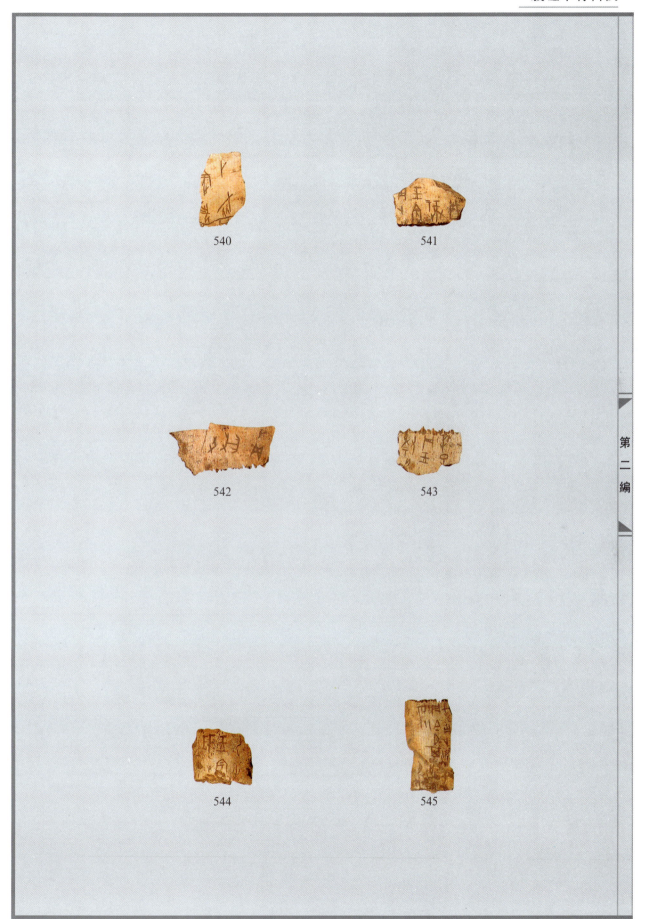

540

541

542

543

544

545

546（正 2：3）

546（反 2：3）

547 (5：7)

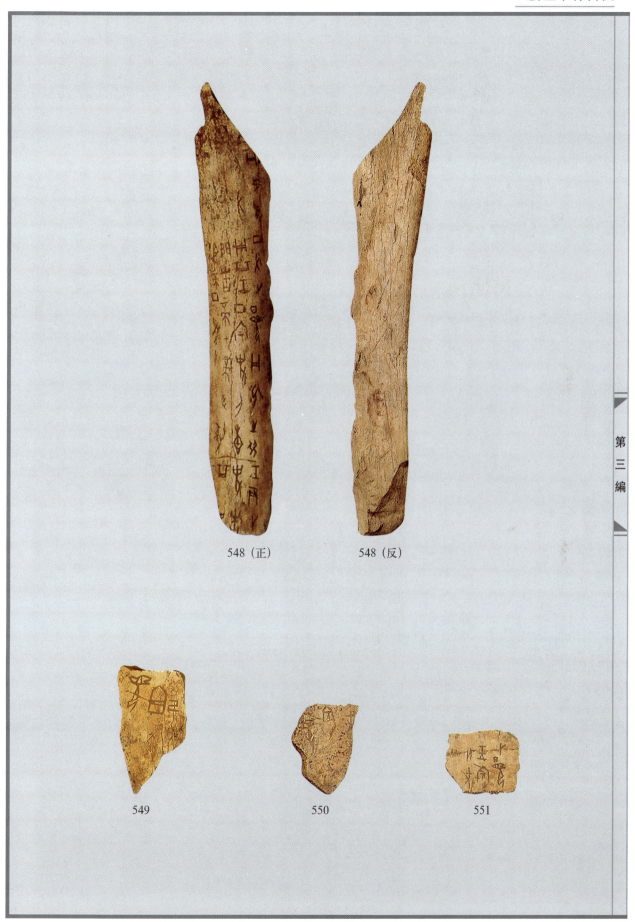

第
三
編

548（正）　　　　548（反）

549　　　　　　550　　　　　　551

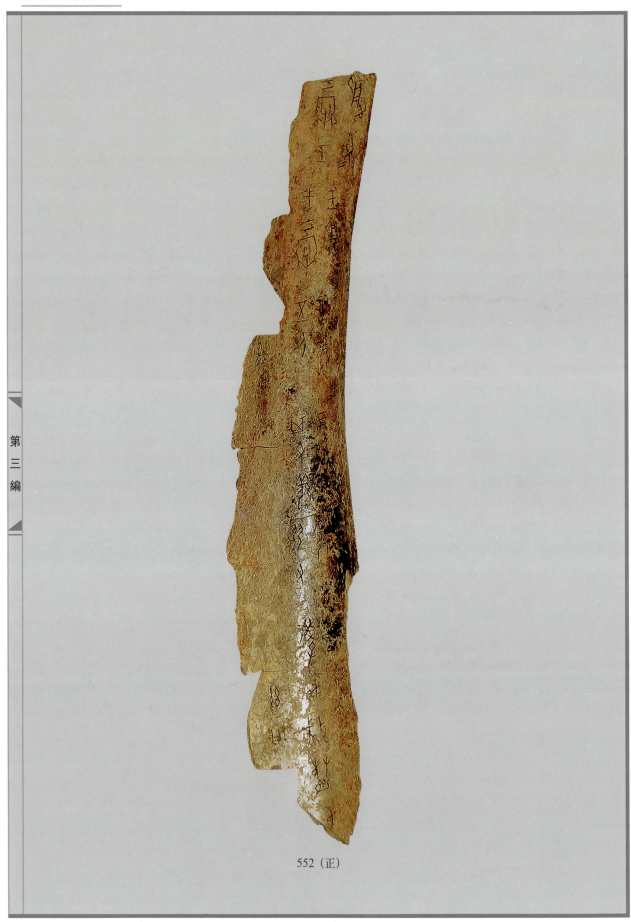

552（正）

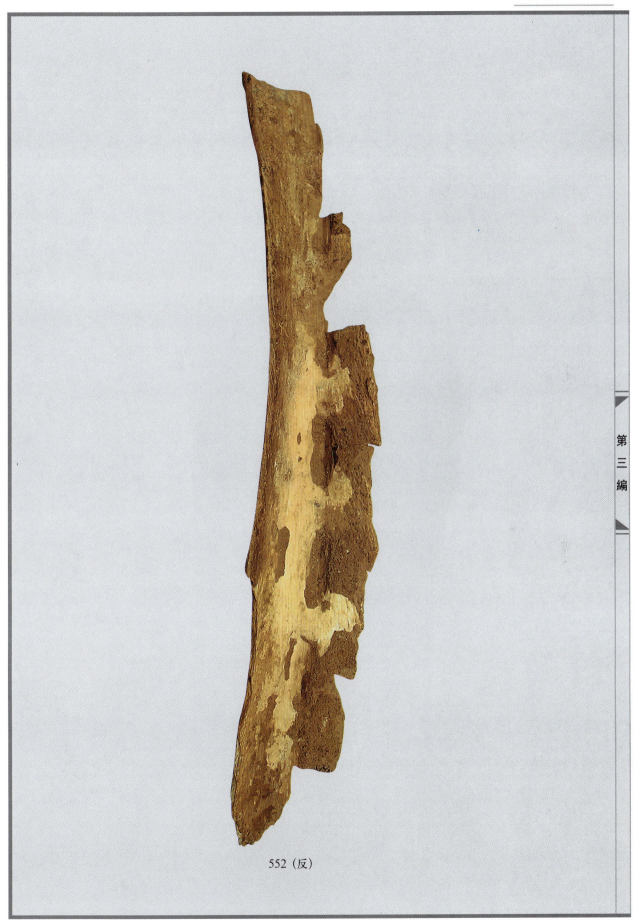

552（反）

553（正）

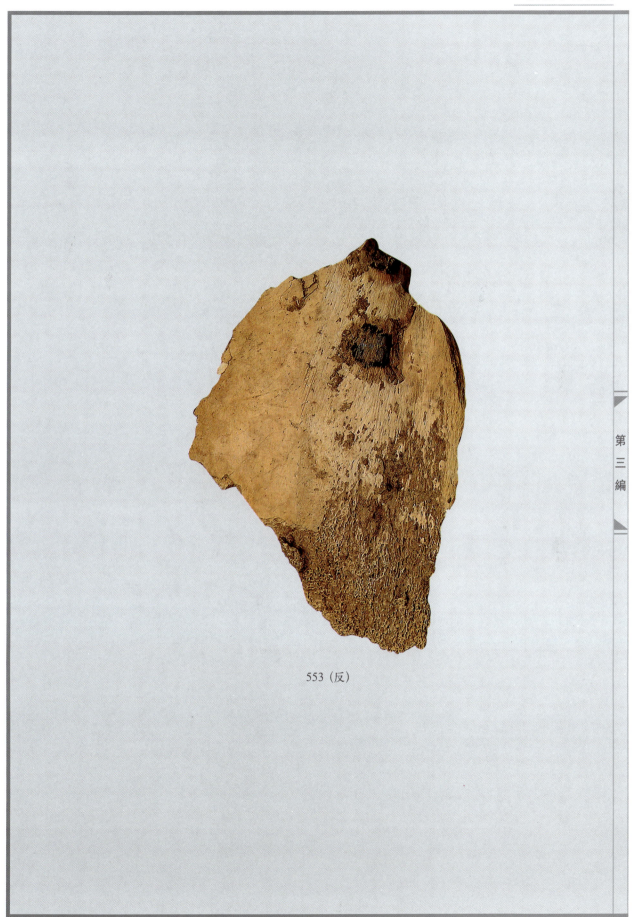

553（反）

554（正）

554（反）

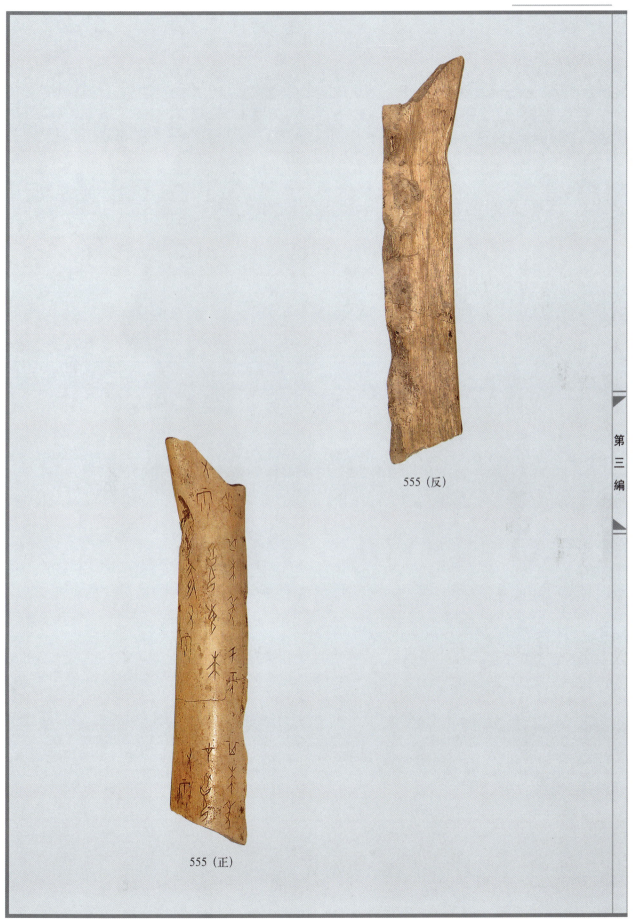

555（反）

555（正）

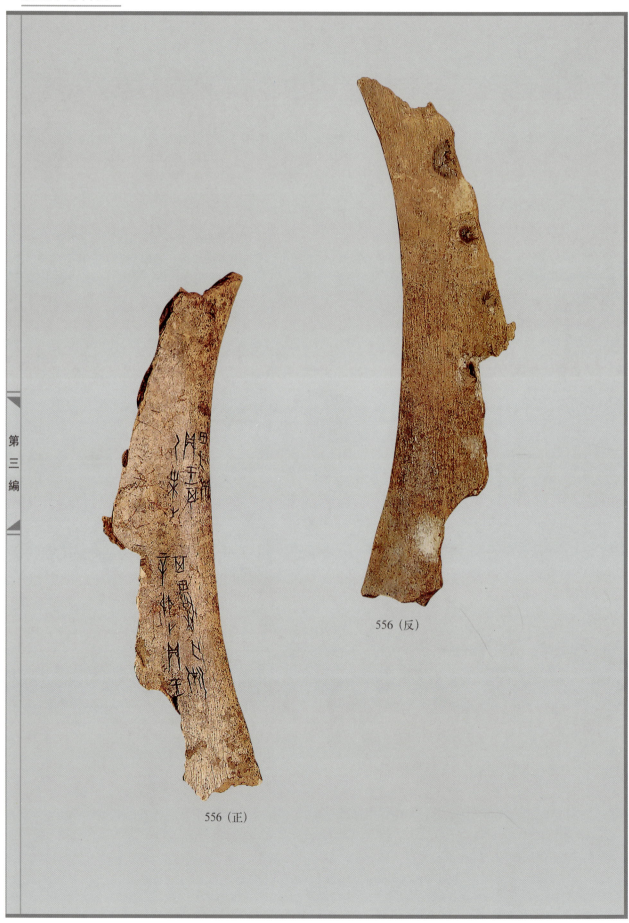

556（正）

556（反）

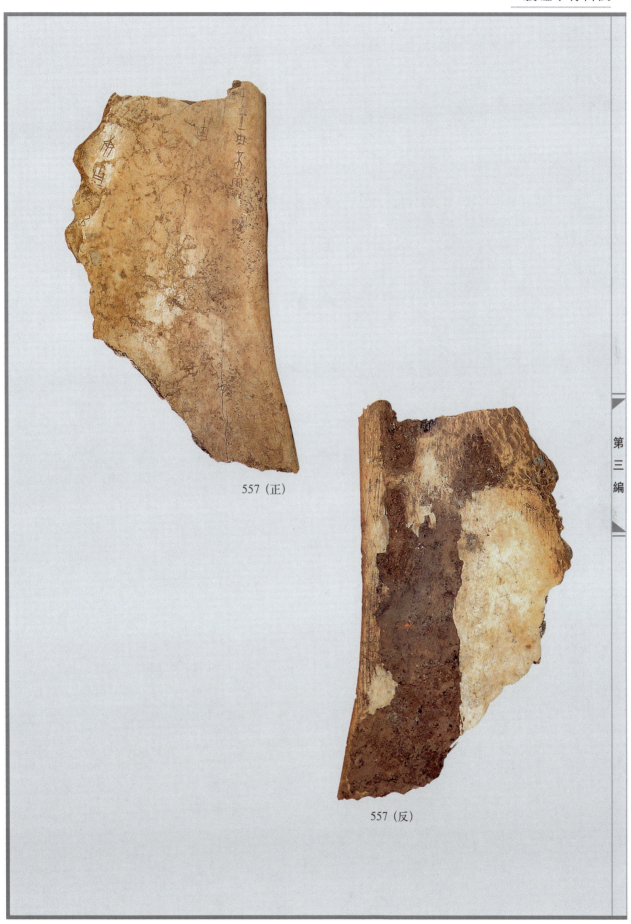

557（正）

557（反）

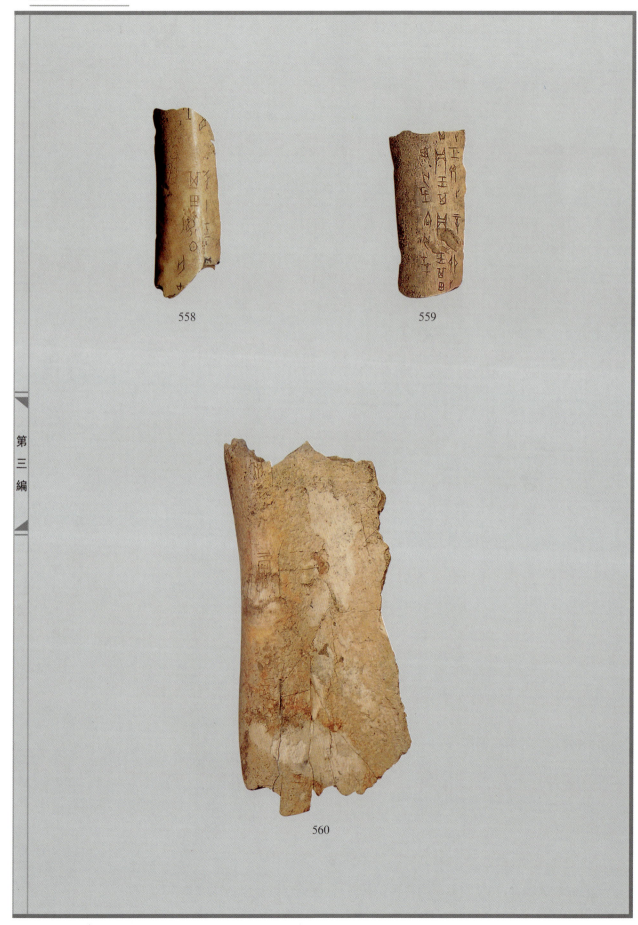

第三編

558

559

560

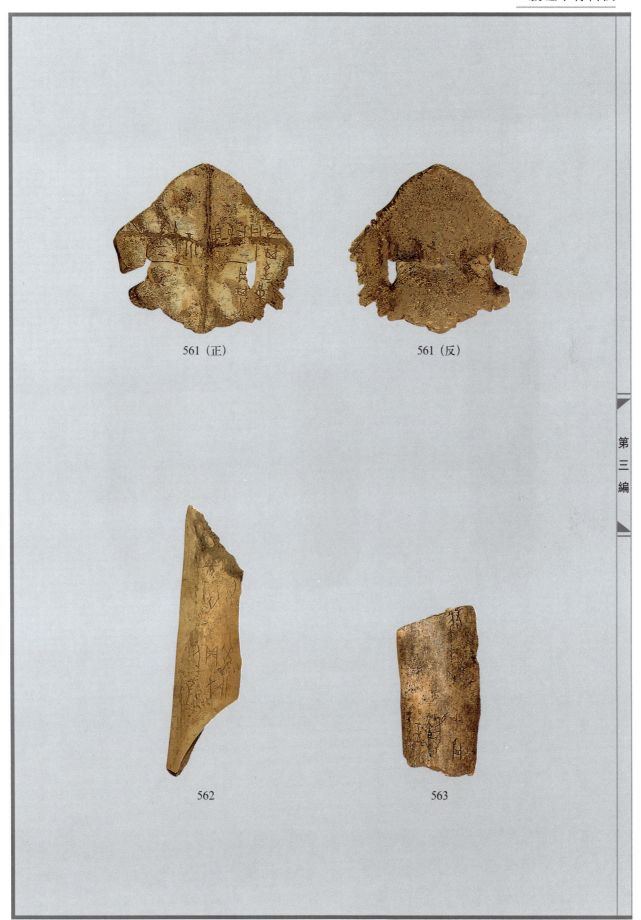

561（正）　　　　　　561（反）

562　　　　　　　　563

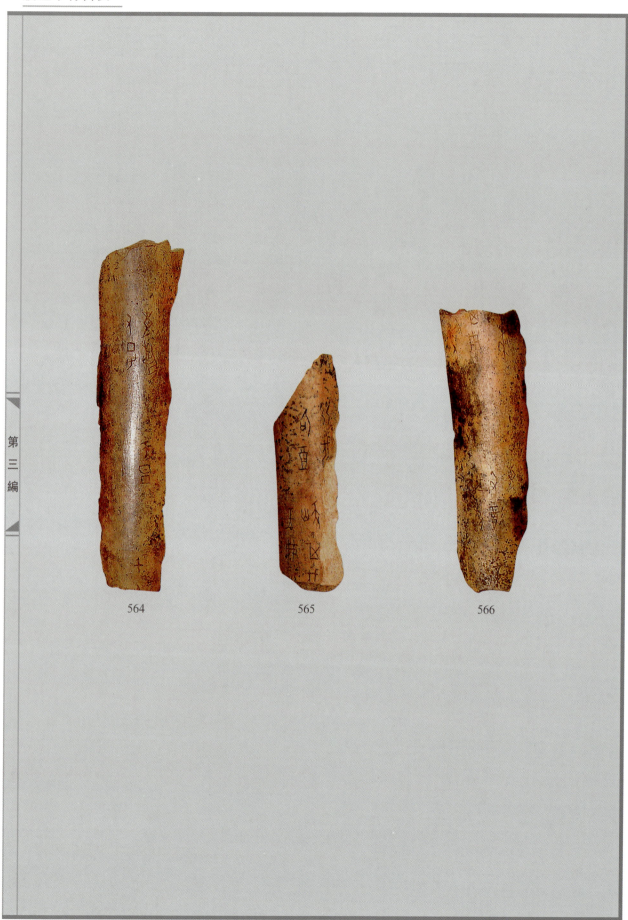

564   565   566

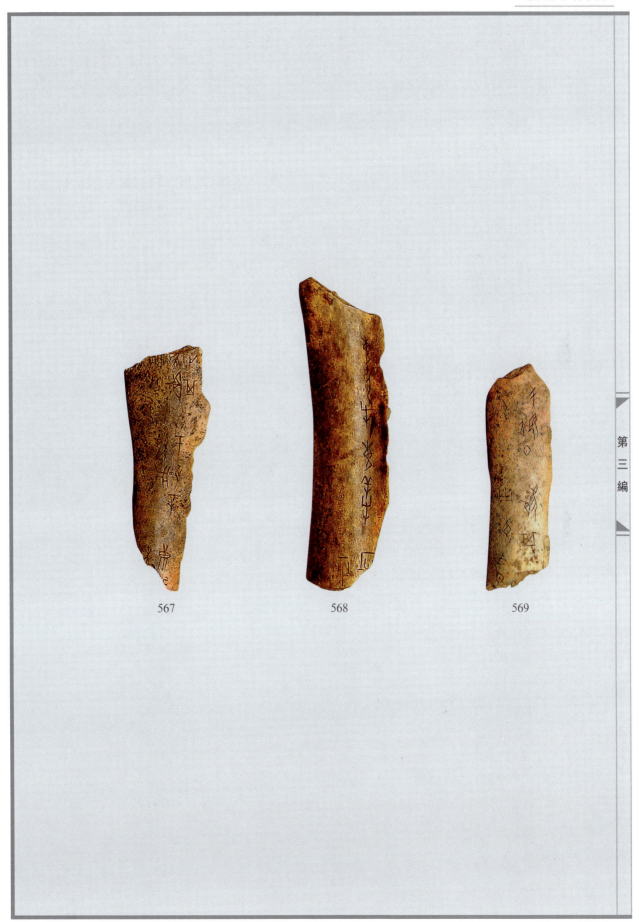

567   568   569

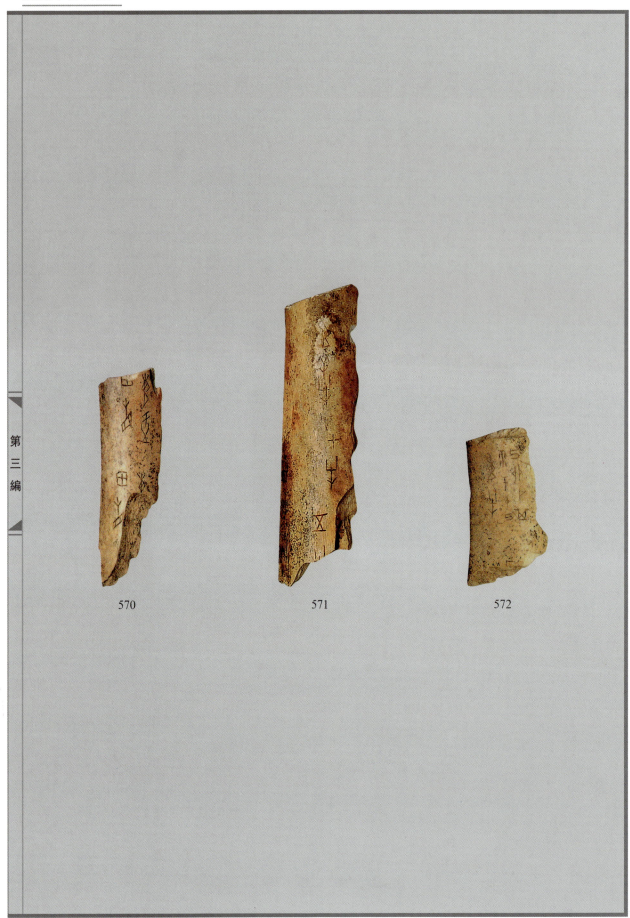

570   571   572

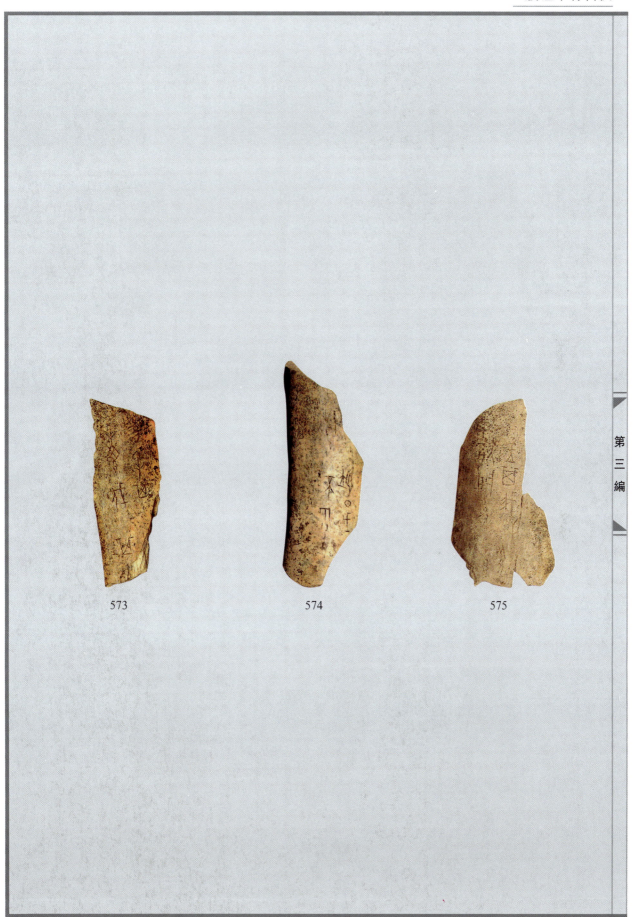

573

574

575

576（正）　　　　　　　576（反）

577　　　　　　　578　　　　　　　579

580

581

582

583 (正 5:7)

583 (反 5:7)

584（正）　　　　　　584（反）

585　　　　　　　586　　　　　　　587

588

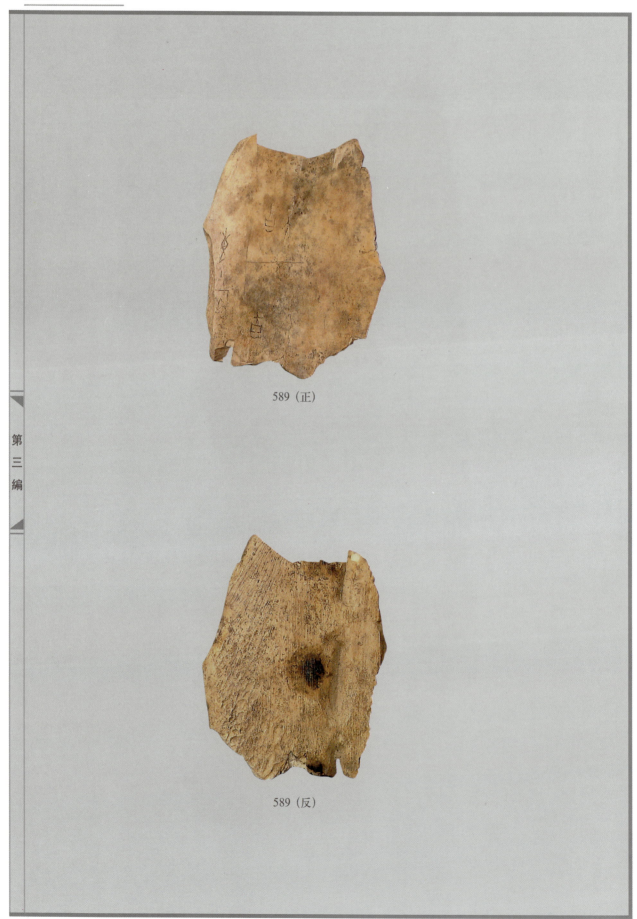

589（正）

589（反）

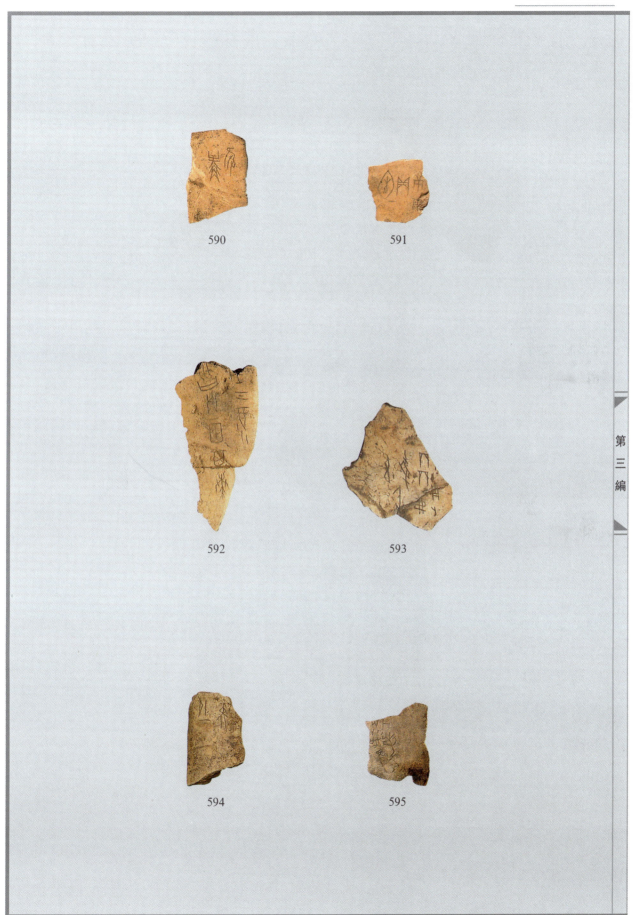

590

591

592

593

594

595

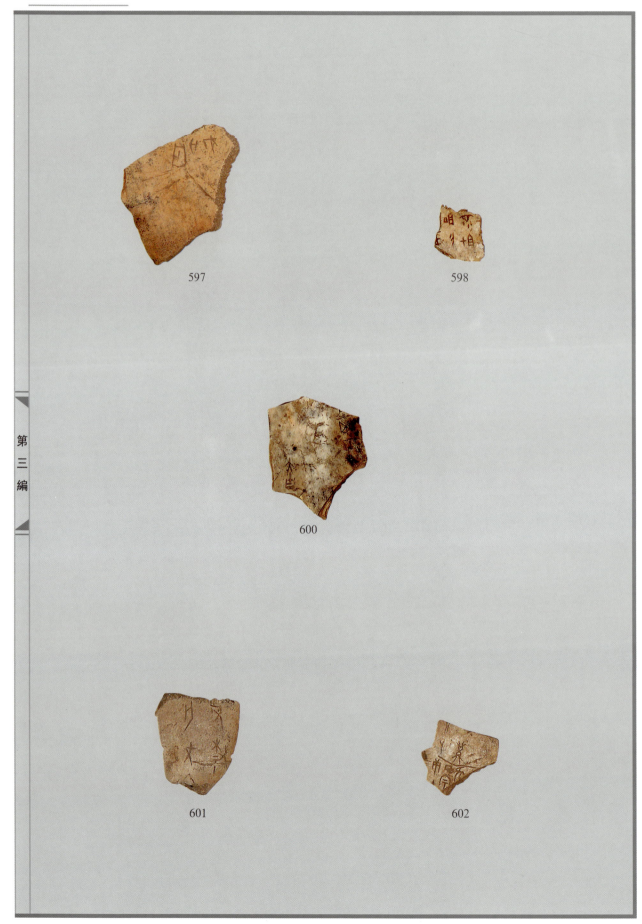

597

598

第三編

600

601

602

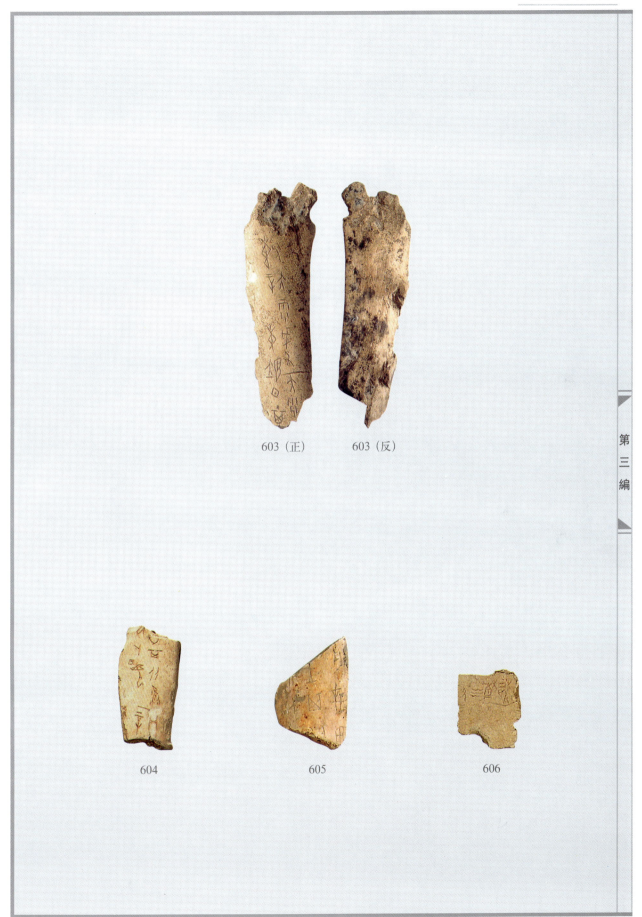

603（正）　　603（反）

604　　　　　　　605　　　　　　　606

第三編

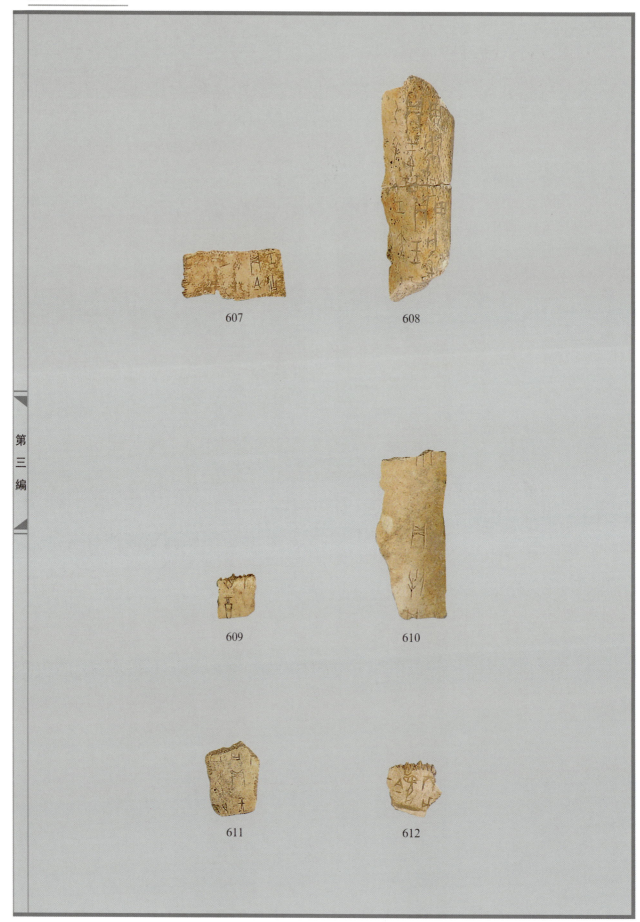

607

608

609

610

611

612

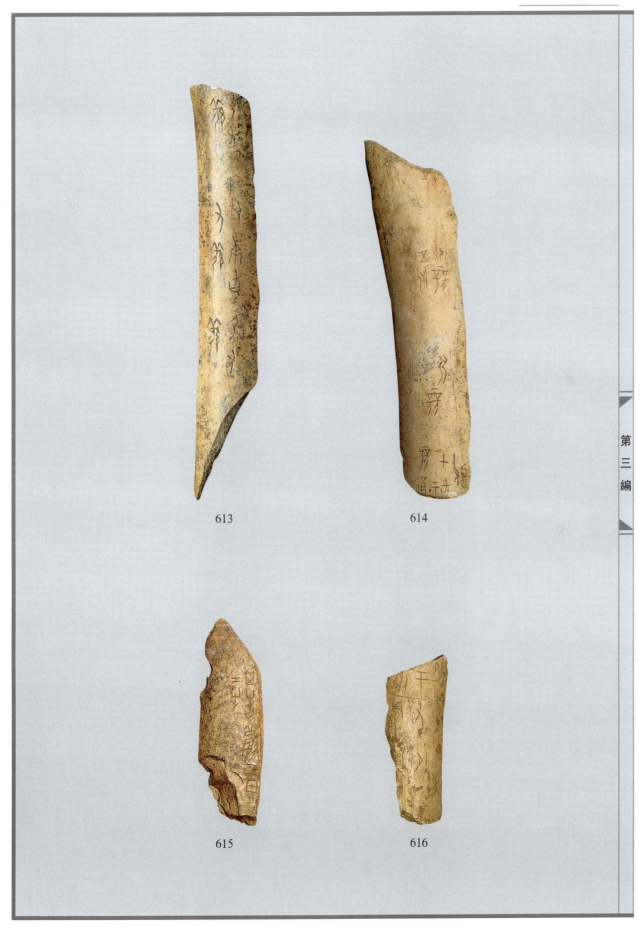

613

614

615

616

617（正）

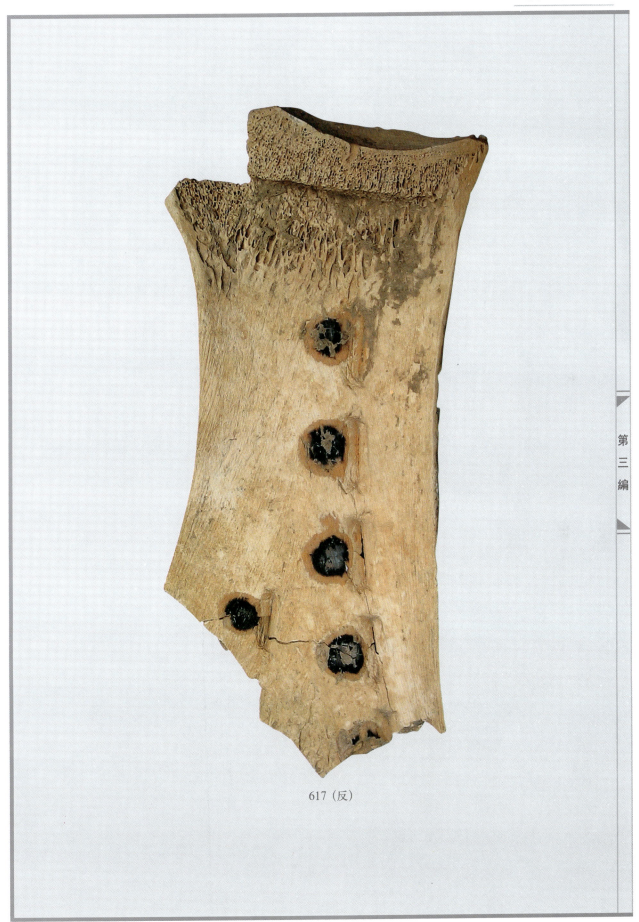

617（反）

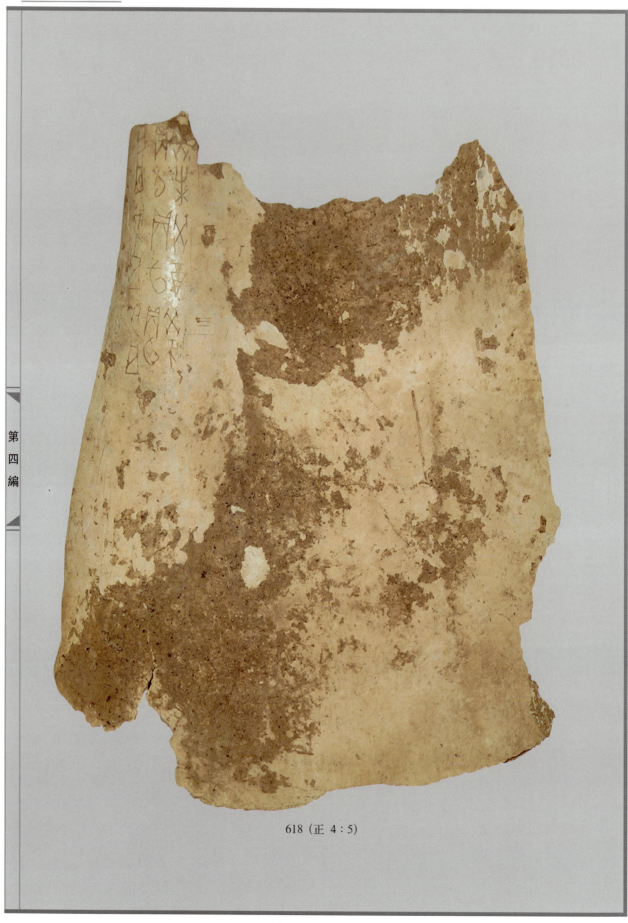

618（正 4 : 5）

618（反 4：5）

第四編

619（正）

619（反）

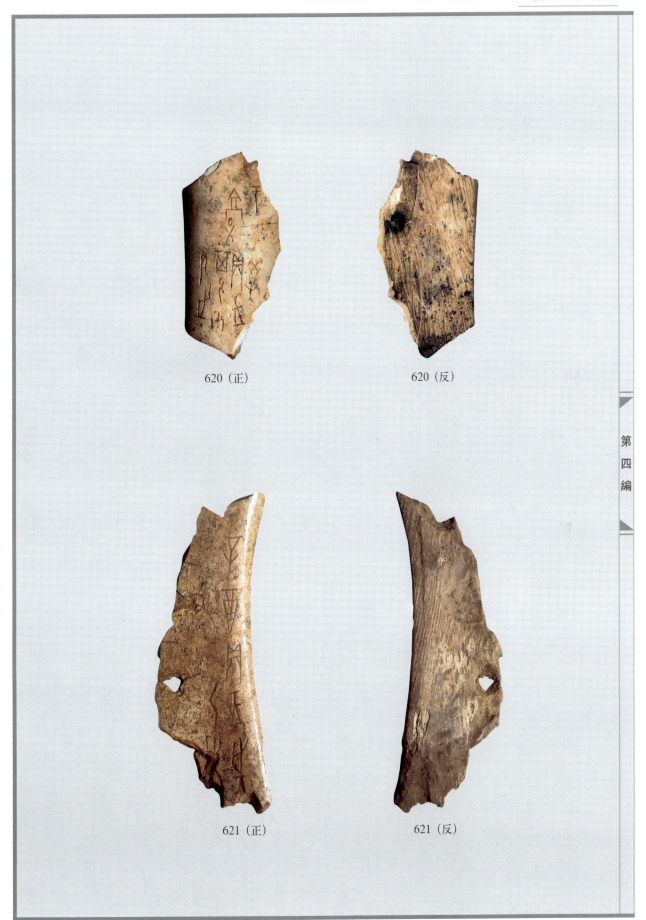

620（正）　　　　　　　　620（反）

621（正）　　　　　　　　621（反）

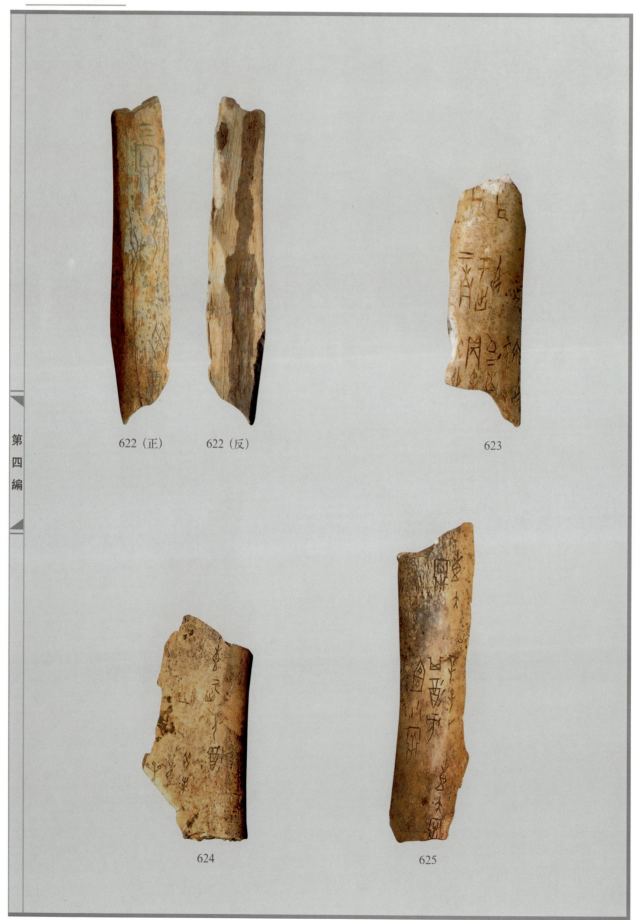

622（正）　　　622（反）　　　　　　　　　　　623

624　　　　　　　　　　　　625

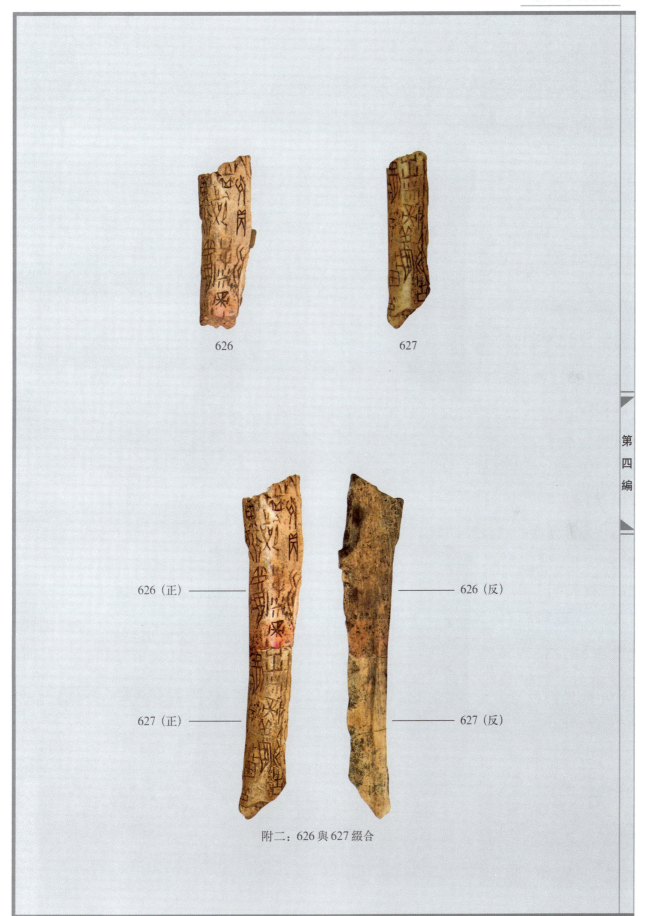

626   627

626（正）—————   ————— 626（反）

627（正）—————   ————— 627（反）

附二：626 與 627 綴合

第四編

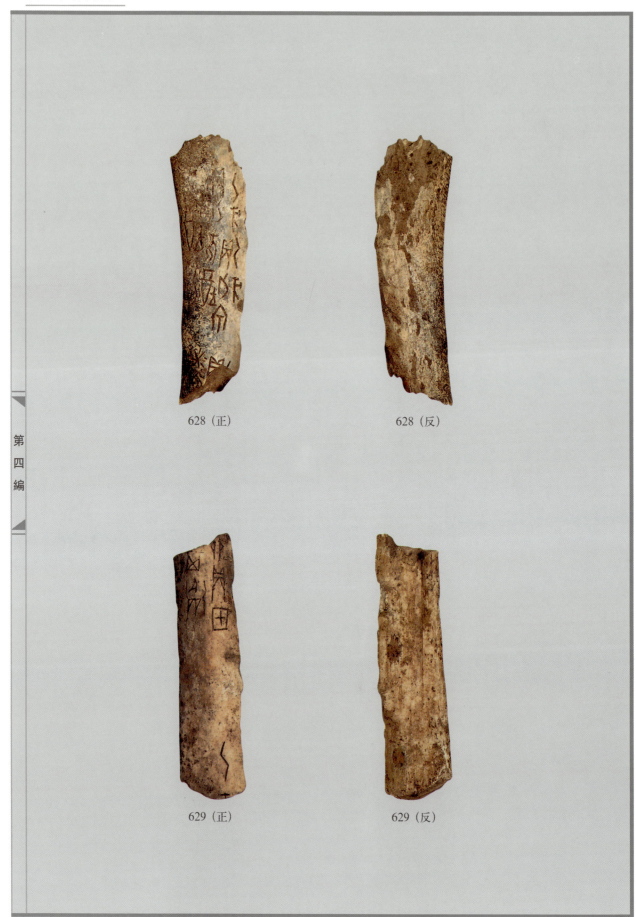

628（正）　　　　　　　628（反）

629（正）　　　　　　　629（反）

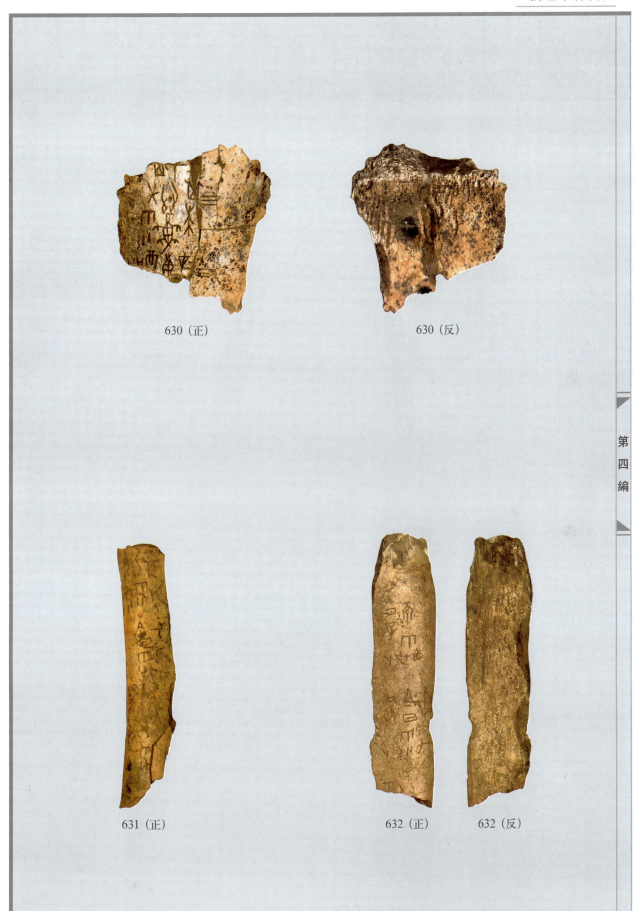

630（正）　　　　　　　　630（反）

631（正）　　　　　632（正）　　632（反）

633（正）

633（反）

第四編

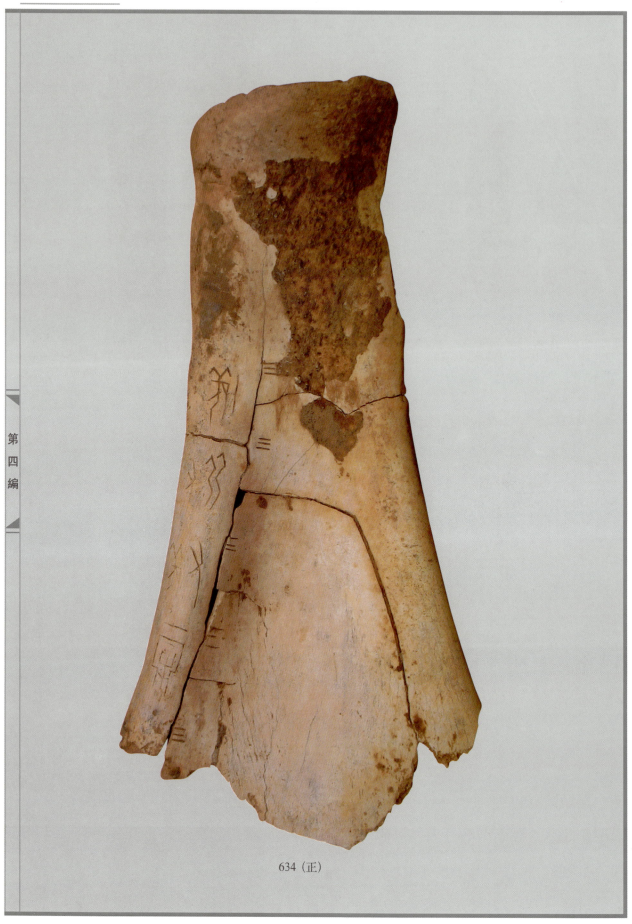

634（正）

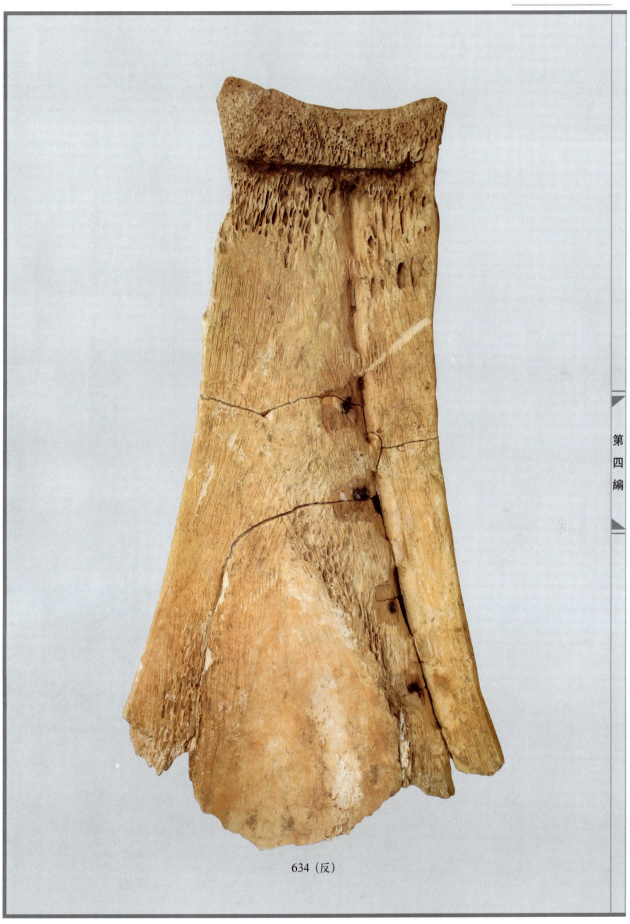

634（反）

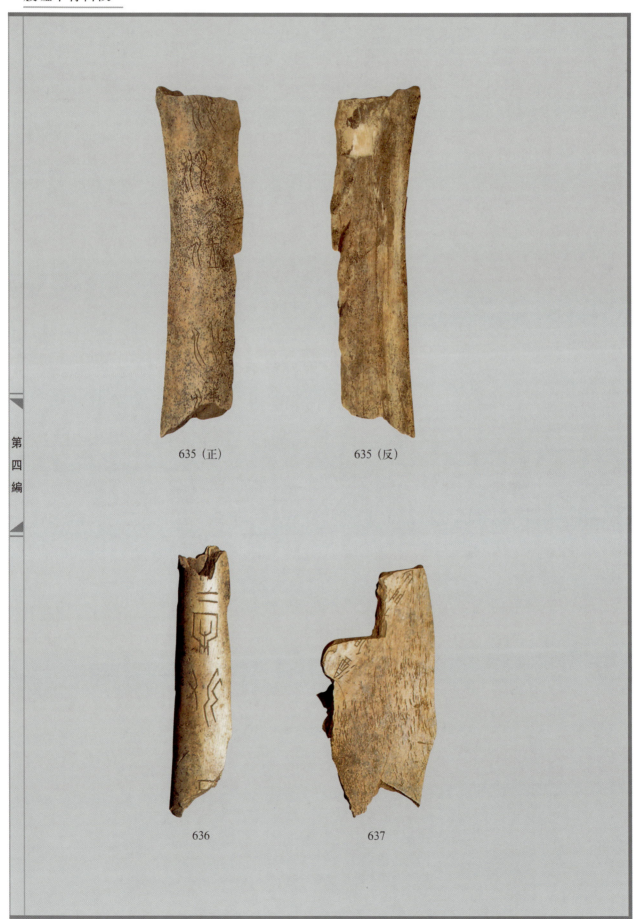

635（正）　　　　　　　635（反）

636　　　　　　　　　637

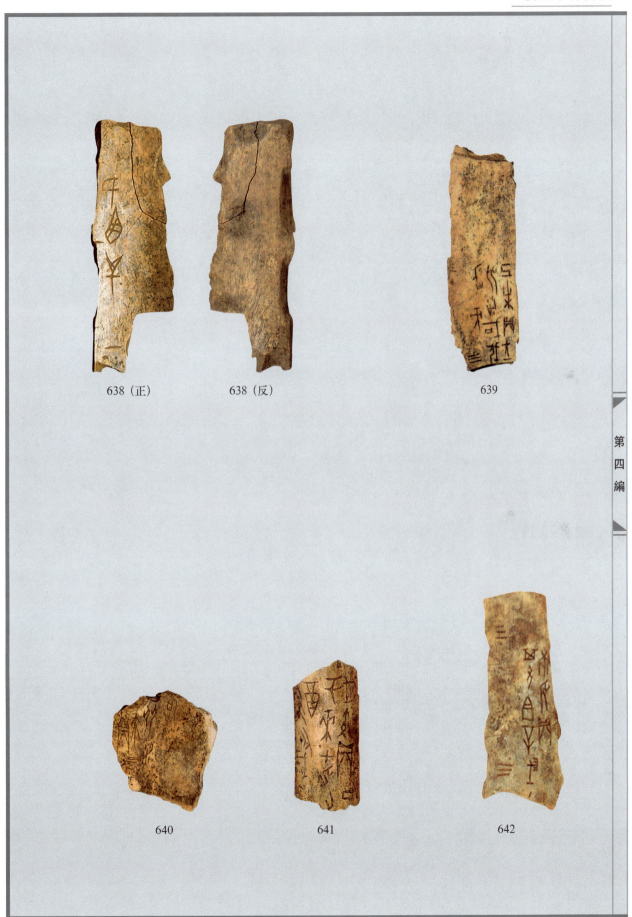

638（正）　　　638（反）　　　　　　　639

第四編

640　　　　　　641　　　　　　642

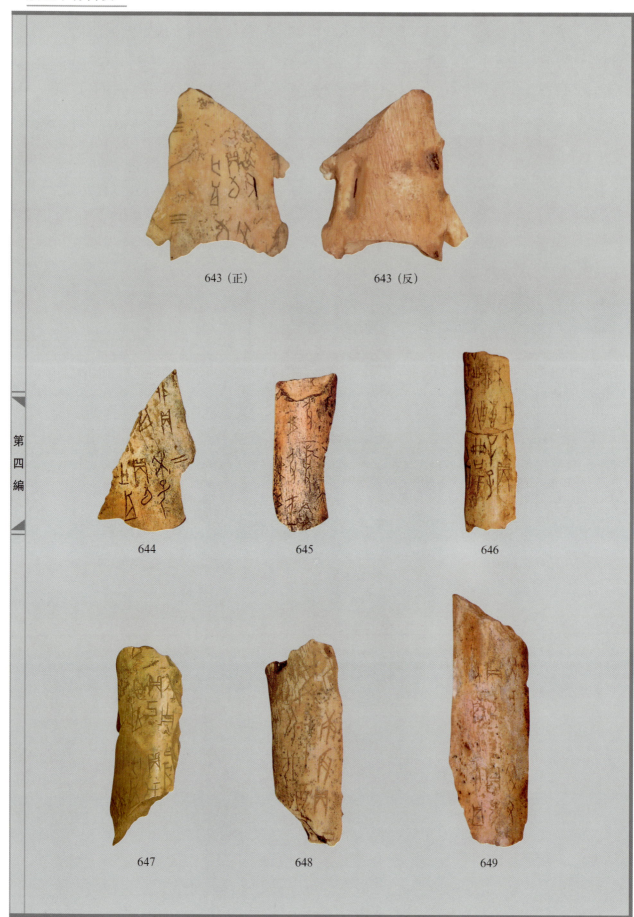

643（正）　　　　　643（反）

644　　　　　　645　　　　　　646

647　　　　　　648　　　　　　649

650（正）————

————650（反）

651（正）————

————651（反）

附三：650與651綴合

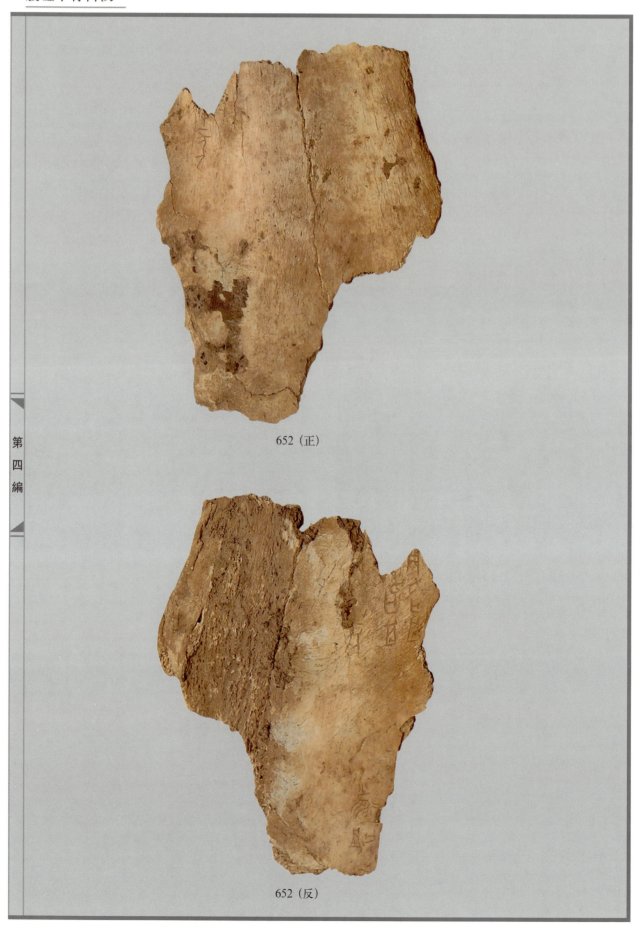

652（正）

652（反）

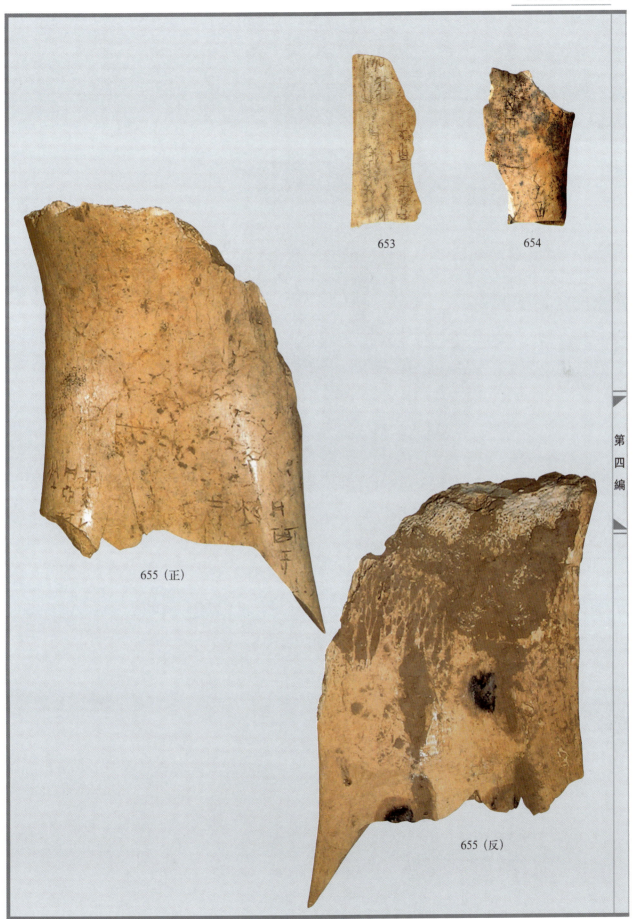

653

654

655（正）

第
四
編

655（反）

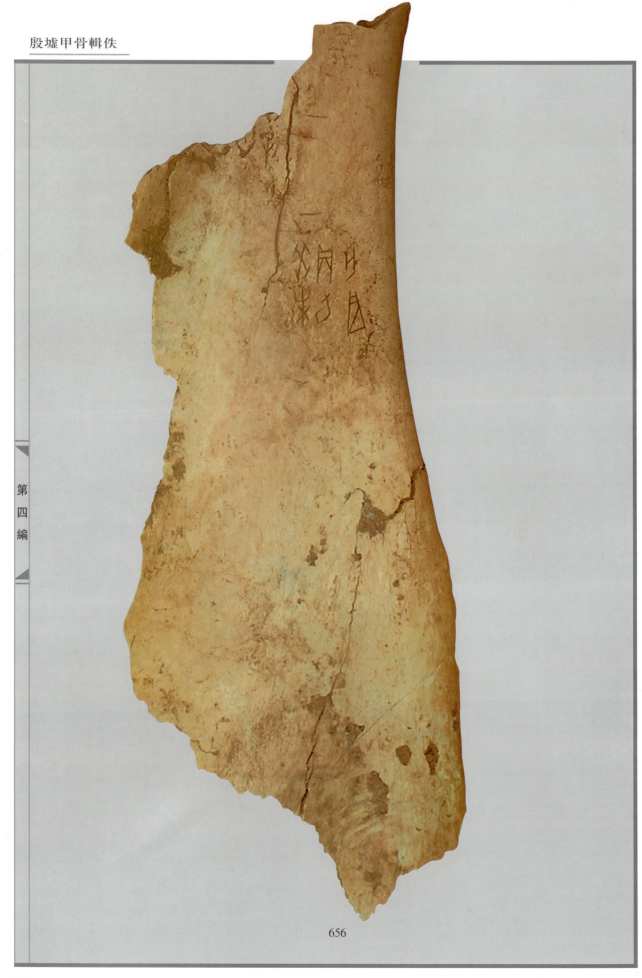

656

657（正）

657（反）

658

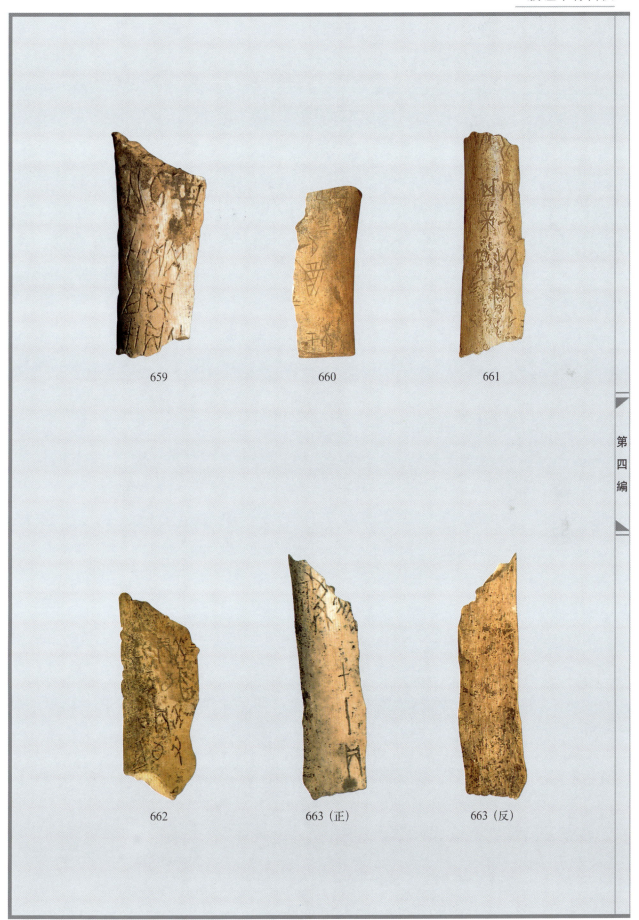

659

660

661

662

663（正）

663（反）

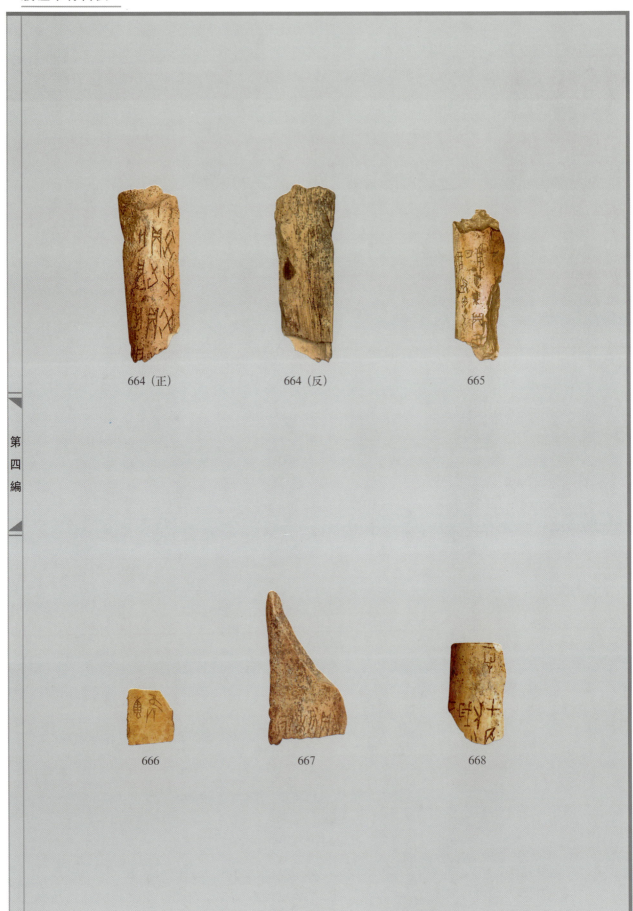

664（正）　　　　　　664（反）　　　　　　665

666　　　　　　　　667　　　　　　　　668

669

670

671

672

674

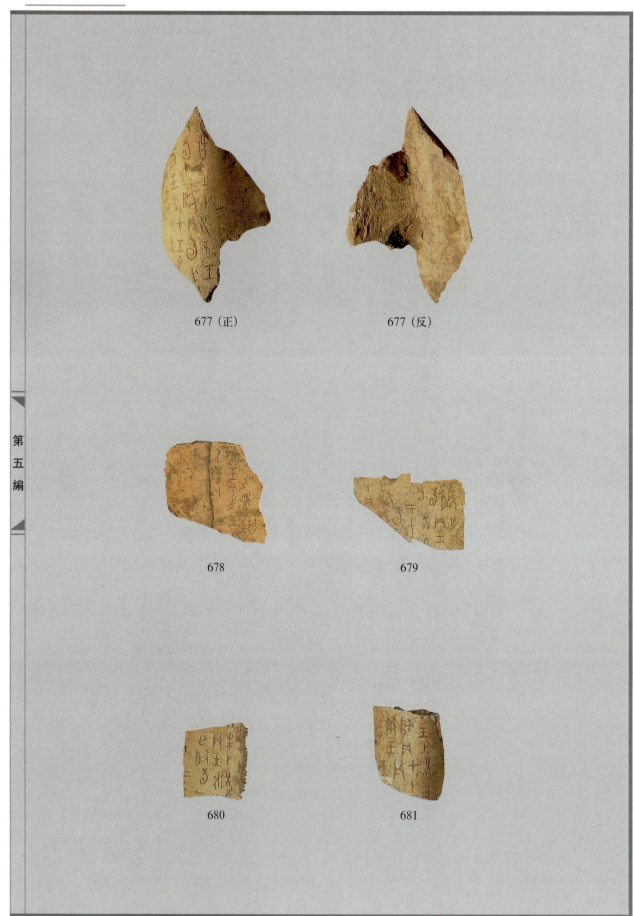

第
五
編

677（正）　　　　　　　　677（反）

678　　　　　　　　　679

680　　　　　　　　　681

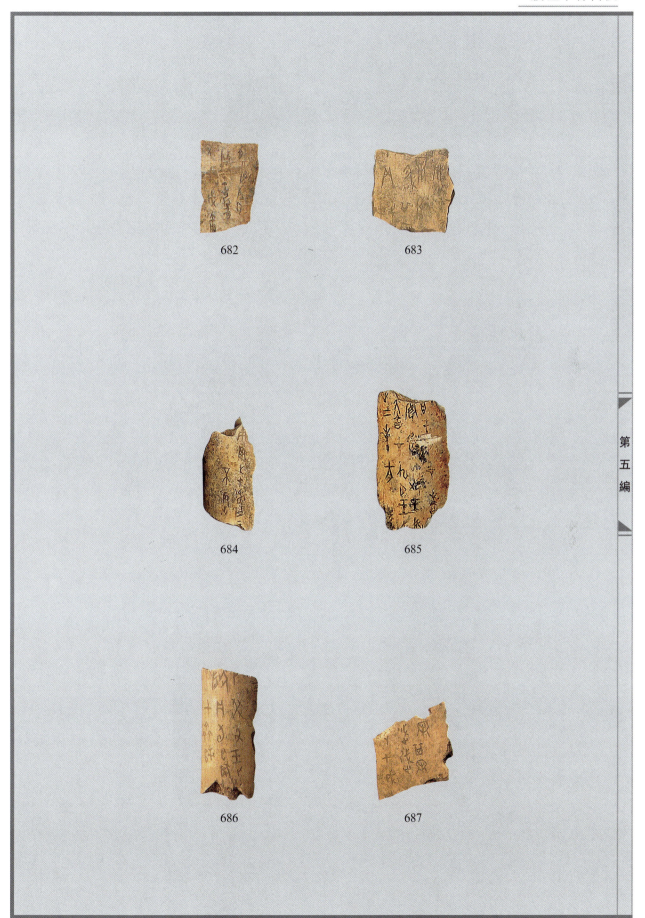

682

683

684

685

686

687

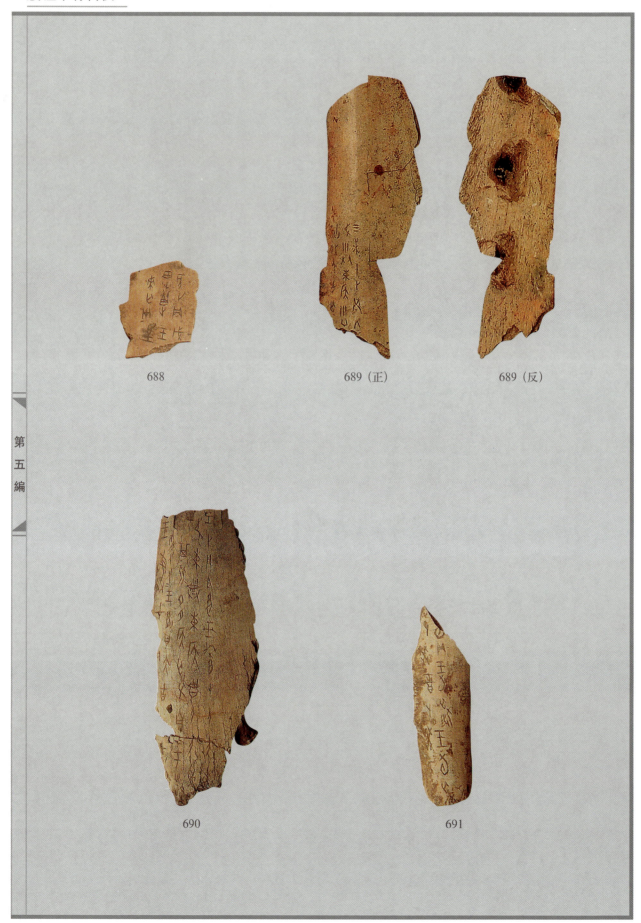

688

689（正）

689（反）

690

691

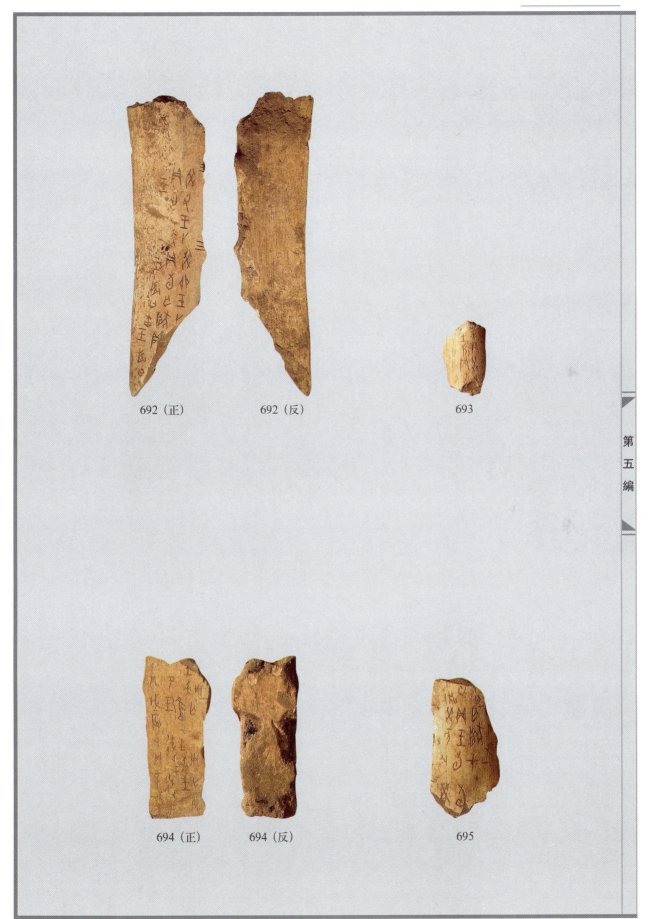

692（正）　　　　692（反）　　　　　　　693

694（正）　　　　694（反）　　　　　　　695

696

697

第五編

699

698

700（正）

700（反）

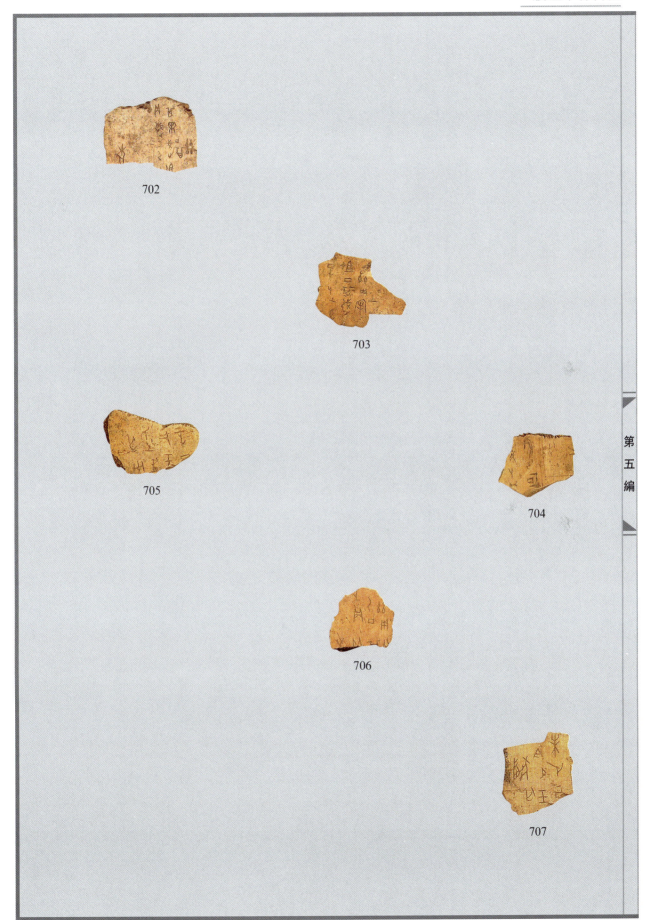

702

703

705

704

706

707

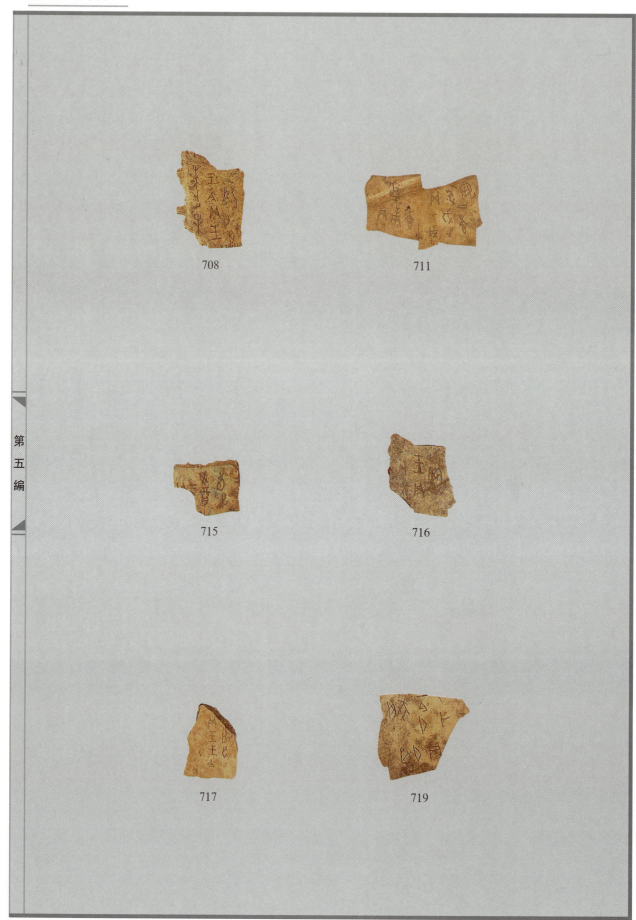

708

711

715

716

717

719

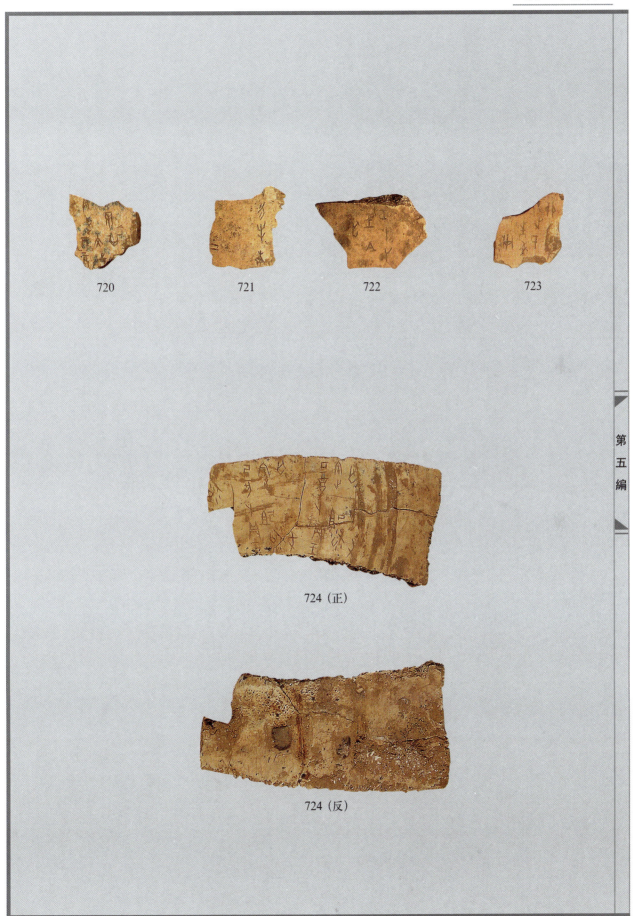

720

721

722

723

724（正）

第五編

724（反）

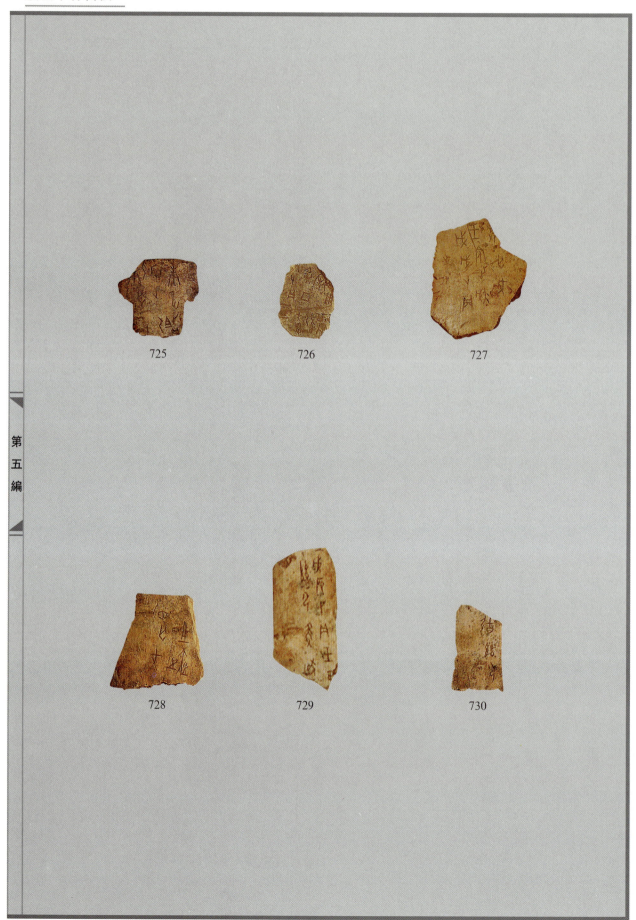

725 726 727

728 729 730

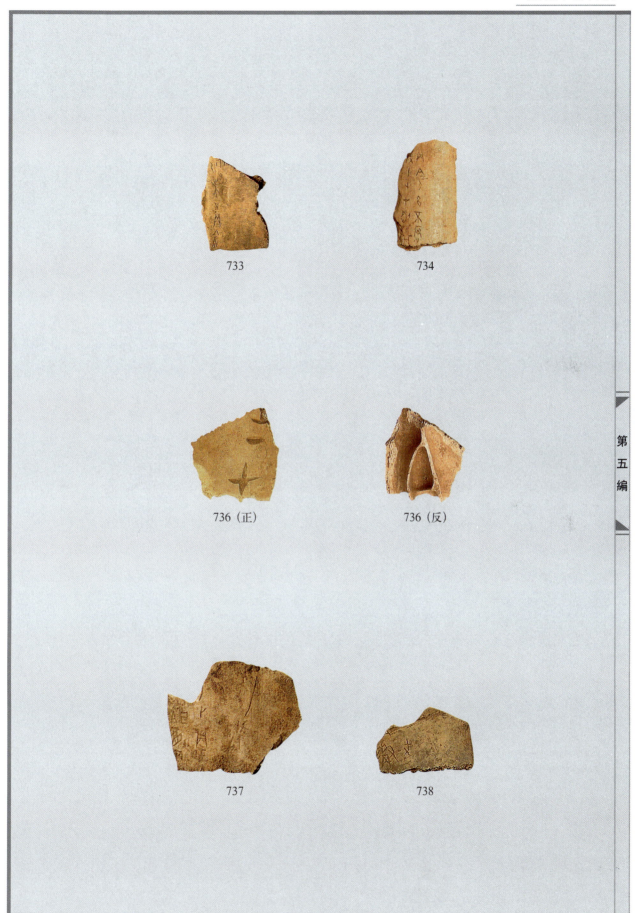

733

734

736（正）

736（反）

737

738

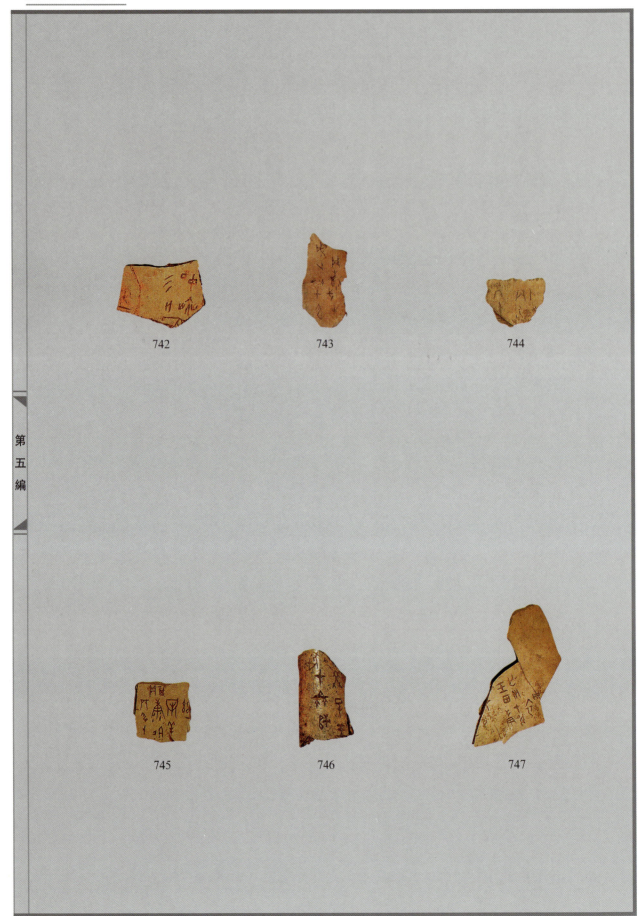

742

743

744

745

746

747

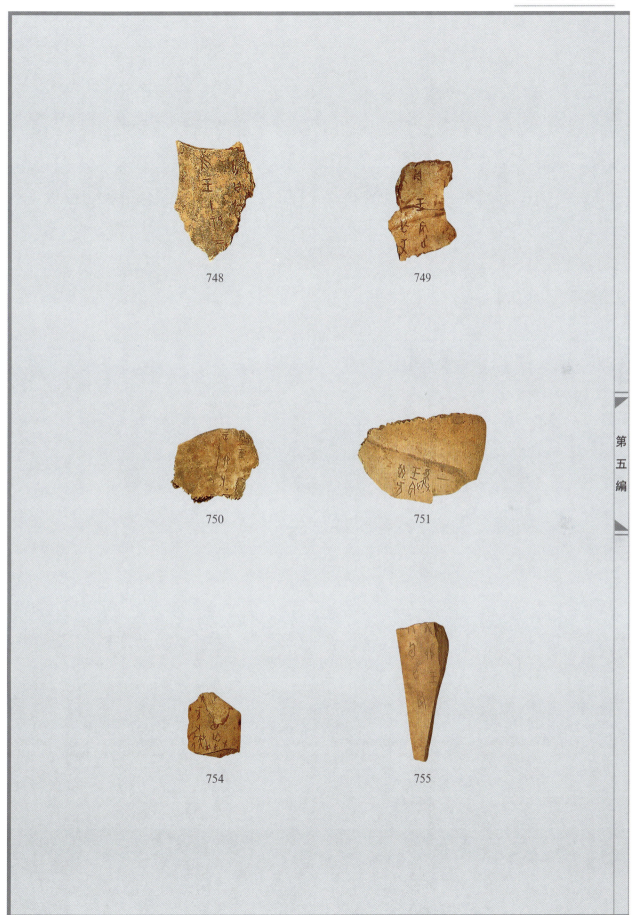

748

749

750

751

第五編

754

755

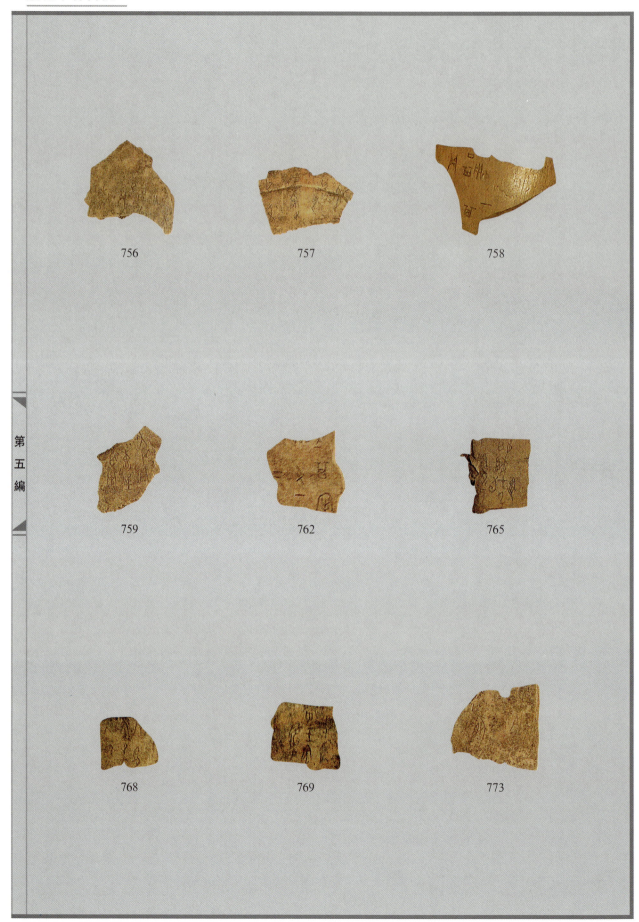

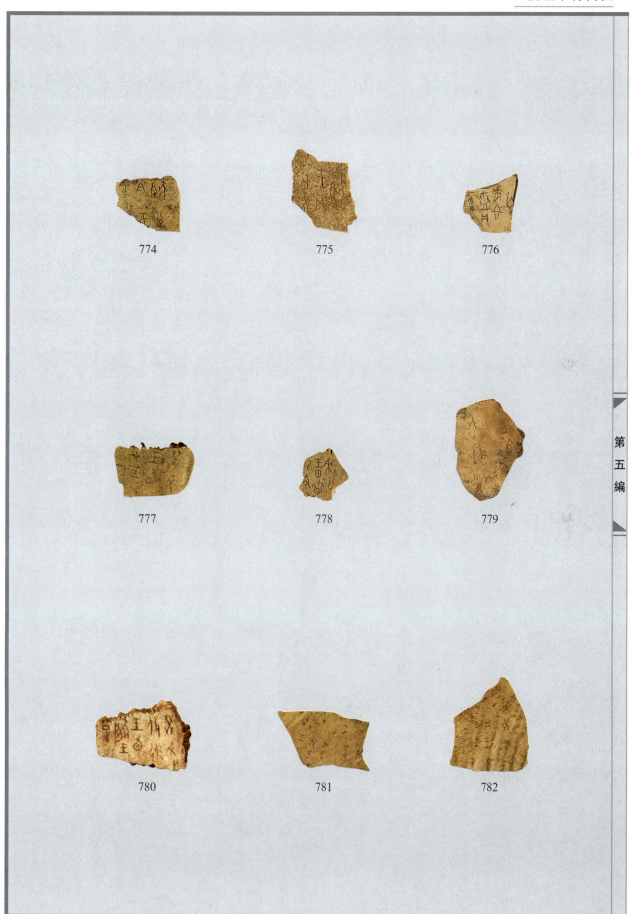

774

775

776

777

778

779

780

781

782

783

784

785

786

787

788

789

790

791

792

793

805

807

808

809

810

811（正）

811（反）

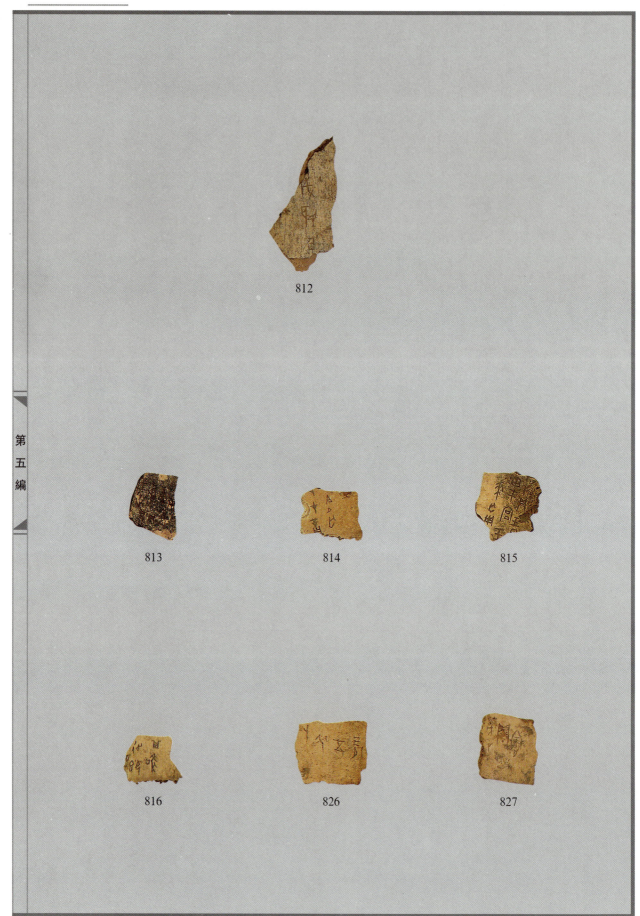

812

813

814

815

816

826

827

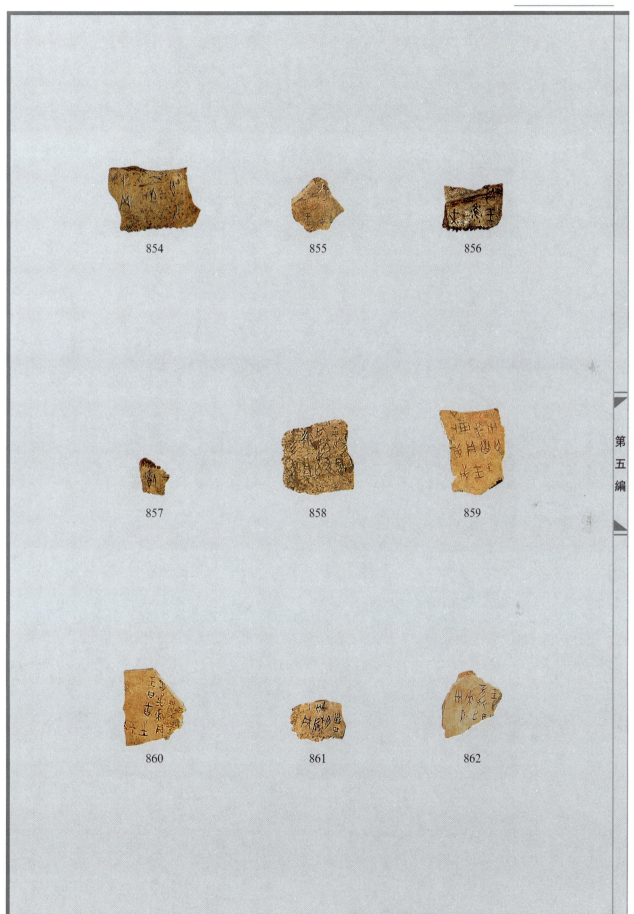

第五編

854

855

856

857

858

859

860

861

862

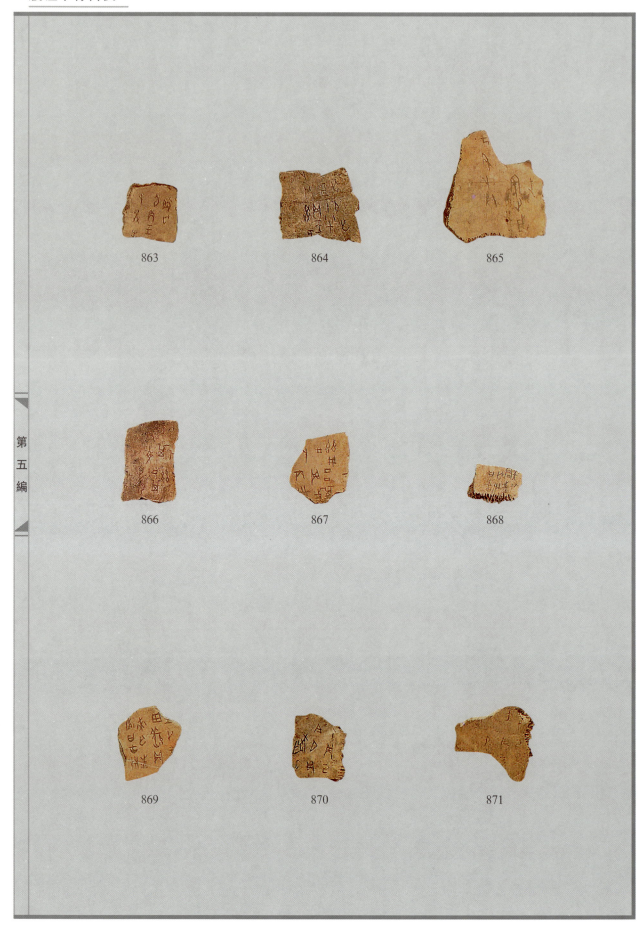

863

864

865

866

867

868

869

870

871

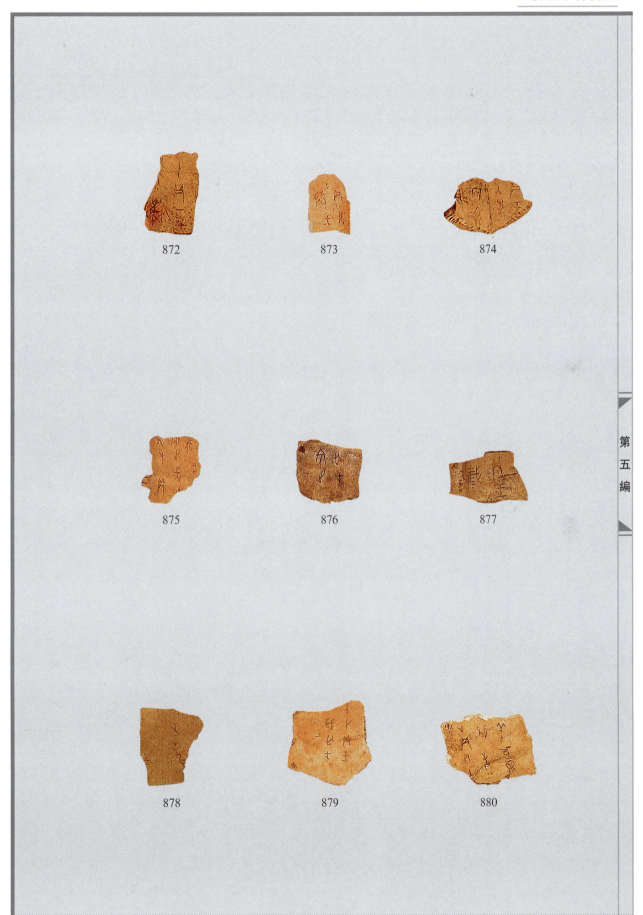

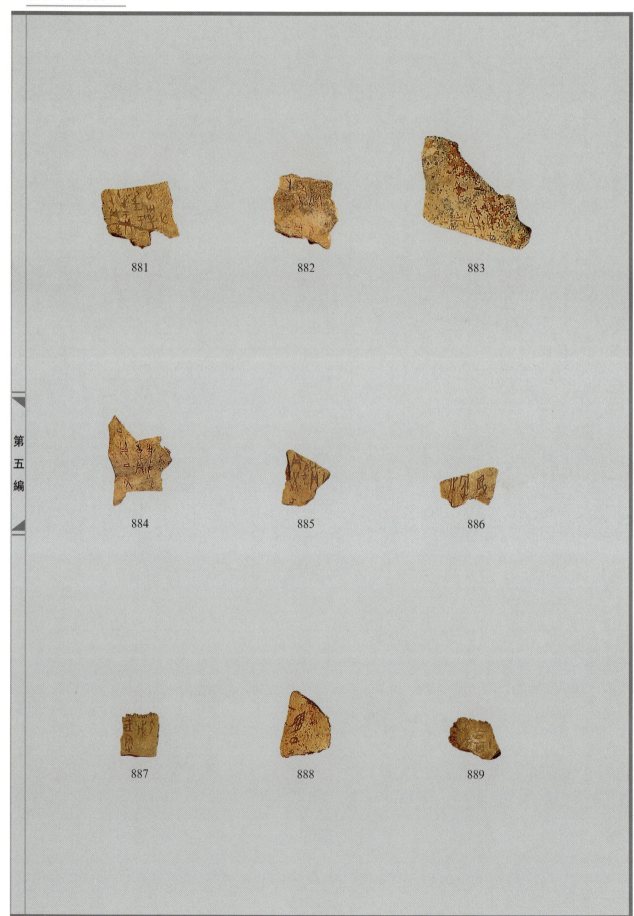

881 882 883

884 885 886

887 888 889

第五編

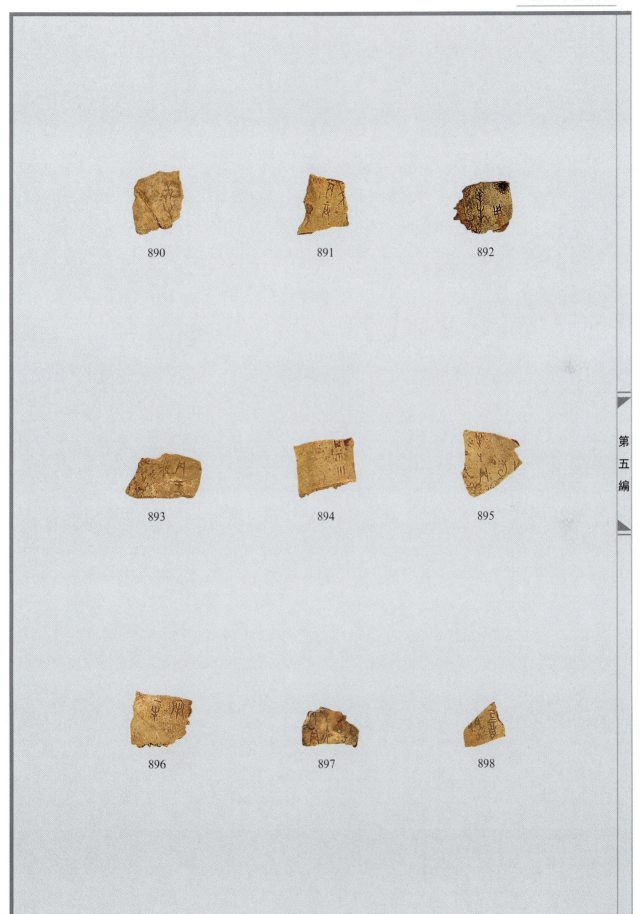

890

891

892

893

894

895

896

897

898

第
五
編

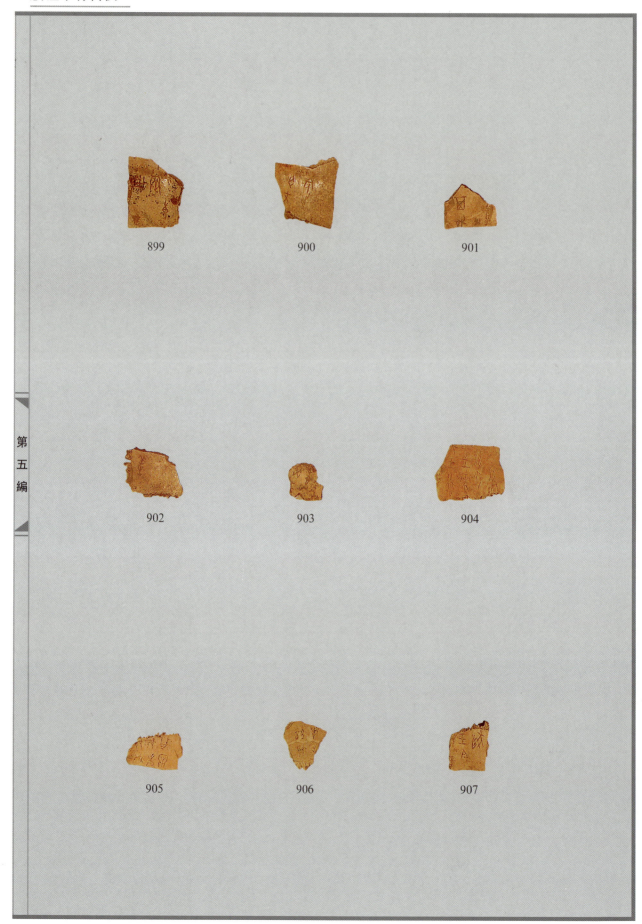

899   900   901

902   903   904

905   906   907

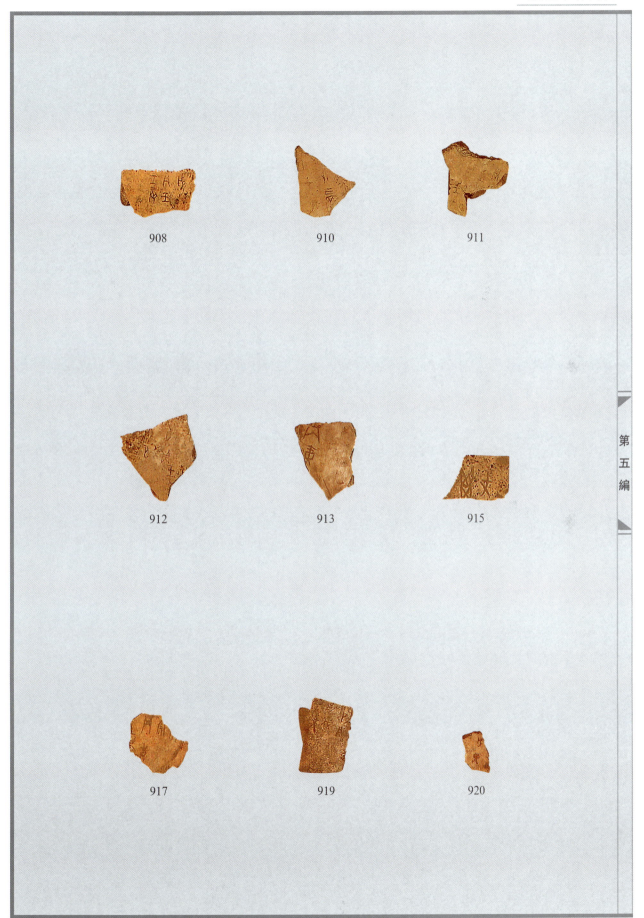

908

910

911

912

913

915

917

919

920

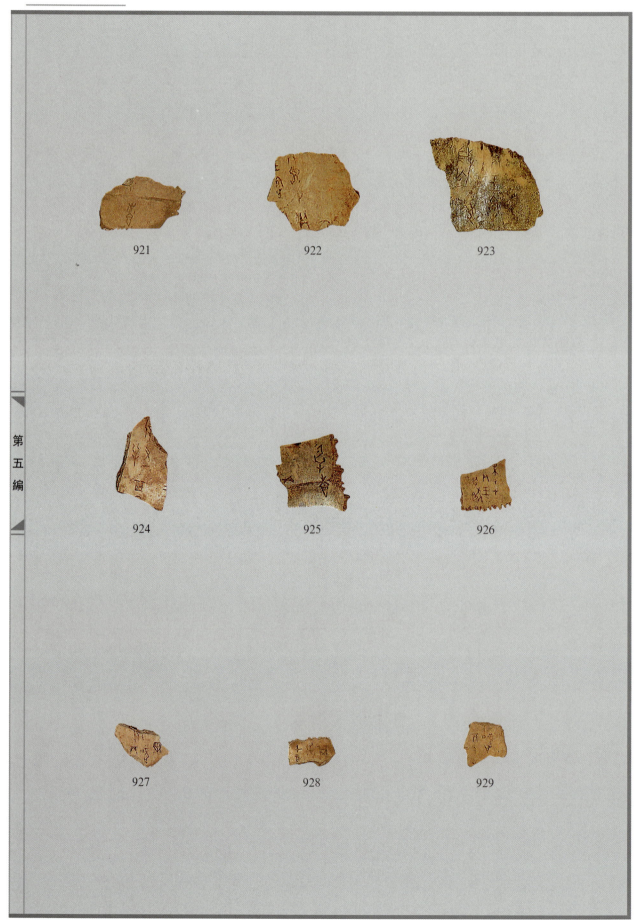

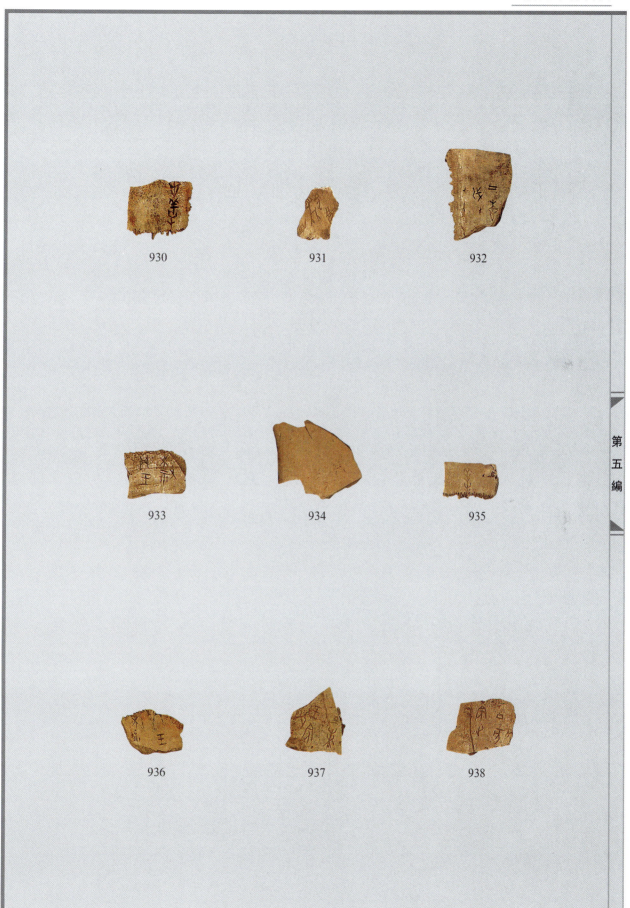

930

931

932

933

934

935

936

937

938

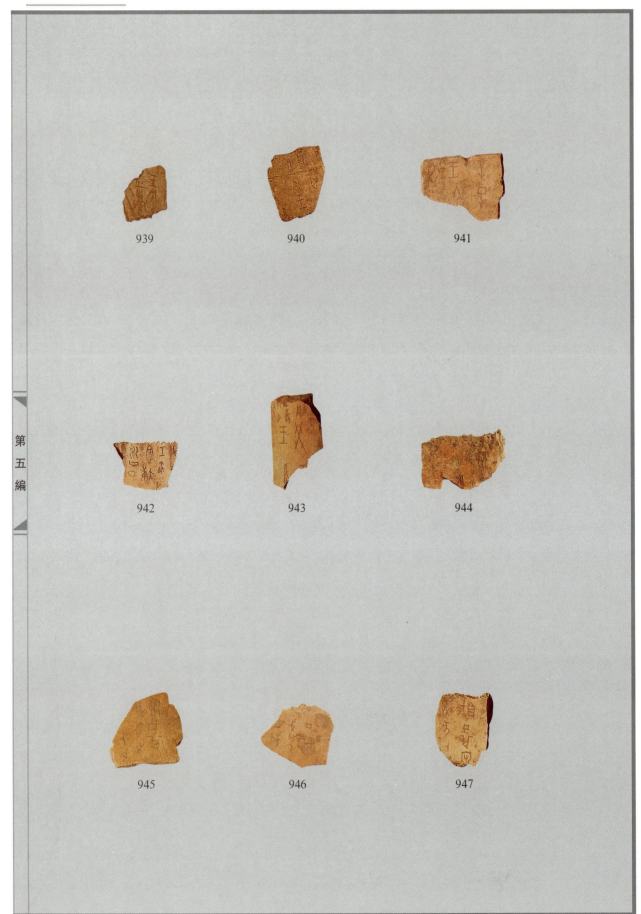

939

940

941

942

943

944

945

946

947

948

949

950

951

952

953

954

955（正）

955（反）

第五編

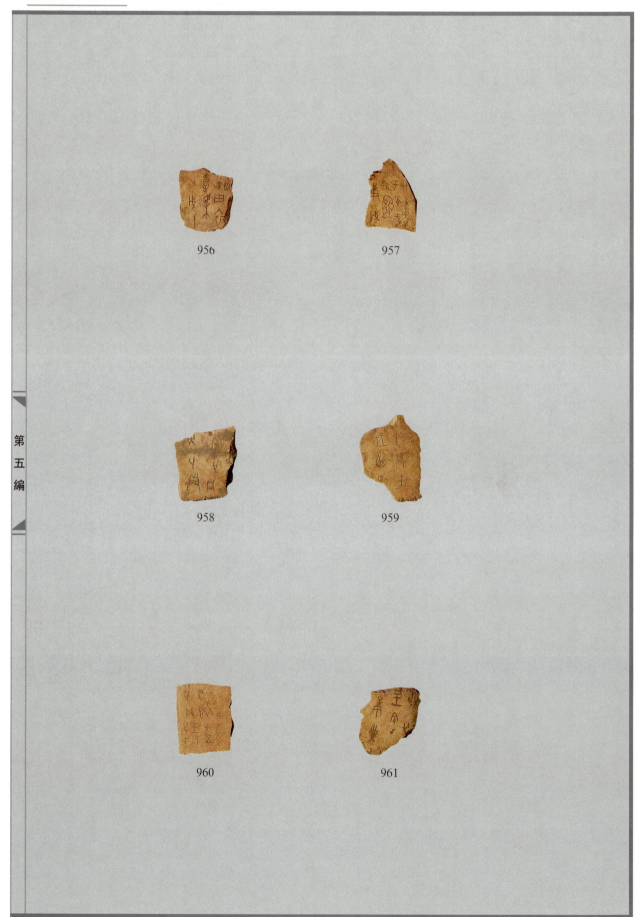

956

957

958

959

960

961

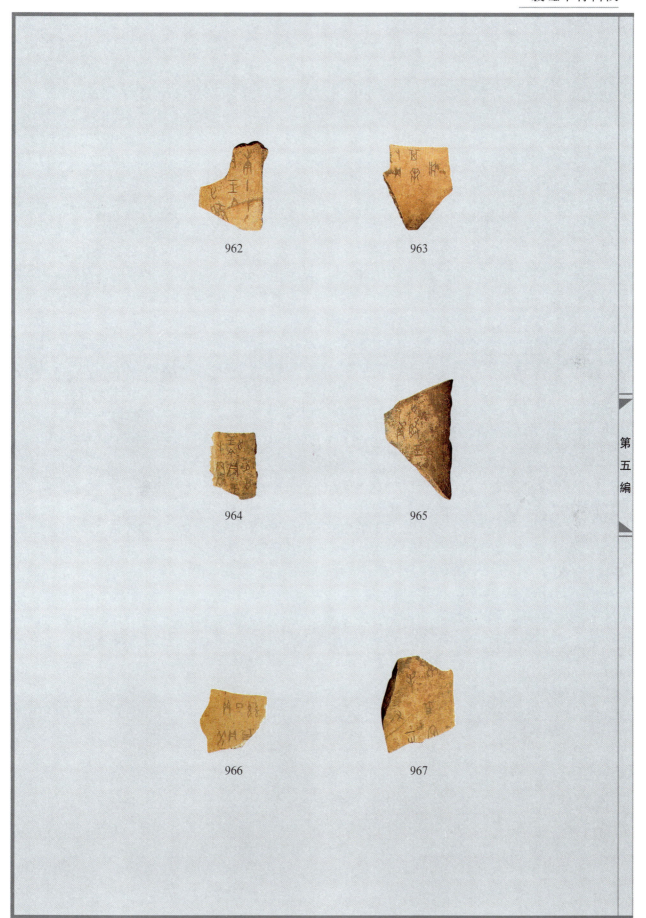

962

963

964

965

966

967

第五編

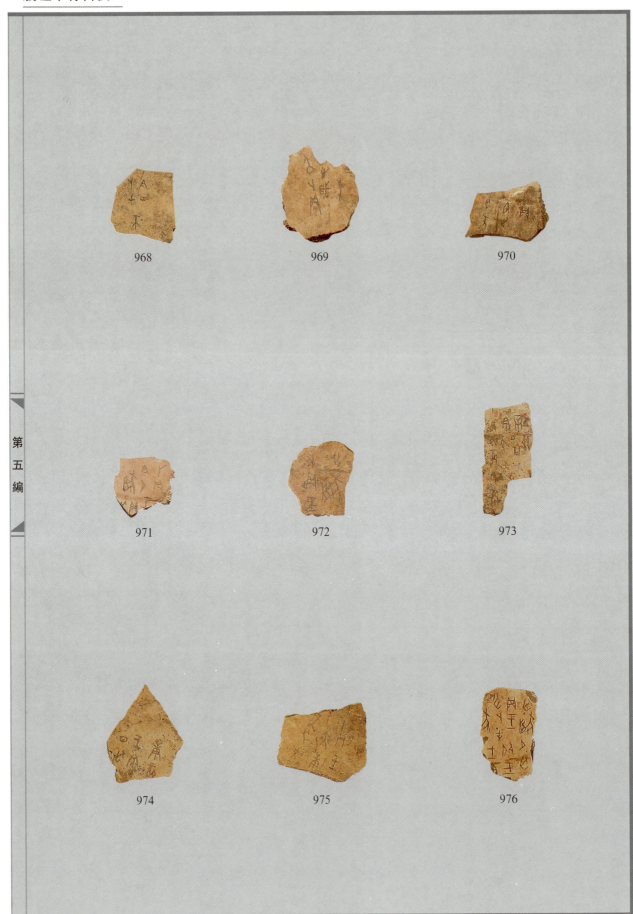

968

969

970

971

972

973

974

975

976

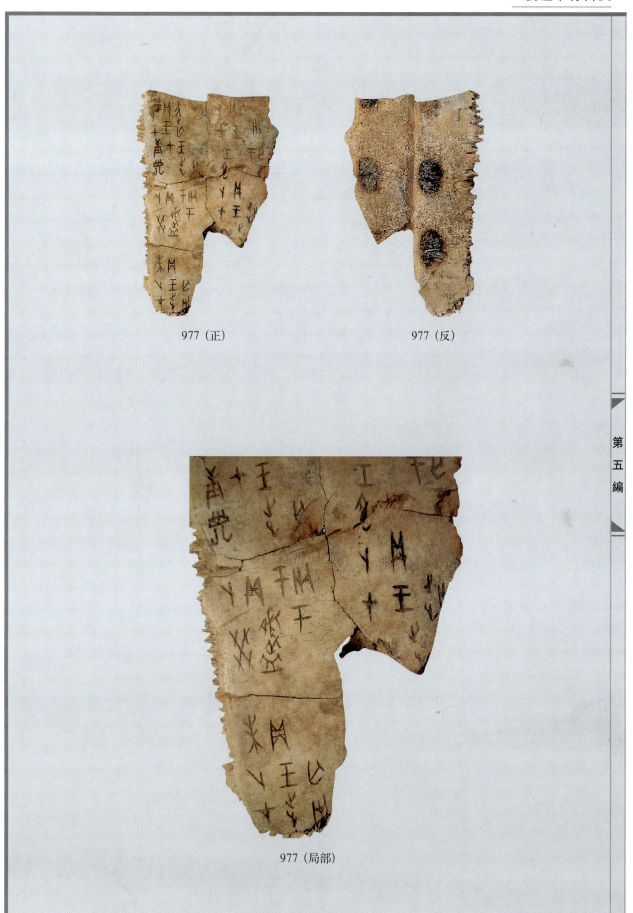

977（正）　　　　　977（反）

977（局部）

第
五
編

978

979

980

981

982

983

984

985

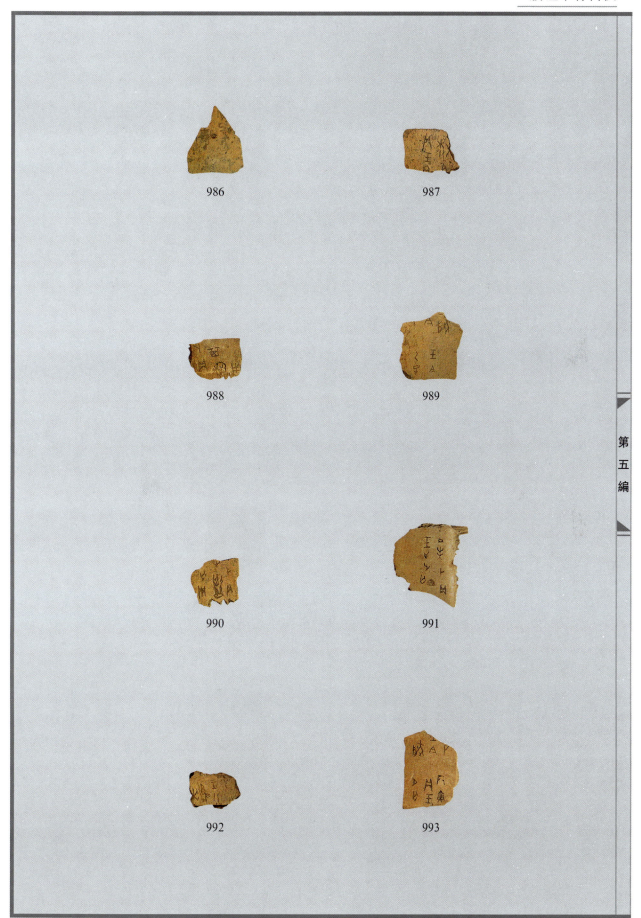

986

987

988

989

990

991

992

993

994

995

996

997

998

999

1000

1001

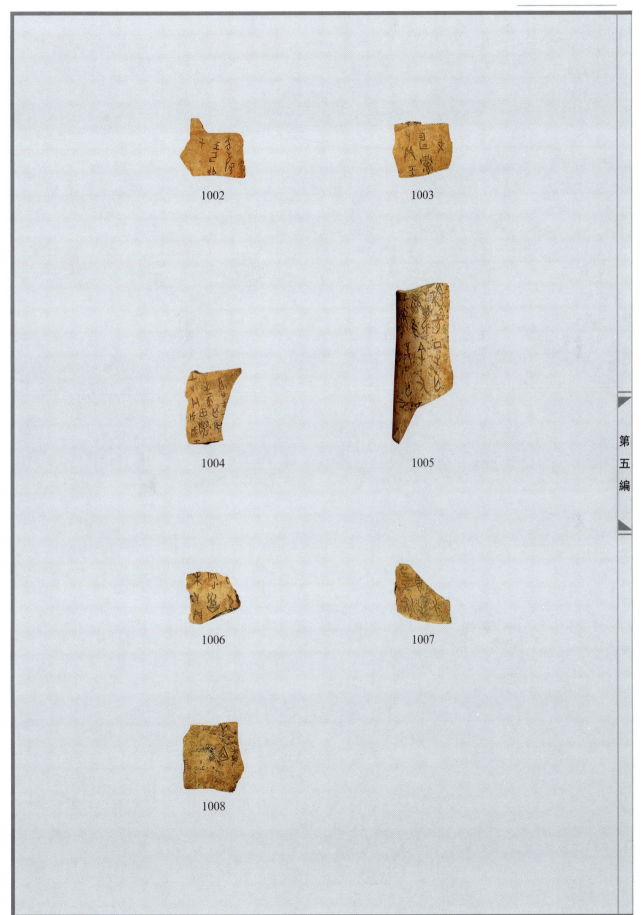

1002

1003

1004

1005

1006

1007

1008

附
録

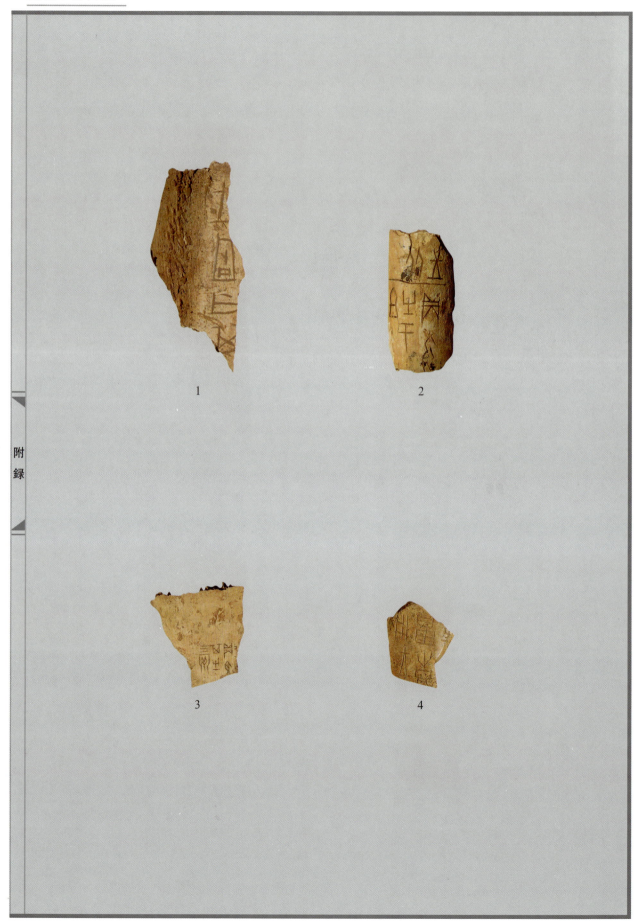

1

2

3

4

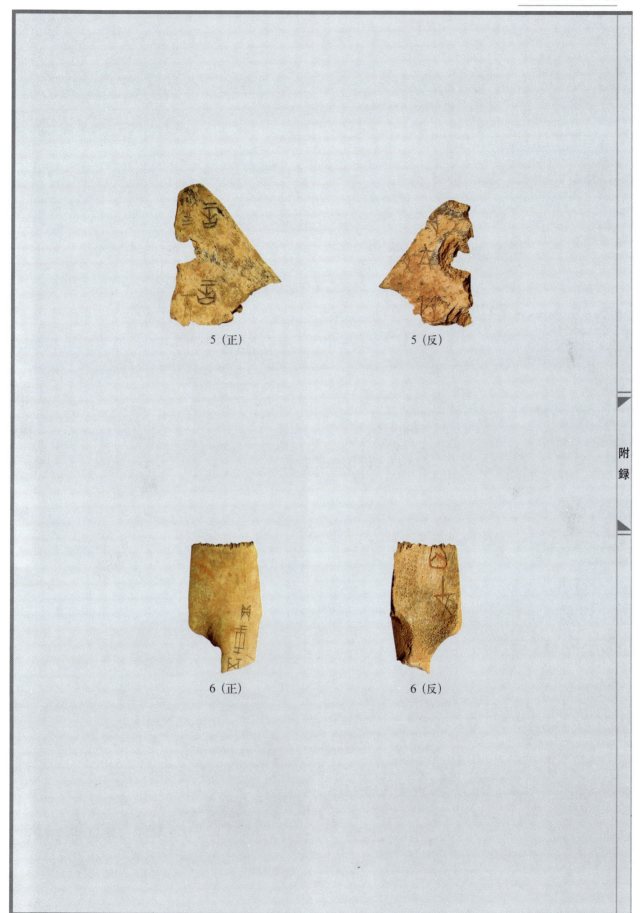

5（正）　　　　　　　　5（反）

6（正）　　　　　　　　6（反）

7（正）　　　7（反）　　　　　　　　　8

9　　　　　　　10（正）　　　10（反）

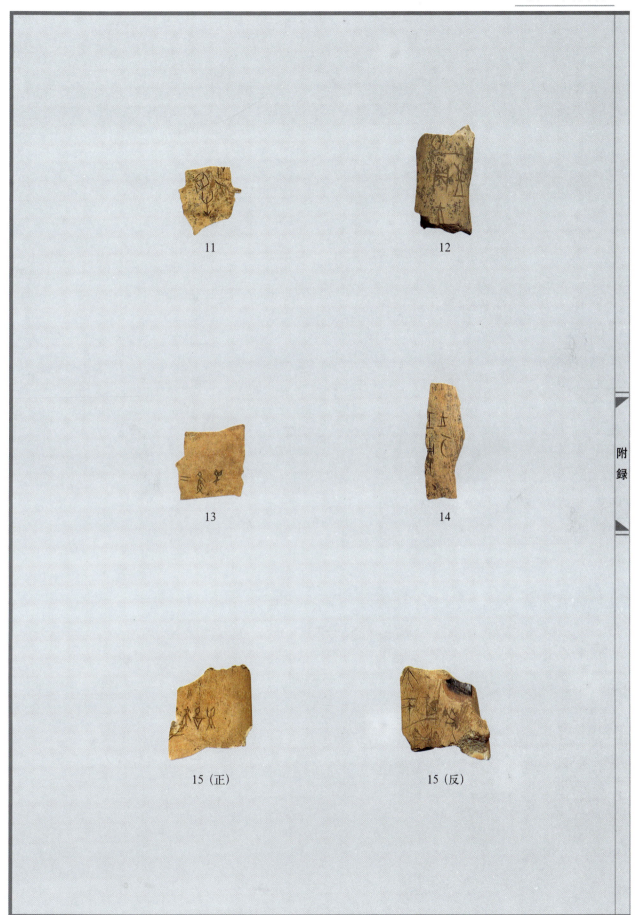

11

12

13

14

15（正）

15（反）

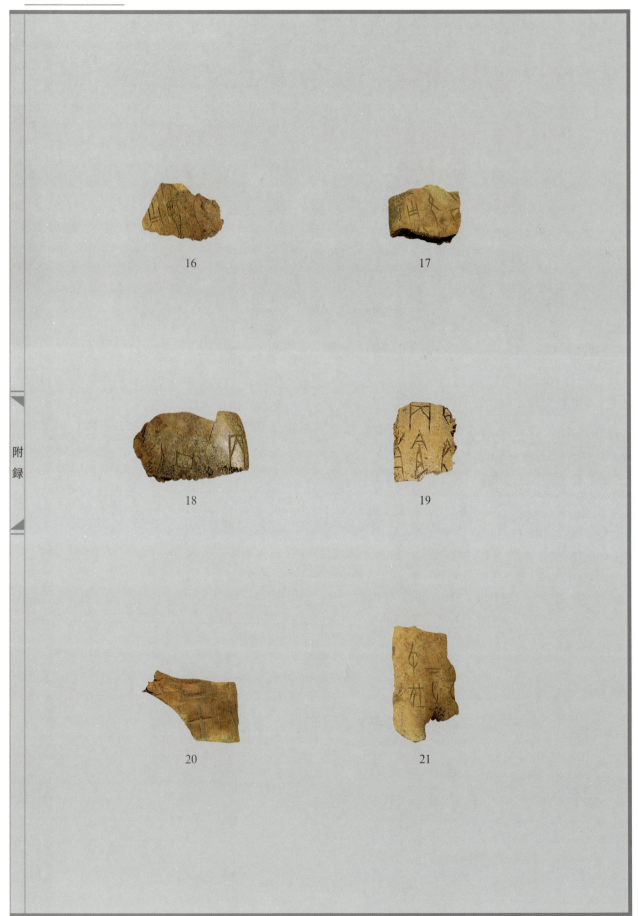

16

17

18

19

20

21

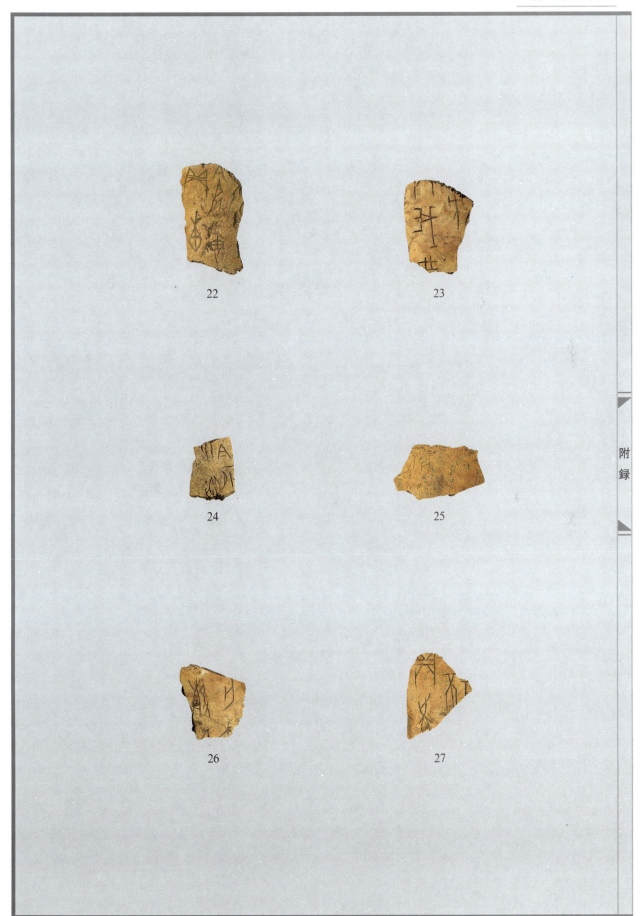

22

23

24

25

26

27

附
録

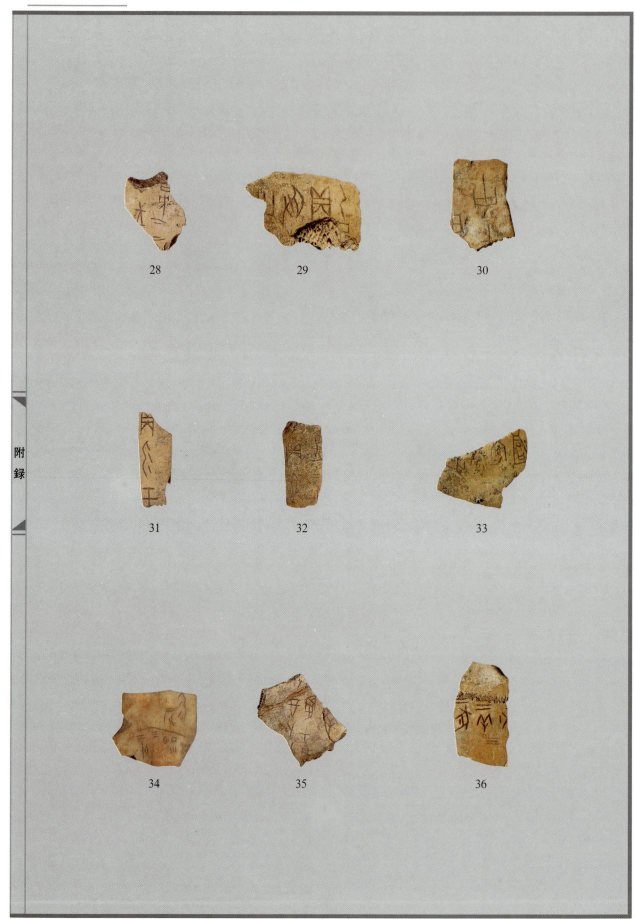

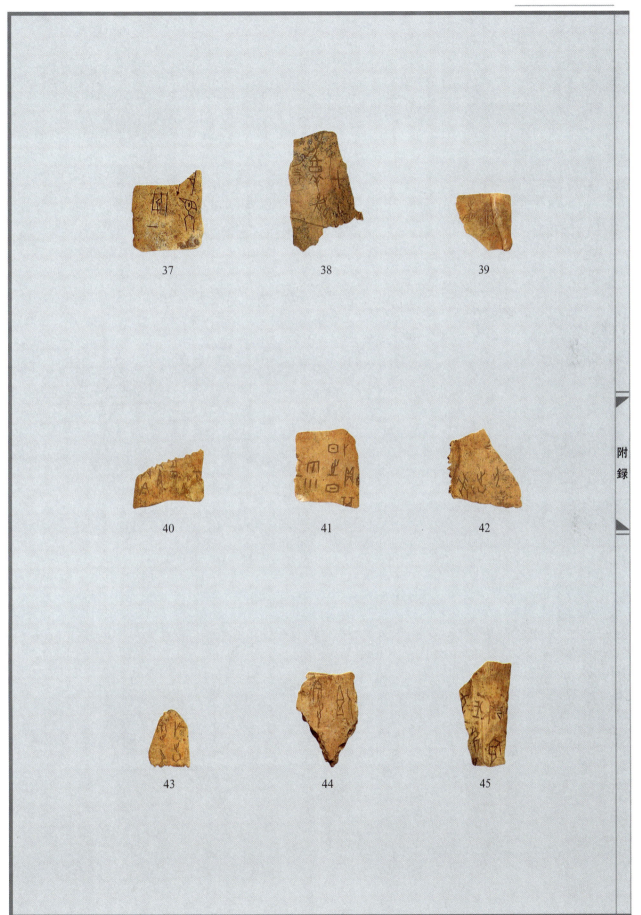

37

38

39

40

41

42

43

44

45

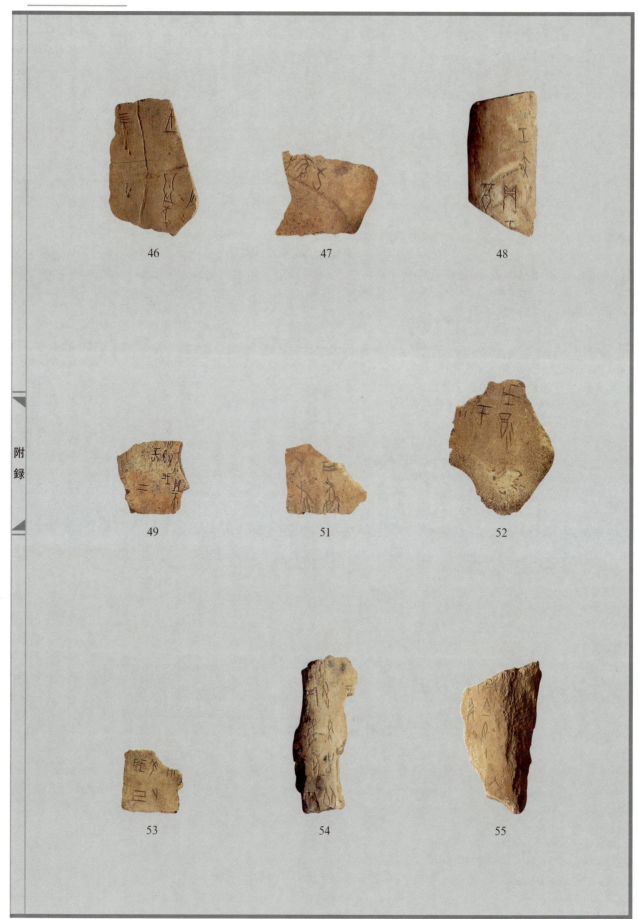

46　　　　　　　　47　　　　　　　　48

49　　　　　　　　51　　　　　　　　52

53　　　　　　　　54　　　　　　　　55

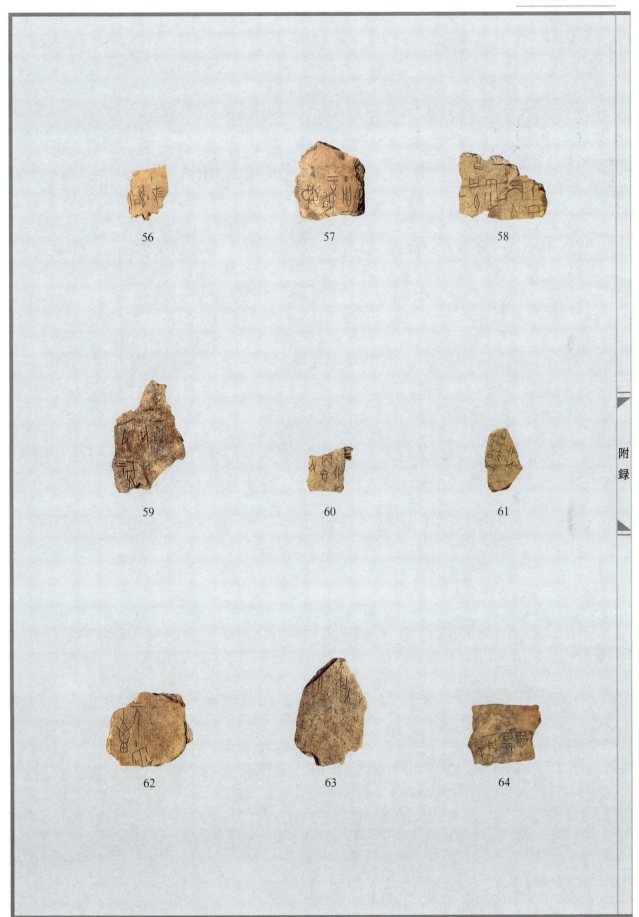

56

57

58

59

60

61

62

63

64

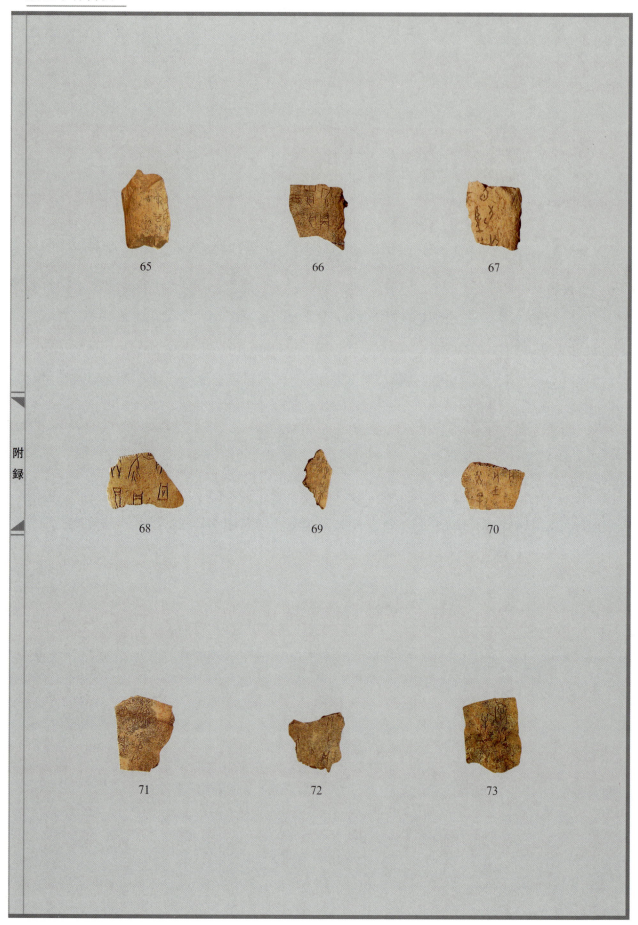

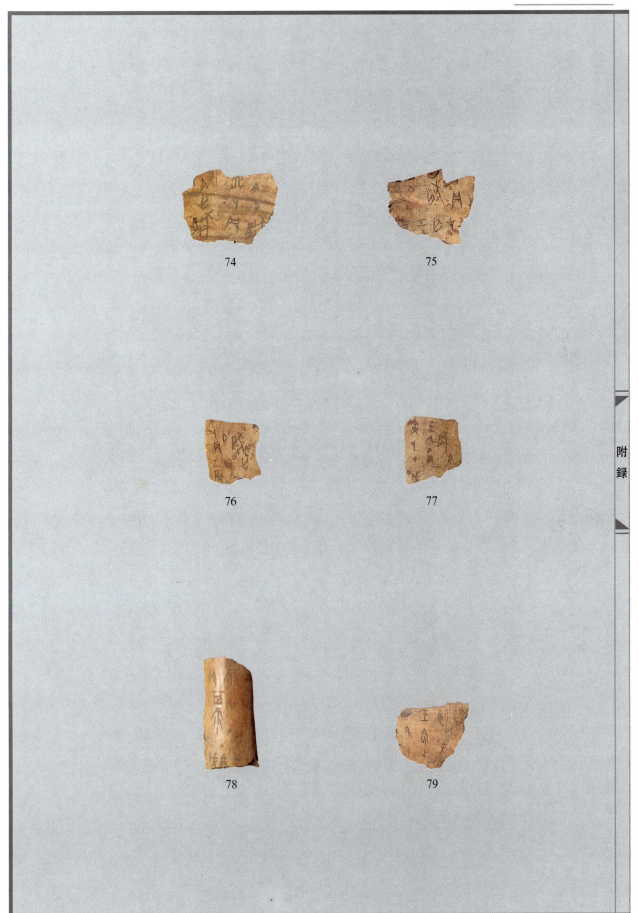

74

75

76

77

78

79

附
録

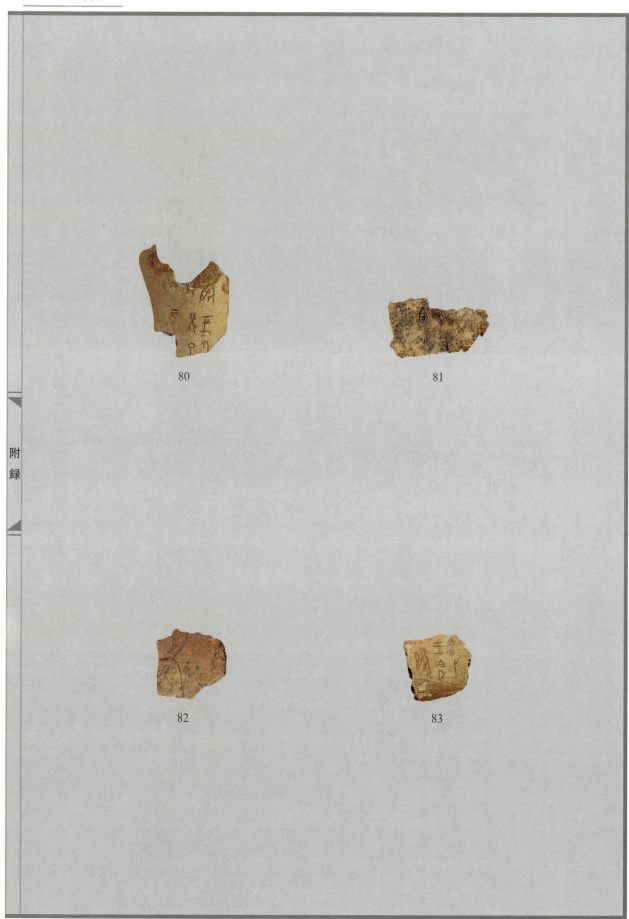

80

81

82

83

84

85

86

87

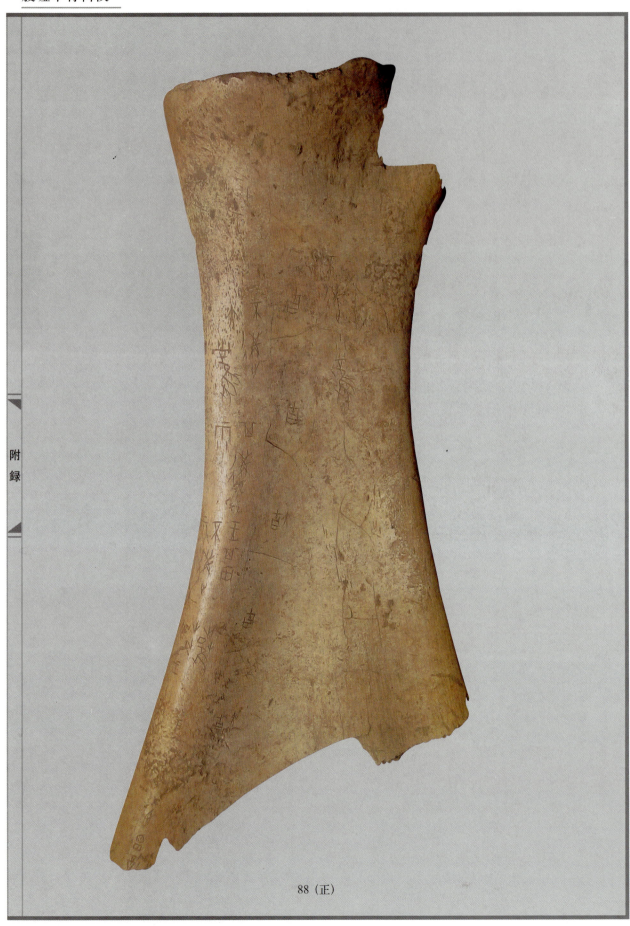

88（正）

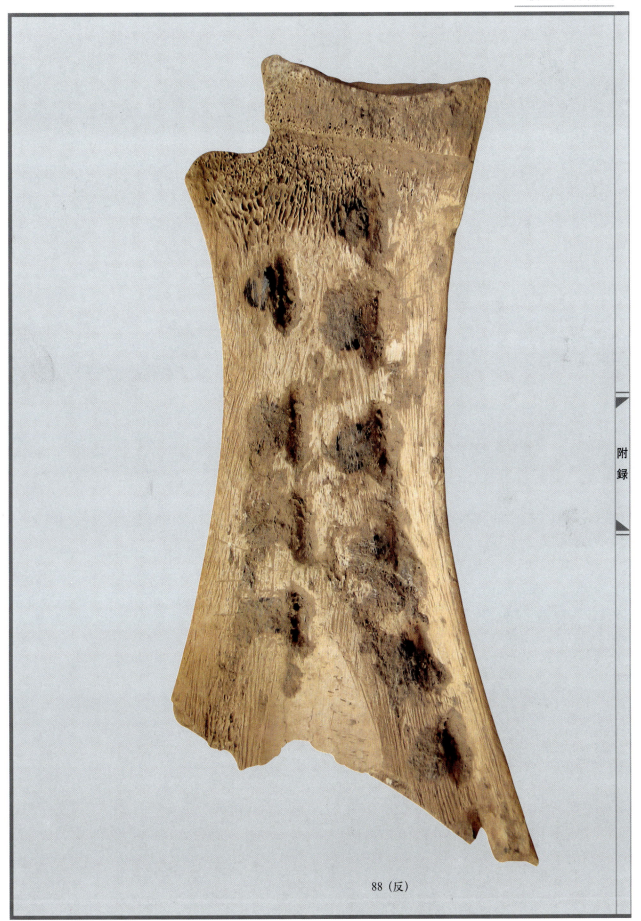

88（反）

89

90

91

92

93

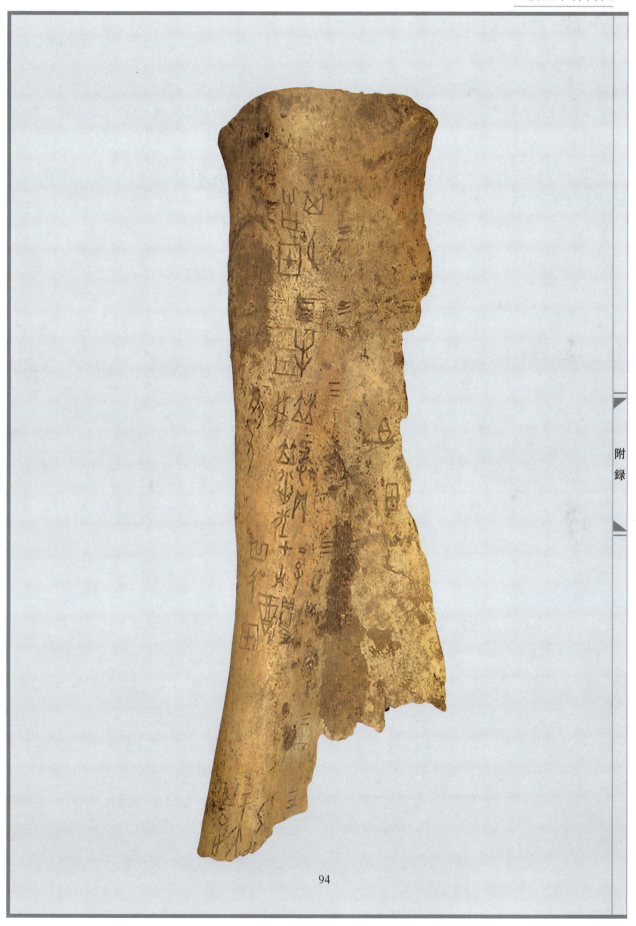

94

編 后 記

　　太平盛世，藏寶于民。隨着我國經濟穩定發展和文化事業的繁榮，收藏、鑒賞、拍賣市場日漸火熱，對民間藝術品依法有序流通，豐富民衆文化生活，繁榮文化市場起到了一定的推動和促進作用。

　　長期以來，文物出版社承擔着搶救保護國家文化遺産的重要職責，同時也擔負着引導公衆健康收藏和鑒賞的輿論責任。近年來，許多收藏家來電來函，要求出版他們的藏品圖録。文物出版社反復研究，決定甄選具規模、有影響的收藏家，把他們有代表性的藏品結集出版，爲民間藝術品收藏與交流保存信息。我們本着"去粗取精，去僞存真"的原則，對選録的藏品總體上要求有關專家進行鑒定。對于其中見仁見智的藏品，我們在征求作者和專家意見前提下，有選擇地予以保留。由于這項工作剛剛起步，或有不當之處，敬請有識之士指正。

編　者

2007年仲春